KB262108

그리스도교 신앙 원천 **10** Fontes Fidei Christianae

Basilius Magnus
*HOMILIA DE IEUNIO PRIMA / HOMILIA DE IEUNIO SECUNDA / HOMILIA
IN ILLUD: ATTENDE TIBI IPSI / HOMILIA DE GRATIARUM ACTIONE /
ADVERSUS EOS QUI IRASCUNTUR / HOMILIA DE INVIDIA / HOMILIA
IN EBRIOSOS / HOMILIA DE HUMILITATE / QUOD REBUS MUNDANIS
ADHAERENDUM NON SIT / HOMILIA DE LEGENDIS GENTILIUM LIBRIS
AD ADOLESCENTES*

Translated with notes by Seong-Key Roh
Korean translation copyright © 2024 by Benedict Press, Waegwan, Korea.

그리스도교 신앙 원천 10
단식에 관한 첫째 설교 / 단식에 관한 둘째 설교 / 그대 자신에게 주의를 기울여라 / 감사하기 / 분노하
는 이들 반박 / 질투에 관한 설교 / 주정뱅이들 반박 / 겸손에 관한 설교 / 세상사에 초연함 / 청년들에게

2024년 1월 4일 초판 1쇄
2025년 3월 27일 신판 1쇄

지은이	대 바실리우스
역주자	노성기
펴낸이	박현동
펴낸곳	ⓒ 성 베네딕도회 왜관수도원 분도출판사
찍은곳	분도인쇄소

등록	1962년 5월 7일 라15호
주소	04606 서울시 중구 장충단로 188 분도빌딩(분도출판사 편집부)
	39889 경북 칠곡군 왜관읍 관문로 61(분도인쇄소)
전화	02-2266-3605(분도출판사) · 054-970-2400(분도인쇄소)
팩스	02-2271-3605(분도출판사) · 054-971-0179(분도인쇄소)
홈페이지	www.bundobook.co.kr
ISBN	978-89-419-2504-0 04230
ISBN	978-89-419-2450-0 (세트)

대 바실리우스

단식에 관한 첫째 설교
단식에 관한 둘째 설교
그대 자신에게 주의를 기울여라
감사하기
분노하는 이들 반박
질투에 관한 설교
주정뱅이들 반박
겸손에 관한 설교
세상사에 초연함
청년들에게

한국교부학연구회
노성기 역주

분도출판사

일러두기

1. 성경 인용은 원칙적으로 『성경』(한국천주교주교회의 2005)을 기준으로 삼았으나, 교부들이 인용한 성경 본문이 『성경』과 차이가 있을 때에는 그리스어나 라틴어 원문을 직역하였다.

2. 성경 본문에 나오는 지명 '유다'는 로마제국의 지방명일 경우 '유대아'로, '유다인'은 '유대인'으로, '유다교'는 '유대교'로 표기했다. 교부 시대의 인명과 지명은 『교부학 인명 · 지명 용례집』(분도출판사 2008)을 따랐다.

3. 작품명은 『교부 문헌 용례집』(수원가톨릭대학교출판부 2014)을 따랐다.

4. 『교부학 인명 · 지명 용례집』과 『교부 문헌 용례집』을 수정 · 보완한 한국교부학연구회 『교부학 사전』(한국성토마스연구소 2021)을 최종 잣대로 삼았다.

'그리스도교 신앙 원천'을 내면서

"오래고도 새로운 아름다움!"Pulchritudo antiqua et nova!

교회의 스승인 교부敎父들은 성경과 맞닿은 언어와 문화로 주님의 삶과 가르침을 생생하게 느끼며 살았던 신앙의 오랜 증인들이다. 모진 박해와 세상 거짓에 맞서 기꺼이 자신을 불사르며 복음의 진리와 거룩한 삶의 가치를 지켜 낸 성인들이며, 하느님 백성을 섬기고 돌보는 일을 천직으로 여겼던 목자들이다. 교부 문헌이 탄생한 자리는 책상머리가 아니라, 기쁨과 희망, 슬픔과 고뇌로 누벼진 민중의 애달픈 삶의 현장이었다. 그래서 교부들의 많은 가르침은 단순하면서도 감동적이고, 힘이 있으면서도 따뜻하다. 특히 사회 교리나 교회 생활에 관한 탁월한 가르침은 현대 교회에도 끊임없이 새로운 영감을 불어넣어 주는 마르지 않는 샘이다.

"집어서 읽어라!"Tolle lege!

가장 위대한 교부라고 일컬어지는 아우구스티누스는 바오로 서간을 집어서 읽으면서 진리에 눈을 떴고 마침내 회심했다. 다양한 교부 이름과 책 제목들만 빽빽한 각주로 달려 있는 두터운 신학 논문집보다 짤막한 교부 문헌 한 편이 신학 연구와 영성 생활에 훨씬 더 유익할 수 있다.

신학의 진정성과 보편성은 원전을 집어서 읽는 데서 비롯하기 때문이다.

고맙게도 분도출판사는 1987년부터 대역본 '교부 문헌 총서'를 펴내고 있다. 라틴어·그리스어 본문을 우리말 번역과 나란히 싣고 상세한 해제와 주석을 단 혁신적 출판 기획은 우리나라 서양 고전 번역의 새로운 지평을 열었다. 세계적 권위를 지닌 프랑스의 '수르스 크레티엔느'Sources Chrétiennes, 독일의 '폰테스 크리스티아니'Fontes Christiani, 이탈리아의 '누오바 비블리오테카'Nuova Biblioteca 등에 당장 비길 바는 아니겠으나, 교부학 불모지였던 우리나라의 철학과 신학, 인문학과 영성 분야에서 일구어 낸 성과와 공헌이 적지 않다.

그러나 고전어를 직접 번역하고 해제와 주석을 다는 일은 고달프고 더딘 여정일뿐더러, 한정된 전문가들에게 기댈 수밖에 없다는 것이 한국교부학연구회와 분도출판사의 공통된 고민이다. 기존 '교부 문헌 총서'의 원전 번역을 꾸준히 이어 가면서도 신자들의 삶과 영성에 꼭 필요한 짧고 감동적인 교부 문헌들을 줄기차게 소개하는 일을 병행할 수는 없을까? 우리는 그 대안으로 지난 2018년부터 대중판 교부 문헌 총서인 '그리스도교 신앙 원천'을 출간하기 시작했다. 누구에게나 널리 읽힐 수 있는 '대중판'(Vulgata)이라는 대전제로 비교적 간소하게 펴내다 보니, 분량이 많거나 신학적으로 묵직한 책들은 어쩔 수 없이 뒤로 밀려났다. 작품의 분량이나 특성에 얽매이지 않고 핵심적인 교부 문헌들을 두루 아우른 총서를 거듭 꿈꾸게 되었다. 그리고 판형을 바꾼 '그리스도교 신앙 원천'으로써 우리의 꿈을 현실로 이루고자 한다.

"원천으로 돌아가자!"Ad fontes!

한국교부학연구회가 국가의 지원을 받아 분도출판사에서 펴내는 이

총서는 30년 프로젝트다. 첫 10년 동안은 매년 굵직한 '교부 문헌' 서너 권과 '교부들의 가르침 — 교부 문헌 주제별 선집'(총 10권) 한 권씩을 출간할 예정이다. 라틴어나 그리스어 등에서 직접 번역하는 것이 이상적이겠으나, 여러 가지 현실적인 문제를 고려하여 현대어 번역본에도 기대기로 했다. 영어, 프랑스어, 독일어, 이탈리아어, 스페인어 등으로 충실하게 번역된 권위 있는 현대어 교부 문헌들을 골라 아름답고 적확한 우리말로 옮기는 일에는 교부학자들뿐 아니라 빼어난 전문 번역가들도 참여할 것이다. 분도출판사에서는 오랜 세월 정성껏 가꾸어 온 대역판 '교부 문헌 총서'도 나란히 이어 가기로 했다. '그리스도교 신앙 원천'과 함께 갈 수 있어서 기쁘고 다행스럽다. 교회의 발원지와 맞닿아 있는 이 책들은 성경뿐 아니라 '거룩한 전통'(聖傳)을 더 깊이 이해하도록 도와줄 것이다. 교부 문헌은 가톨릭과 정교회와 개신교가 함께 보존하고 가꾸어야 할 그리스도교 공동 유산이기에, 원천으로 돌아가기 위한 이 노력이 영적 일치 운동에 꾸준히 이바지하리라 믿는다.

"교회는 늘 새로워져야 한다!"Ecclesia semper reformanda est!

이제 우리는 30년 여정에 첫발을 내딛는다. 그리고 그 뒤로도 끝없이 이어질 그 길을 지금 이미 바라보고 있다. 끝이 보이지 않아 행복하다. 지난 수십 년 동안 이 땅에 교부들의 씨앗을 묵묵히 뿌려 온 선배들이 그러했듯, 우리도 힘닿는 만큼 교부 문헌을 살뜰히 옮기다 떠나갈 것이다. 밭에 묻혀 있는 보물과도 같은 교부 문헌을 정성스레 캐내어 생명력을 불어넣는 이 가슴 벅찬 일이 꾸준히 이어지기를 바라는 마음 간절하다. '그리스도교 신앙 원천'이 책꽂이에 차곡차곡 꽂혀 갈수록 우리 교회는 더 젊어지고 더 새로워질 것이다. 교부 문헌은 교회 쇄신의 물

'그리스도교 신앙 원천'을 내면서

줄기를 끊임없이 제공하는 그리스도교 신앙의 살아 있는 원천이기 때문이다. 이 책이 한국천주교주교회의를 통해 출간될 수 있도록 한결같이 격려해 주시고 배려해 주신 모든 주교님께 진심으로 감사드린다.

2022년 11월 1일 모든 성인 대축일에
한국교부학연구회 회장 장인산

해제

1. 바실리우스의 생애

바실리우스의 가문은 신심 깊은 집안이었으며 사회적 지위도 아주 높았다. 아버지 바실리우스는 훌륭한 변호사이자 수사학자였다. '왕의/왕실의'라는 뜻을 지닌 '바실리우스'라는 이름에서 알 수 있듯이, 그의 집안은 로마 상류층에 속한 귀족 가문이었으며, 카파도키아와 폰투스, 아르메니아, 이 세 지방에 광활한 토지를 갖고 있었다. 바실리우스(330?-379)는 카파도키아의 수도 카이사리아에서 태어났으며, 어린 시절을 흑해 남쪽인 폰투스 지방의 안네시에서 주로 보냈다.

어머니 엠멜리아는 그리스도교 귀족 가문의 딸이었지만, 부모님이 순교하여 하루아침에 고아가 되었다. 할머니 마크리나는 카파도키아에 복음을 전파한 기적가 그레고리우스한테서 직접 교육을 받은 훌륭한 신학자였다. 할머니는 바실리우스를 비롯한 손자들의 종교 교육에서 아주 중요한 역할을 했다. 바실리우스는 이런 가풍의 영향을 많이 받았다. 특히 어머니 엠멜리아와 할머니 마크리나가 그의 영적·신학적 발전에 크게 영향을 끼쳤다.

바실리우스의 집안은 한마디로 성인들의 집안이다. 할머니, 아버지, 어머니가 성인이고, 열 남매 가운데 네 명이 성인이다(누나 마크리나, 바실리우스, 그레고리우스, 페트루스). 그레고리우스는 니사의 주교였고, 막냇동생 페트루스는 세바스테의 주교였다. 바실리우스의 형인 나우크라티우스는 사냥 나갔다가 비극적인 사고를 당해 스물여섯의 나이에 사망했다. 그리하여 바실리우스가 장남이 되었다.

344년경 바실리우스는 정규 교육을 받기 위해 고향인 카이사리아로 갔다. 이곳에서 바실리우스는 훗날 평생 친구가 될 나지안주스의 그레고리우스를 처음 만났다. 346년경 바실리우스는 더 많은 공부를 하기 위해 콘스탄티노플로 유학을 갔다. 콘스탄티노플에서 그는 당대 최고로 유명했던 이교인 수사학자 리바니오스 밑에서 공부했다(346?~350?). 일 년 뒤에는 당시 학문의 도시로 가장 이름 높던 아테네로 가서 아테네 학당에서 유명한 수사학자 프로하이레시오스와 히메리오스의 강의를 들으면서 공부했다(351~355). 아테네는 고대 세계에서 국제적인 학문의 도시였다.

신학자의 자질을 타고난 누나 마크리나는 가장 먼저 은수 수도생활을 시작하여 가족들 가운데 선구자적인 역할을 했다. 352년에 그녀는 이리스 강변의 안네시에 있는 가족 영지에 은수 수도원을 세워 은수 수도생활을 하였다.[1] 누나 마크리나의 뒤를 이어 어머니 엠멜리아와 형 나우크라티우스가 은수 수도생활을 시작하였고, 그 뒤에 바실리우스도 은수 수도생활에 동참했다. 동생 니사의 그레고리우스도 혼인하기 전까지 은수 수도생활을 했다.[2]

바실리우스는 은수 수도생활을 하기로 결심하고서, 357년에 은수 수도생활을 체험하기 위한 새로운 여행을 떠났다. 그는 은수 수도생활이 번창한 지역들(시리아와 메소포타미아, 팔레스티나, 이집트 사막)을 두루 돌아다니면서 훌륭한 은수자들을 만나 은수 수도생활과 금욕적인 수도생활에 관한 견문을 넓혔다. 바실리우스는 은수 수도승들의 완덕에 가까운 삶을 바라보면서 느낀 감동을 이렇게 전한다.

---

1   J. Pauli, "Basil of Caesarea", *Dictionary of Early Christian Literature*, trans. Matthew O'Connell, New York: The Crossroad Publishing Company, 2011, 95 참조.

2   J. Gribomont, "Basilio di Cesarea di Cappadocia", *Dizionario Patristico e di Antichità Cristiane, Marietti*, 1994, 491 참조.

나는 수도승들의 금욕적인 삶의 모습을 보고 감탄했습니다. 힘든 일을 기쁘게 견디어 내는 모습이 경이로웠습니다. 끊임없는 기도, 잠을 물리치는 그들의 모습이 놀라웠습니다. 그 어떤 육체적 궁핍에도 굴복하지 않은 채, 굶주림과 목마름과 추위와 헐벗음 속에서도 그들의 영혼은 항상 높고 자유로운 목표를 지니고 있었습니다. 그들은 결코 육체에 굴복하지 않았습니다. … 육체 안에 살고 있으면서도, 육체는 결코 그들의 것이 아니었습니다. 그들은 자신들의 행동으로, 이 세상에 잠시 머문다는 것이 무엇인지 그리고 천국 시민권이 무엇이고 천국에 집이 있다는 것이 무엇인지를 직접 보여 주었습니다. 이 모든 것이 나를 감탄하게 만들었습니다. 이분들의 삶은 복된 삶입니다. 이분들은 자신들의 삶을 통해서 예수님의 죽음을 몸소 겪어 내기 때문입니다. 그래서 나 또한 힘닿는 한 그분들의 삶을 본받을 수 있기를 기도했습니다.[3]

은수 수도승들을 만나고 돌아온 바실리우스는 아버지가 돌아가신 뒤 물려받았던 재산을 팔아 가난한 이들에게 나누어 주었다. "너의 재산을 팔아 가난한 이들에게 주어라"(마태 19,21)라는 주님의 계명을 따르기 위해서 그렇게 하였다. 바실리우스의 동생, 니사의 그레고리우스에 따르면, 바실리우스는 사제가 되기 전에 이미 그의 재산을 가난한 이들에게 기꺼이 나누어 주었다고 한다.[4]

---

3   바실리우스 『편지』 223,2.

4   니사의 그레고리우스 『에우노미우스 반박』 1,10. 카이사리아의 바실리우스가 『에우노미우스 반박』을 저술하여 키지쿠스의 주교 에우노미우스를 논박하자, 에우노미우스는 『변론에 대한 변론』으로 바실리우스를 논박하였다. 그러자 니사의 그레고리우스는 이미 세상을 떠난 바실리우스를 대신하여 『에우노미우스 반박』을 저술하여 에우노미우스를 논박했다.

그런 다음 바실리우스는 이리스 강변의 안네시[5]에 있는 가족 영지에서 먼저 은수 수도생활을 하고 있던 누나와 어머니와 함께 금욕적-관상적 은수 수도생활을 시작하면서 성경 공부에 매진했다.

발렌스 황제가 친아리우스파(유사파) 정책을 펼치면서 정통 교회를 압박해 오자, 에우세비우스 주교는 바실리우스에게 사제가 되어 도와 달라고 요청했다. 바실리우스는 어쩔 수 없이 안네시의 수도공동체를 떠나 사제품을 받았다(364).[6]

사제가 된 바실리우스는 가난한 이들을 위해 사랑을 실천하는 조직을 설립했으며, 전례를 개혁하고 설교직을 맡았다. 그는 설교를 통해서 신자들과 청중들에게 사회적·윤리적 문제에서 그리스도교적 정신을 실천할 것을 거듭 권고했다.[7] 카이사리아의 주교 에우세비우스가 죽자(370), 바실리우스는 같은 해 6월 14일 주교품을 받고 카이사리아의 주교직을 계승했다. 카이사리아의 주교는 행정 조직인 폰투스 속주의 총독이기도 했다. 또한 카이사리아의 주교는 다섯 교구를 다스리는 관구장으로 카파도키아의 수석대주교였다.

니케아공의회(325)의 정통 교리를 혼신을 다해 지키려는 바실리우스의 열정에는 적대자들마저 감탄했다. 아리우스 이단을 적극적으로 지지하고 니케아공의회의 정통 교리에 대해 몹시 적대적이었던 모데스투스 총독과 발렌스 황제(364~378 재위)도 바실리우스 주교가 펼치는 자

---

5 안네시는 네오카이사리아 근교에 있다.

6 시모네티는 바실리우스의 서품 연도가 362년이라고 한다. M. Simonetti, *Letteratura cristiana antica*, Piemme, 1998, vol. 2, 189 참조. 여러 책에서 서품 연대가 서로 다르게 기록되어 있지만, 364년이 맞다고 보인다. J. Pauli도 앞의 책에서 364년경이라고 한다.

7 J. Pauli, 앞의 책, 95 참조.

선 활동과 사회 활동에 깊은 감동을 받고 바실리우스에게 큰 호감을 품었다. 바실리우스의 명성을 익히 알고 있던 발렌스 황제는 바실리우스를 아리우스주의로 끌어들이기 위해서 아리우스주의자인 모데스투스 총독을 바실리우스에게 보내 온갖 협박과 회유를 했다. 바실리우스가 총독의 강권과 권유를 단호하게 거절하자, 총독은 "그렇다면 어쩔 수 없이 재산을 몰수당하거나 매질을 당하든지, 귀양을 가거나 사형당하든지 그중 하나는 피할 수 없을 것이다"라고 위협했다. 그러자 카이사리아의 대주교 바실리우스는 이렇게 대답하였다.

> 아무것도 소유하지 않은 사람은 몰수당할 재산이 하나도 없습니다. 그런 고문과 고통으로 귀하께서는 너덜너덜하게 해어진 옷과 책 몇 권만 빼앗아 갈 수 있습니다. 그게 제 삶의 전부입니다. 저는 추방이 무엇인지 모릅니다. 저는 어떤 특정한 장소에 얽매여 있지 않습니다. 제가 살고 있는 이곳도 제 집이 아닙니다. 귀하께서 저를 추방하시는 그곳이 바로 제 집이 될 것입니다. 모든 곳이 하느님의 것입니다. "저는 당신 집에 사는 이방인, 제 조상들처럼 거류민일 따름입니다"(시편 39,13). 누가 저를 고문할 수 있을까요? 저는 너무 허약해서 한 대만 맞아도 죽어 버릴 것입니다. 죽음은 저에게 은인입니다. 죽음은 저를 하느님께 더 빨리 데리고 갈 것이기 때문입니다. 저는 그분을 위해 살고 그분을 위해 존재합니다. 제 모든 것이 그분을 위한 것이고, 저는 그분을 위해 죽었습니다. 저는 이미 오래전부터 그분께 서둘러 달려가고 있습니다.[8]

8 　나지안주스의 그레고리우스 『대 바실리우스 추도사』(연설 43) 49.

바실리우스의 대답에 당황한 아리우스주의자 총독 모데스투스가 "지금까지 아무도 나한테 이처럼 당당하게 말한 사람이 없었다"[9]라고 하자, 바실리우스는 이렇게 대답했다.

> 귀하께서는 아직까지 주교를 만난 적이 없으신 것 같군요. 주교라면 누구나 교회를 옹호하기 위해서 나와 똑같은 말을 했을 것입니다. 일반적으로 우리는 우리의 법 계명에 따라 그 누구보다도 겸손하고 순종합니다. 평범한 사람에게는 물론이고, 그 어떤 권세가에게도 우리는 결코 교만을 부리지 않습니다. 하지만 하느님의 일이 위태롭게 되거나 문제가 된다면, 그 어디에도 눈 돌리지 않고 오직 그 일만을 위해 힘씁니다. 불, 칼, 맹수 그리고 육체를 갈기갈기 찢어 버릴 형구들을 우리는 두려워하지 않으며 오히려 더 반깁니다. 총독께서 폭력으로도 설득으로도 '나쁜 교리'[10]를 받아들이도록 만들지 못했고, 설사 더 끔찍한 방법을 썼더라도 설득할 수 없었을 것이라고 황제 폐하께 말씀드리십시오.[11]

총독은 발렌스 황제에게 돌아가서, 바실리우스의 신앙이 너무나 확고해 어찌해 볼 도리가 없었다고 보고했다.

> 황제 폐하, 그 교회 지도자한테 우리가 졌습니다. 위협을 해도 끄떡 않고, 논쟁을 해도 흔들리지 않고, 설득을 해도 전혀 효과가 없었습

---

9 나지안주스의 그레고리우스 『대 바실리우스 추도사』 50.

10 '나쁜 교리'는 '아리우스주의', 더 정확하게 말하면 '유사파의 가르침'를 가리킨다.

11 나지안주스의 그레고리우스 『대 바실리우스 추도사』 50.

니다. 그런 자한테는 더 끔찍한 고통을 겪게 해야 하고, 폭력을 사용해야 합니다. 그렇지 않으면 결코 굴복하지 않을 것입니다.[12]

바실리우스 주교의 용기에 감탄한 발렌스 황제는 바실리우스를 탄압하기는커녕 오히려 그를 찾아가 주님 공현 대축일 미사에 참석한 뒤, 바실리우스의 자선 활동을 돕기 위해서 카이사리아 가까이 있던 황제의 별장지를 하사했다.

바실리우스는 꽤 오랫동안(373/374) 병을 앓아 일 년 동안 사회 활동을 거의 하지 못했고,[13] 378년에도 아무런 활동을 하지 못했다. 379년 1월 1일 카이사리아의 대 바실리우스 주교는 49세를 일기로 숨을 거두었다.[14] 그가 이처럼 이른 나이에 세상을 떠난 것은 오랫동안 앓던 간 질환 때문이기도 했지만, 끊임없이 엄격한 금욕 생활을 했기 때문이었다. 속옷 한 벌과 초라한 외투 한 벌, 빵과 소금이 그의 전 재산이었다. 나지안주스의 그레고리우스는 추도사[15]에서 이렇게 말한다.

그분은 속옷 한 벌과 초라한 외투 한 벌로 사셨으며 맨땅에서 주무시고 밤새 기도하셨으며 목욕을 자제했습니다. … 그분의 음식은 빵과 소금이었습니다.[16]

12　나지안주스의 그레고리우스『대 바실리우스 추도사』51.

13　J. Pauli, 앞의 책, 95 참조.

14　J. Gribomont, 앞의 책, 497 참조.

15　나지안주스의 그레고리우스는 바실리우스가 죽은 지 3년 뒤인 382년 1월 1일에『대 바실리우스 추도사』를 썼다. J. Gribomont, "Gregorio di Nazianzo", 앞의 책, 1709 참조.

16　나지안주스의 그레고리우스『대 바실리우스 추도사』61.

해제

바실리우스 주교는 매일 아침저녁으로 주교좌 성당에서 설교를 했는데, 많은 사람이 설교를 듣기 위해 몰려들었다. 그는 신학자로서뿐만 아니라 가난한 이들과 소외 계층을 돌본 사람으로 살아생전부터 명망이 높았다. 그는 공동체 생활과 전례력에 따른 기도, 고된 노동에 관한 지침들도 마련했다. 교회는 파코미우스와 바실리우스를 '동방교회 수도생활의 창시자'라고 부른다. 동방교회에서 바실리우스의 영향력은 서방 교회에서 누르시아의 베네딕도(베네딕도회 창시자)와 비교된다. 바실리우스는 거의 수도자로 살았다.

또한 카이사리아의 대 바실리우스는 나지안주스의 그레고리우스, 니사의 그레고리우스와 함께 '카파도키아 세 교부'로 불린다. 동방교회와 서방 교회가 모두 카이사리아의 바실리우스와 나지안주스의 그레고리우스, 요한 크리소스토무스를 동방교회의 위대한 3대 교부로 존경한다. 참고로, 서방 교회의 4대 교부는 암브로시우스와 아우구스티누스, 히에로니무스, 그레고리우스 대 교황이고, 동방교회의 4대 교부는 카이사리아의 대 바실리우스와 나지안주스의 그레고리우스, 요한 크리소스토무스, 알렉산드리아의 아타나시우스다.

2. 바실리우스의 설교 작품 집필 배경

이 책에서 다루는 바실리우스의 설교 열 편 중에서 『단식에 관한 설교』와 『주정뱅이들 반박』과 『청년들에게』의 집필 배경만 간략하게 언급하겠다.

2.1. 고대 교회의 단식과 사순 시기

고대 교회에서는 주님의 파스카를 잘 준비하기 위해서 단식이 강조되었다. 3세기에는 파스카 한 주간 전부터 하루나 이틀 단식하면서 파스카 축일을 준비했다. 2세기에 리옹의 이레네우스는, "어떤 곳에서는 하루, 다른 곳에서는 이틀, 또 다른 곳에서는 사십 시간 단식했다"[17]고 증언한다. 215년경에 로마에서 편집된 『사도 전승』은 부활대축일 전에 이틀간 단식해야 한다고 증언한다.[18]

곧이어 파스카 축제를 준비하기 위한 성주간이 생겨났다. 하지만 사람들은 파스카의 기쁨을 경축하는 부활 시기가 오십 일 동안 계속되는데, 파스카 축제 준비 기간이 단지 한 주간이라는 것은 너무 짧다고 생각했다. 그래서 교회는 삼 주 동안 단식하면서 부활절을 준비했다. 그래도 사람들은 부활대축일의 기쁨은 오십 일 동안 경축하는데(부활 시기), 부활절을 준비하는 기간은 삼 주밖에 되지 않는다고 아쉬워했다. 그래서 4세기 말부터 사십 일 동안 단식하면서 부활대축일을 준비하는 풍습과 '사순 시기'(Quadragesima, 四旬節)라는 용어가 생겨났다. '사순 시기'라는 말은 부활대축일 전까지 단식하는 날이 사십일Quadragesima이라는 뜻이다. 역사 기록으로 보면, 니케아공의회(325)에서 처음으로 사순 시기에 대한 언급이 나온다(법규 5조). 동방교회에서는 4세기 초부터, 서방교회에서는 4세기 말부터 사순 시기를 지내기 시작했다.[19]

단식에는 음식이나 음료를 절제한다는 육적인 측면만 있는 것이 아니라, 영혼의 불의와 욕정, 오류 등을 극복하여 원초적인 순결한 상태

---

17 에우세비우스 『교회사』 5,24.

18 히폴리투스 『사도 전승』 33, 이형우 옮김 (분도출판사 1992) 171 참조.

19 레오 대종 『사순 시기 강론집』, 이형우 옮김 (분도출판사 1996) 해제 31-32 참조.

로 되돌아간다는 영적인 측면도 있다. 그리고 단식을 통해 생긴 금액이 가난한 이웃에 대한 사랑의 나눔으로 이어질 때, 비로소 그리스도교적인 완전한 의미의 단식이 된다.

동·서방 교회가 다 단식의 세 가지 의미를 강조했다. 첫째, 단식은 음식의 절제를 통해서 자신이 지은 죄를 하느님 앞에서 참으로 뉘우치고 회개하는 표지다. 둘째, 단식은 그리스도의 수난에 동참하는 표지다. 단식을 통해 육체적인 고통을 겪음으로써, 그리스도의 고통에 동참하는 것이다. 셋째, 단식은 그리스도인과 가난한 이들에 대한 유대를 나타내는 표지다. 곧, 단식한 금액을 가난한 이들에게 되돌려 줌으로써, 가난하고 굶주린 이들의 고통을 외면하지 않고 그들의 아픔에 동참하는 것이다.

바실리우스는 사순 시기에 『단식에 관한 설교』를 통해서 건강한 시민으로서 그리고 건강한 사회 질서를 구축할 수 있는 유익한 도구로써 단식을 실천하라고 강조한다. 그는 단식은 단식하는 사람의 의로움을 스스로 입증하는 행위가 되어서는 안 되고, 다른 사람의 유익과 공동체 구성원의 올바른 정체성과 선익을 위해 경건한 도덕심으로 단식을 해야 한다고 강조한다. 달리 말하면, 단식은 그리스도의 수난에 동참하는 행위다. 그리고 단식을 통해 생긴 금액은 자선이나 가난한 사람들을 돌보는 데 사용해야 올바른 단식이 된다. 바실리우스의 이 같은 견해는 단식에 대한 고대 그리스도교의 전통을 그대로 반영한다. 요한 크리소스토무스 등 많은 동·서방 교부들이 단식에 관한 설교에서 이 점을 강조했다. 고대 교회의 신자들은 사순 시기에 매주 5일(월요일부터 금요일까지) 단식을 했다. 그리고 단식해서 생긴 돈을 가난한 이들을 위해 사용했다.

2.2. 『주정뱅이들 반박』

　바실리우스는 부활절에 주정뱅이들을 반박하는 설교를 했다. 부활절 미사에 참석한 신자들은 자신들의 기대와 전혀 다른 설교에 깜짝 놀랐다. 고대 교회에서는 부활절 축제와 로마제국의 축제 기간이 겹치는 경우가 더러 있었다. 바실리우스가 '술주정뱅이들 반박'을 설교했던 부활절이 공교롭게도 이교인들의 카이사리아 지방의 축제와 겹쳤다. 그래서 일부 신자들이 카이사리아 지방의 축제에 참여하여 만취 상태에 빠져 신자로서 해서는 안 될 행동을 했기 때문에, 바실리우스는 술에 취해 광기를 부리는 행동에 대해 부활절에 설교를 했던 것이다.

　부활절은 그리스도인이 사순 시기의 단식을 끝내고, 고대 사람들이 일반적으로 식사 때 마셨던 포도주와 같은 약한 술을 다시 마실 수 있는 시기였다. 일찍부터 카파도키아에서는 일부 신자들이 단식이 끝나는 부활절의 자유를 극단적으로 남용했다. 그들은 격렬한 춤을 추기 위해 성당에 나타났다. 부활절 축제와 만취가 시대를 초월해서 계속되었다. 그래서 그런지 바실리우스의 『주정뱅이들 반박』이라는 설교는 수 세기에 걸쳐 대중들에게 강력한 호소력을 지녔다.

　바실리우스는 부활절 설교를 통해서 절제와 이성적인 마음을 더 존중하는 그리스도교 생활 방식을 살아야 한다고 호소했다. 바실리우스는 포도주가 좋은 용도로 사용되어야 한다고 다음과 같이 말한다. 음주에는 죄가 없다. 하지만 지나치게 많이 마시면 거기 뒤따르는 부작용은 죄로 들어가는 문일 뿐만 아니라 건강에도 해롭다. 그러므로 술에 대해서도 절제의 정신을 발휘해야 한다. 술에는 영혼을 치유해 주고 따뜻하게 해 주며 격려해 주는 힘이 있다. 그러나 적절하게 마실 때만 그 힘이 나타난다.

2.3. 『청년들에게』

『청년들에게』는 바실리우스가 자신의 조카들을 위해 저술한 듯하다. 이 작품에서 바실리우스는 그리스도교 청년들에게 그리스 로마 문학 작품을 '올바르게 사용하는 법'을 제시한다. 그는 젊은이들에게 그리스 로마 문학 작품을 읽음으로써 얻을 수 있는 유용성을 강조한다. 고전 문학 작품들은 젊은이들에게 훌륭한 도덕적 교훈과 덕의 모범 그리고 복음에 부합하는 본보기와 교훈을 제공해 줄 수 있고, 젊은이들의 미래를 준비시켜 줄 수 있을 것이다. 꿀벌이 꽃가루를 모으는 것처럼, 그리스도인들도 그리스 로마 문학 작품에서 유익한 것과 해로운 것을 구분하여 그리스도교의 가르침과 모순되지 않고 진리에 부합하는 것만 취할 필요가 있다. 예를 들어, 덕과 악덕에 관한 가르침 등.[20]

바실리우스는 아직 성경의 깊고 영적인 내용을 깨닫지 못한 젊은이들이 그리스 로마 고전 문학 작품에 대한 관심을 통해서 성경을 연구하기 시작하는 계기가 되기를 바란다. 이런 종류의 작품들에서 바실리우스의 『청년들에게』는 하나의 모델이자 걸작이다. 바실리우스는 깊이 있는 내용으로 깊은 감동을 주면서 지루하다고 느낄 틈도 없이 독자들을 가르친다. 고전 문학에 대한 그의 해박한 지식과 지혜에 누구라도 감탄하지 않을 수 없다.

4세기는 그리스도교 역사에서 이단, 이교, 분열이 급증하는 위기의 시기였다. 이러한 상황에서 학교는 아주 중요한 장소였고 필수적인 장소였지만 안타깝게도 비그리스도인들의 요새 가운데 하나로 남아 있었다. 비그리스도교 문학이 남긴 유산을 어떻게 해야 할까? 이것은 그

20　지그마르 되프·빌헤름 게어링스 편집 『교부학 사전』 "바실리우스 (카이사리아의)", 하성수·노성기·최원오 옮김 (한국성토마스연구소 2021) 318 참조.

리스도인 작가들과 교육자들이 해결해야 할 문제였다. 그래서 바실리우스도 아마 조카들을 위해서 『청년들에게』라는 작품을 썼을 것이다.

우리는 바실리우스가 언제, 어떤 상황에서 이 작품을 썼는지 알지 못한다. 그러나 바실리우스가 이 작품을 쓴 목적은 자신의 조카들에게뿐만 아니라 젊은이들에게 고전 문학 작품에 관한 연구를 지도하면서, 고전문학 작품들에 담긴 명백한 유용성과 위험성을 알려 주고 싶었기 때문이었다. 그래서 바실리우스는 젊은이들에게 "양심의 주도권을 다른 사람에게 넘겨주지 말라" 하고 권고한다.

3. 바실리우스의 설교의 중요 내용

3.1. 『단식에 관한 첫째 설교』

9. 그대는 자신을 엄청나게 뚱뚱하고 살찌게 내버려 두고 있지 않습니까? 그대는 무엇을 못 먹게 될까 걱정하는 데 마음을 다 써 버리고, 구원과 생명을 주는 교리는 조금도 중요하게 느껴지지 않습니까? … 바오로 사도는 이렇게 말했습니다. "우리의 외적 인간은 쇠퇴해 가더라도 우리의 내적 인간은 나날이 새로워집니다"(2코린 4,16). "내가 약할 때에 오히려 강하기 때문입니다"(2코린 12,10).

10. 단식의 좋은 점이 음식을 절제하는 데에 있다고만 보아서는 안 됩니다. "진정한 단식은 악덕을 모르는 사람이 되는 것"이기 때문입니다. … 단식한다면서 다투고 싸우지 마십시오(이사 58,4 참조). 그대는 고기를 삼키지 않지만, 그대의 형제를 삼킵니다. 그대는 술을 멀리하지만 오만함을 억제하지 못합니다. 그대는 저녁까지 음식을 먹지 않고 기다

리지만, 다른 사람을 판단하면서 하루를 보냅니다. "술에 취한 자들에게는 화가 있으되 술에는 화가 없느니라!"(이사 51,21 참조). 분노는 영혼이 술에 취한 상태입니다. 왜냐하면 분노는 술처럼 영혼에게서 지각을 강탈하기 때문입니다. 슬픔도 정신을 압도하기 때문에 술 취한 상태와 같습니다. …

불같이 화를 내는 사람이 어떻게 격정에 빠져드는지 생각해 보십시오. 그는 자제력이 부족합니다. 그는 자신과 주변 사람들에 대한 인식이 부족합니다. 마치 야간 전투라도 하는 것처럼, 아무에게나 달려들고 온갖 것에 걸려 넘어집니다. 거칠게 말하며 자제할 줄 모릅니다. 고래고래 소리 지르고 공격하며, 위협하고 욕하며, 소리치고 감정이 용솟음칩니다. 이 취기를 날려 버리십시오! 그대는 술에서 오는 취기에 몸을 맡겨서는 안 됩니다. 술을 마시고서 물을 마시는 것과 같기를 기대하지 마십시오. 술 취한 상태로 단식에 들어가지 않도록 하십시오. 술은 단식으로 들어가는 문이 아닙니다. … 술 취함은 방탕을 낳고 금주는 단식을 낳습니다. 운동선수는 훈련으로 준비하고, 단식하는 사람은 자제력을 연습하며 준비합니다.

3.2. 『단식에 관한 둘째 설교』

2. 그러므로 단식은 이런 싸움을 하는 사람들에게 항상 유익합니다. 악마들은 단식하는 사람들은 감히 비방하지 못합니다. 우리의 생명을 부지런히 지켜 주는 천사들이 단식으로 자기 영혼을 정화하는 사람들 곁에 서 있기 때문입니다.

4. "오 일간의 단식[21]이 곧 시작될 것이라는 발표가 있었으니, 오늘은 술에 빠져 죽도록 마시자." 이 얼마나 악한 생각입니까! 참으로 사악한

생각입니다! … 사실, 술에 취해 더럽혀진 영혼에는 단식과 기도가 설 자리가 없습니다. 주님은 단식하는 사람은 신성한 경내로 반가이 맞아 주시지만, 숙취에서 깨어나는 중인 사람은 불결하고 부정한 이로 여기시어 맞아들이지 않으십니다.

5. 단식은 아이들을 보호하고, 젊은이들을 순화하며, 노인들을 존경받게 만듭니다. 흰머리는 단식으로 장식될 때 더 존경스럽기 때문입니다. 단식은 여성들에게 아주 잘 어울리는 장신구입니다.

3.3. 『그대 자신에게 주의를 기울여라』

1. 모든 면에서 그대 자신을 주의 깊게 살펴십시오. "그대는 지금 올가미들 사이를 걷고 있으므로"(집회 9,13) 잠들지 말고 깨어 있으십시오. 원수가 파 놓은 함정이 사방에 숨겨져 있습니다. … 경계를 늦추지 않으면, 새는 사냥꾼의 올가미를 벗어나 쉽게 날아갑니다. 그러므로 여러분은 자신을 보호하는 데 있어서 동물보다 게으르지 않도록 주의하십시오. 절대로 마귀의 덫에 걸려들어 그의 먹잇감이 되어 그의 뜻을 따르는 장난감이 되지 마십시오(2티모 2,26 참조).

3. "그대 자신에게 주의를 기울이십시오." 그대가 소유한 물건이나 그대 주위에 있는 물건에 관심을 기울이지 말고 오직 그대 자신에게만 관심을 기울이라는 뜻입니다. … 그대의 육체는 죽지만, 그대의 영혼은 불사합니다. … 죽을 것을 영원한 것인 양 집착하지 말고, 영원한 것을 일시적인 것인 양 멸시하지 마십시오. 육을 멸시하십시오. 육은 지나가기 때문입니다. 영혼을 돌보십시오. 영혼은 불멸하기 때문입니다.

---

21   사순절 동안의 5일 단식을 의미한다. 바실리우스 『단식에 관한 둘째 설교』 각주 10 참조.

3.4. 『감사하기』

2. "누군가가 나를 괴롭힐 때, 내가 감사해야 하나요? … 누가 눈을 빼내도 감사해야 하나요? 박해자가 내게 온갖 모욕을 해도 감사해야 하나요? 내가 추위로 죽어 가고, 굶주림에 시달리며, 형틀에 묶이고, 자녀나 배우자를 빼앗겨도 감사해야 하나요?

3. 체력을 단련한 선수는 경기장에서 상대 선수에게 맞아도 낙심하지 않고, 우승자가 되기 위해 순간적인 고통을 아랑곳하지 않으며 상대 선수를 즉시 공격할 것입니다. 마찬가지로, 덕을 사랑하는 사람도 불쾌한 일을 당하더라도 기쁨을 잃지 않습니다. "환난은 인내를 자아내고, 인내는 수양을, 수양은 희망을 자아냅니다. 그리고 희망은 우리를 부끄럽게 하지 않기"(로마 5,3-5 참조) 때문입니다.

7. 그대가 그대에게 영원한 기쁨을 가르쳐 주는 이 가르침을 동반자로 삼을 때, 그대는 슬픔을 가볍게 견딜 수 있을 것입니다. 그러므로 육체의 짐을 벗어 버리고 영혼의 기쁨을 취하십시오.

3.5. 『분노하는 이들 반박』

1. 분노는 사람을 완전히 야수처럼 만듭니다. … 분노의 결과는 독을 지닌 동물들의 독과 같습니다. 그들은 미친 개처럼 난폭해지고, 전갈처럼 덤벼들며, 뱀처럼 물어뜯습니다. … 분노는 혀를 억제하지 못하게 만들어 말을 함부로 하게 만듭니다(야고 1,26 참조). 신체적 폭력, 모욕적인 행위, 욕설, 비난, 구타 그리고 셀 수 없을 정도로 많은 나쁜 것이 분노와 격분에서 나옵니다.

3. 누가 그대를 모욕했습니까? 그를 축복해 주십시오. 그가 그대를 때렸습니까? 참으십시오. 그가 그대를 경멸하고 무시했습니까? 그대

는 흙으로 만들어졌으니 흙으로 돌아간다는 것을 생각하십시오(창세 3,19 참조). …

그대는 다른 사람을 비방하고 싶은 유혹이 들 때마다, 인내심을 발휘하여 하느님 편에 설 것인지 아니면 분노에 굴복하여 그분의 적에게로 달려갈 것인지 시험받고 있다고 생각하십시오.

7. 분노는 영혼의 병이며, 이성을 뒤덮은 어두운 안개입니다. … 반목과 분노의 폭발, 음모와 경쟁이 영혼에 끊임없는 동요를 일으킬 때마다, 온순함의 영은 안식을 취하지 못합니다.

3.6.『질투에 관한 설교』

1. 질투보다 더 해로운 악덕은 인간의 영혼에 심겨 있지 않습니다. … 녹이 쇠를 부식시키는 것처럼, 질투는 영혼을 부식시킵니다. … 질투하는 사람에게는 비탄과 절망이 떠날 새가 없습니다. 이웃의 땅이 비옥하면, 그의 집에 이 세상의 모든 재물이 풍부하면, 그 사람이 마음의 기쁨을 계속 누리면, 이 모든 것이 질투하는 사람의 병을 악화시키고 고통을 증가시킵니다. 그래서 그는 온몸이 상처투성이인 벌거숭이와 똑같습니다.

3. 무엇이 이 병보다 더 치명적일 수 있을까요? … 무엇이 모든 악의 근원인 저 악마를 인간과 격렬하게 싸우게 만들었을까요? 질투가 아닙니까?

4. 질투하는 사람은 그런 괴로움에 시달리며 시들어 갑니다. 그러나 이 질투의 병을 앓고 있는 사람들은 독이 있는 동물들보다 훨씬 더 위험하다고 여겨집니다.

5. 이성의 도움으로 여러분의 생각이 … 진정으로 고귀하고 칭찬할

만한 것에 열중한다면, 여러분은 썩어 없어질 세속의 것들을 탐욕이나 질투의 대상으로 절대로 여기지 않을 것입니다. … 우리는 덕을 얻으려고 노력해야 합니다. 그러나 이는 영혼이 모든 악덕, 특히 질투심에서 벗어나 있어야 가능한 일입니다.

3.7. 『주정뱅이들 반박』

2. 술 취함은 우리 자신의 선택에 의하여 쾌락을 통해 우리 영혼에 들어오는 악마입니다. 술 취함은 사악함의 어미이며, 덕의 정반대입니다. 술은 용감한 사람을 겁쟁이로 만들고, 정숙한 사람을 음탕한 사람으로 만듭니다. 술에 취하면 사람들은 의로움을 알지 못하고, 신중함을 잃어버립니다.

4. 술 취한 사람들은 자신의 영혼을 파괴하여 온갖 오명과 오점으로 낙인찍힌 뒤에도, 심지어 자신의 육체마저도 망가뜨립니다.

3.8. 『겸손에 관한 설교』

1. 인간이 하느님의 영광 안에 머물러 있었다면, 거짓 존귀함 대신 참된 존귀함을 간직했을 것입니다. … 그러나 인간은 하느님의 영광에 대한 갈망을 저버리고, 가질 수 없는 것을 추구했기 때문에, 소유할 수 있는 선을 잃어버렸습니다. … 겸손은 자신의 영광을 과시하지 않고 하느님의 영광을 찾는 것입니다.

5. 그대 자신에 대해 공정하게 심판하고 그대에게 유리하게 생각하지 마십시오. … 오늘 선행을 실천한 것을 자랑하며 그것으로 어제와 과거에 저지른 잘못을 스스로 사하지 마십시오.

7. 스스로 칭찬하지 말며, 다른 사람들이 그대를 칭찬하게끔 유도하

지 마십시오. 천박한 말은 듣지 말고, 가능한 한 그대의 뛰어난 자질을 숨기십시오. … 성급하게 다른 사람을 책망하지 마십시오. 이것은 일종의 교만입니다. 자기 자신이 마치 온전한 사람이라도 되는 것처럼, 다른 사람의 사소한 일에 대해 흠잡지 마십시오. … 그대는 겸손을 사랑하는 사람답게 겸손을 실천하십시오. … 그대가 그리스도의 겸손을 본받았다면, 그리스도께서 그대를 영광스럽게 하실 것입니다.

3.9. 『세상사에 초연함』

2. 우리는 언제나 지나가고 흘러간 것에 따라 우리 삶의 시간을 측정하면서도, 우리네 삶의 시간이 줄어들고 있다는 사실을 깨닫지 못합니다. … 그분은 이렇게 말씀하십니다. "너희는 허리에 띠를 매고 등불을 켜 놓고 있어라. 혼인 잔치에서 돌아오는 주인이 도착하여 문을 두드리면 곧바로 열어 주려고 기다리는 사람처럼 되어라"(루카 12,35-36).

3. 어떤 사람들이 이 세상을 살면서 엄청난 금을 모은다 해도, 그것이 영원히 그들의 소유로 남아 있지는 않을 것입니다. … 물건은 본성상, 주인이 이 세상을 떠날 때 주인을 따라갈 수 없기 때문입니다.

4. 과식은 많은 사람에게 죽음의 원인이 되었고 그 어떤 즐거움도 느끼지 못하는 이유가 되었습니다.

5. 인간은 하느님의 소환을 받으면 이 세상을 떠나는 존재입니다. 인간은 자신을 보내신 하느님의 법정 앞에 서게 될 것이며, 자신의 행동에 대한 셈을 해 바쳐야 합니다. 인간은 현세에서 행한 일에 대한 응보를 받게 될 것입니다.

6. 만일 육체의 교만을 허락하여 날마다 온갖 음식으로 배부르도록 놔둔다면, 육체는 마침내 야수처럼 우리를 자신과 함께 땅으로 강제로

끌고 갈 것이고, 거기서 우리는 신음하면서 ⋯ 영원한 어둠 속에 살 것입니다.

7. 돈을 좋은 목적으로 버리면, 돈을 버린 사람들은 돈을 잃는 것이 아니라 다른 안전한 배에 싣는 것입니다. 곧, 그 돈은 가난한 사람들의 위장에 보관됩니다. 말하자면, 항구에 미리 도착하여 ⋯ 영광 때문에 돈을 버린 사람들을 위해 보관되는 것입니다.

8. 우리 눈앞에 누워 있는 라자로들을 지나치지 맙시다. 그들의 굶주림을 충분히 달래 줄 수 있는, 우리의 식탁에서 나온 부스러기를 아까워하지 맙시다.

3.10. 『청년들에게』

5. 시인들, 역사가들 그리고 훨씬 더 많은 철학자들이 덕을 찬양하였으므로, 우리는 특히 그러한 문학 작품을 공부해야 한다. ⋯ 헤시오도스는 이렇게 노래했다. "처음에는 여행하기 험난하고 힘들며, 많은 땀과 노력이 가득 차 있는 길이 덕으로 가는 가파른 길이다."

그러므로 이 길은 너무나 가팔라서 오를 수 있는 것이 아니며, 오르려고 애를 써도 쉽게 정상에 도달할 수 있는 길이 아니다. 하지만 정상에 오르면, 바로 이 시인이 말한 것처럼, 이 길이 악으로 이어지는 다른 길보다도 얼마나 매끄럽고 아름다운 길인지, 얼마나 쉽고 즐거운 길인지, 그리고 더 유쾌한 길인지 알 수 있다. 내가 보기에, 헤시오도스는 우리에게 덕을 추구하라고 촉구하고 모든 사람에게 선하게 살라고 권고하며, 목적지에 도착하기 전에 수고와 좌절 앞에서 우리가 약해지고 비겁해지는 것을 막기 위해 이런 것들을 이야기한 것 같다.

7. 어떤 남자가 ⋯ 소크라테스의 얼굴을 계속 때리면서 무자비하게

폭행했다. 그러나 소크라테스는 맞서 싸우지 않고, 술로 미친 그 사람이 자신의 분노를 폭발시키도록 두었다. 그래서 소크라테스의 얼굴이 부풀어 오르고 멍이 들었다. 그러다 그 남자가 때리기를 그쳤을 때, 소크라테스는 마치 조각가가 조각상에 자신의 이름을 새겨 넣는 것처럼, 자신의 이마에 "아무개(그 남자의 이름)가 이것을 만들었다"라고 쓴 것 말고는 아무 짓도 하지 않았다. 소크라테스는 그 사람에게 그 정도까지만 복수한 것이다. … 소크라테스가 보여 준 예는 누가 우리의 뺨을 때리면 그에게 되갚지 말고 다른 쪽 뺨도 내밀어야 한다는 우리의 교훈과 비슷하다(마태 5,39 참조).

9. 우리는 꼭 필요한 경우를 제외하고는 육체의 노예가 되어서는 안 된다. 우리는 우리의 영혼에 철학을 통해 가장 좋은 것을 제공해 주어야 한다. 감옥[22]으로부터 해방시키듯 철학을 통해 우리의 영혼을 육체의 정욕과 결별시키고, 육체에게도 없으면 살 수 없는 것을 주어 육체가 정욕을 다스리는 주인이 되게 해야 한다. … 그리고 머리나 옷을 꾸미는 데 필요 이상으로 많은 시간을 낭비하는 것은, 디오게네스에 따르면, 불행한 사람들의 표시이거나 잘못된 행동을 하는 사람들의 표시다. … 적어도 분별력 있는 사람에게는 값비싼 옷을 입든지 값싼 노동자의 외투를 입든지 그것이 겨울의 추위와 여름의 더위를 충분히 막아 줄 수만 있다면, 무슨 차이가 있겠느냐? … 영혼의 유익을 위해 신경을 쓰는 것보다 몸에 더 신경을 써서는 안 된다. … 음탕한 노래가 귀로 들어와 너희의 영혼을 더럽히지 못하도록 하는 것이다. 왜냐하면 무례함과 천박함에서 비롯하는 정욕은 이러한 음악에 의해 자연스럽게 생겨나기

---

22   플라톤 『파이돈』 62b, 67a–d, 82d 참조.

때문이다. … 후각을 유혹하는 온갖 종류의 냄새나 향수로 몸을 더럽혀서도 안 된다. 그런 것은 부끄러운 짓이다. 촉각과 미각과 관련된 쾌락을 멀리하는 것이 중요하다. … 몸에 대한 지나친 관심은 몸 자체에 무익할 뿐만 아니라 영혼에도 방해가 된다. … 우리는 몸을 경멸하는 습관을 들여야 한다.

단식에 관한 첫째 설교(설교 1)

1. "나팔을 불어라. 초승에, 너희의 축제날에"(시편 81,4 참조). 이것은 예언자의 명령입니다. 그러나 이 독서 구절은 우리가 최근에 행한 축제보다 뛰어나며, 그 어떤 나팔보다 크게 울리고 그 어떤 악기들보다 아름다운 소리가 울려 퍼지는 더 영광스러운 잔치를 암시합니다. 이사야 예언자는 유대인의 단식 방식을 거부하고, 참된 단식이 무엇인지 보여 줌으로써 우리에게 단식의 은총을 가르쳐 주었습니다. "너희는 단식할 때 다투고 싸우지 말고, 모든 불의한 결박을 풀어 주어라"(이사 58,4-6 참조). 그리고 주님께서는 이렇게 말씀하십니다. "위선자들처럼 슬픈 얼굴을 하지 말고 머리에 기름을 바르고 얼굴을 씻어라"(마태 6,16-17 참조). 그러므로 우리는 배운 대로, 단식 날에 우울한 표정을 짓지 말고 성도들답게 기쁜 마음으로 단식에 임합시다. 왕관을 쓴 사람은 낙심하지 않습니다. 침울한 사람은 우승컵을 들어 올리지 못합니다. 치료받는 동안 우울해하지 마십시오. 영혼의 건강을 기뻐하지 않고 오히려 단식으로 음식이 바뀌었다고 슬퍼하며, 영혼을 돌보는 것보다 위장의 즐거움을 더 좋아하는 것처럼 구는 것은 어리석은 일입니다. 따지고 보면, 방종은 위장을 만족시킬 뿐이지만, 단식은 영혼에 유익을 가져다줍니다. 의사가 그대에게 죄를 없애는 약을 주었으니 기뻐하십시오. 어린아이의 창자에서 번식하는 해충을 아주 독한 약으로 완전히 박멸하는데, 단식도 그렇게 부를 만한 치료제입니다. 단식이 영혼에 주입되면, 영혼 깊숙히 숨어 있는 죄를 죽입니다.

2. "머리에 기름을 바르고 얼굴을 씻어라"(마태 6,17). 이 말씀은 그대를 신비로 초대합니다. 자신에게 "기름 부음"을 행하는 사람은 자신의 지체들에 기름을 바르고, 자신을 "씻는" 사람은 자신을 깨끗하게 합니다.

단식에 관한 첫째 설교(설교 1)

이 처방을 그대 내면의 지체들에 대한 처방으로 여기십시오. 그대의 영혼에서 죄를 깨끗이 씻어 내어 그리스도에 참여할 수 있도록 머리에 거룩한 크리스마 성유를 바르십시오.[1] 그리고 이런 상태로 단식에 이르십시오. "위선자들처럼 그대의 얼굴을 더럽히지 마십시오"(마태 6,16 참조). 그대가 속마음을 거짓 표정으로 가리고, 베일로 가리듯 거짓말로 감출 때, 그대는 그대의 얼굴[2]을 더럽히는 것입니다. 그런 사람은 극장에서 자신이 아닌 다른 사람의 모습[3]으로 꾸미는 위선자입니다. 노예의 신분이면서도, 종종 주인의 역할을 합니다. 한 사람의 시민이면서도, 왕의 역할을 합니다. 마찬가지로, 이 세상의 많은 사람이 무대에서 자신을 연기하는 것처럼 행동하며, 마음속에 가지고 있는 것과 다른 것을 사람들에게 보여 줍니다. 그러니 그대의 얼굴을 더럽히지 마십시오. 있는 그대로 보이십시오. 금욕적인 사람이라는 평판을 얻기 위해 침울한 척하지 마십시오. 모름지기 선행은 나팔을 불면 아무 유익이 없고 단식이 사람들에게 알려지면 아무런 이득이 없습니다. 허세를 부리면 내세에 아무런 열매를 맺지 못하고 사람들의 칭찬을 받는 것으로 끝이 납니다.

그러므로 단식의 선물을 향해 기쁘게 달려가십시오. 단식은 오래된 쓸모없는 것이 아니라, 항상 신선하고 활력이 넘치는 유서 깊은 선물입니다.

3. 그대는 내가 단식의 기원을 율법에 두고 있다고 생각합니까? 사실,

1　여기에서 바실리우스가 즐겨 사용하는 '말의 유희'를 번역하기가 쉽지 않다. "그리스도 Christos에 참여하게 하기 위해 거룩한 크리스마christma를 머리에 바르십시오(chrisai)."

2　그리스어 '프로소폰'πρόσωπον.

3　그리스어 '프로소폰'πρόσωπον.

단식은 율법보다 더 오래되었습니다. 내 말을 더 들어 보시면, 이 말이 진실임을 알게 될 것입니다. 이스라엘에게 지정된 일곱째 달의 열 번째 날, 곧 속죄일(레위 25,9 참조)에 단식이 시작되었다고 생각하지 마십시오. 자, 이제 역사적 서술을 통해 단식의 고대성을 살펴봅시다. 단식은 최근에 고안된 것이 아니라, 우리 조상들이 간직해 온 보물입니다. 고대로 거슬러 올라갈 수 있는 모든 것은 고귀한 것입니다. 단식의 고대성을 찬양하십시오!

단식은 인류만큼 오래되었습니다. 단식은 낙원에서 법으로 제정되었습니다. 아담이 받은 첫 번째 계명은 "선과 악을 알게 하는 나무에서는 따 먹으면 안 된다"(창세 2,17)라는 계명이었습니다. "따 먹으면 안 된다"는 단식과 절제를 법제화한 것이었습니다. 하와가 선악과나무를 단식했다면 지금 우리는 이 단식이 필요하지 않을 것입니다. "튼튼한 이들에게는 의사가 필요하지 않으나 병든 이들에게는 필요하다"(마태 9,12). 우리는 죄로 인해 상처를 입었습니다. 그러니 회개로 치유를 받읍시다. 그러나 단식 없는 회개는 헛된 것입니다. "땅은 … 저주를 받으리라. 땅은 네 앞에 가시덤불과 엉겅퀴를 돋게 하리라"(창세 3,17-18 참조). 그대는 슬퍼하라는 명령을 받았지, 탐닉하라는 명령을 받은 것이 아닙니다. 단식을 통해서 하느님을 기쁘게 해 드리십시오. 낙원에서의 삶의 방식은 단식의 표상입니다. 인간이 천사의 삶에 참여하여 적은 것에 만족함으로써 천사들과 닮은 모습을 지녔기 때문이기도 하고, 낙원에 살던 사람들은 나중에 인간이 독창성으로 발견한 것들을 전혀 꿈도 꾸지 않았기 때문이기도 합니다. 다시 말해, 낙원에는 술 마시는 이도 없었고, 동물을 죽여 바치는 일도 없었으며, 인간의 마음을 흐리게 하는 그 어떤 것도 없었습니다.

단식에 관한 첫째 설교(설교 1)

4. 우리가 낙원에서 추방된 것은 단식하지 않았기 때문입니다. 그러니 낙원으로 다시 돌아갈 수 있도록 단식을 합시다. 라자로가 단식을 통해 낙원에 들어간 것을 그대는 모릅니까?(루카 16,19-31 참조). 하와의 불순종을 본받지 마십시오. 다시 말씀드리지만, 육을 생각하여 먹으라고 유혹하는 뱀을 그대의 조언자로 삼지 마십시오. 신체적 약점과 질병을 단식을 하지 못한다는 핑계로 대지 마십시오. 그대가 변명해야 하는 상대는 내가 아니라 이미 알고 계시는 분이시기 때문입니다. 말해 보세요, 단식을 할 수 없다고요? 평생 그대의 배를 채울 수 있나요? 지나치게 많이 먹은 음식 때문에 그대의 몸을 망칠 수 있나요? 아, 그래요. 나는 의사들이 아픈 사람들을 위해 다양한 음식을 처방하는 것이 아니라, 먹지 말고 음식 없이 살라고 처방하는 것을 알고 있습니다. 그렇다면, 그대가 한 가지 치료법[4]을 준수할 수 있다면, 어떻게 다른 치료법[5]은 따를 수 없다고 주장할 수 있을까요? 위장에 더 쉽고 편한 것이 무엇인가요? 조촐한 음식으로 밤을 보낼 것입니까? 아니면 폭식에 짓눌려 누워 있을 것입니까? 아니면 침대에 누워 있는 것이 아니라, 계속해서 속이 불편하고, 더부룩하며 투덜거리는 것이 더 좋을까요?

그대는 짐을 덜 실은 가벼운 화물선보다 짐을 많이 실은 화물선을 항해사들이 더 쉽게 구할 수 있다고 주장하지는 않을 것입니다. 그렇지 않나요? 파도가 약간만 쳐도 무거운 화물선은 가라앉지만, 가벼운 화물선은 파도 위로 쉽게 떠오릅니다. 파도 위로 떠오르는 것을 막는 것이 없기 때문입니다. 이처럼 인간의 몸도 끊임없는 방종에 짓눌리면,

---

[4] 의사의 처방.

[5] 교회가 정한 단식.

쉽게 질병에 휩쓸리게 됩니다. 그러나 소화가 잘되는 가볍고 편한 음식을 섭취하면, 몸은 폭풍우와 같은 모든 병에서 비롯된 악을 피하고, 폭풍우의 습격과 같은 현재의 고통을 피합니다. 만일 그대가 가볍게 먹는 것보다 자기 방종[6]이 병자들에게는 더 낫다고 진심으로 주장한다면, 그대는 가만히 있는 것이 뛰는 것보다 더 힘들고 쉬는 것이 레슬링을 하는 것보다 더 힘들다고 생각하는 것입니다. 사실, 몸을 건강하게 유지해 주는 기능은 적당한 양의 가벼운 음식을 쉽게 소화해서 영양 공급을 적합하게 해 주는 것입니다. 그러나 여러 가지 사치스러운 음식을 먹고 게다가 너무 많이 먹으면, 여러 가지 질병이 발생합니다.

5. 그러나 단식에 관한 우리의 설교는 단식의 고대성에 대해 자세하게 설명하면서 단식에 대한 역사적인 서술을 통해 진행되어야 합니다. 모든 성도는 아버지가 일종의 상속 재산으로 주신 단식을 물려받아 그것을 그대로 지키고 아버지가 자식에게 물려주듯 전해 주는 것입니다. 그래서 단식이라는 이 자산이 계승의 사슬을 통해 우리에게도 전해졌습니다. 낙원에는 술이 없었고, 동물 제물도 없었고, 고기도 먹지 않았습니다. 노아의 홍수 이후에 술이 생겨났고, 노아 홍수 이후에 하느님께서 "푸른 풀과 같이 모든 것을 먹으라"(창세 9,3 참조) 하고 말씀하셨습니다. 완전함의 희망이 사라졌을 때, 고기를 먹는 즐거움이 허락되었던 것입니다.

　노아는 술을 마셔 본 적이 없다는 증거를 보여 줍니다. 그가 술을 어떻게 마셔야 하는지 몰랐다는 사실이 그 증거입니다. 그러니까 그때는

6　폭식.

술을 마시는 것이 아직 인간의 생활 방식에 도입되지 않았고, 사람들의 습관이 되지도 않았습니다. 그래서 노아는 술을 마시는 것을 본 적이 없었고, 술을 직접 마셔 본 적도 없었기 때문에, 적절한 예방 조치 없이 술을 마셨고 그 때문에 술의 해로움에 굴복당하고 말았습니다. "노아는 포도밭을 가꾸는 … 사람이 되었기 때문에, 그는 술을 마시고 취했습니다"(창세 9,20-21 참조). 그가 술꾼이어서가 아니라 술을 적당히 마시는 법을 몰랐기 때문입니다. 그러니까 술을 마시는 행위는 낙원 이후의 일이고, 이처럼 단식의 존엄성은 오래되었습니다.

또한 우리는 모세가 단식을 통해서 산에 올라갔다는 것을 압니다(탈출 24,18 참조). 만일 모세가 단식으로 무장하지 않았다면, 산봉우리가 연기로 뒤덮였을 때, 짙은 어둠 속으로 들어갈 엄두를 내지 못했을 것입니다. 단식을 통해서 그는 하느님의 손가락으로 판에 새겨진 율법을 받았습니다(참조: 탈출 31,18; 신명 9,10).

그런데 산꼭대기에서는 모세가 단식을 해서 율법을 받았지만, 산 아래에서는 백성들이 탐식으로 우상 숭배의 광기에 빠졌습니다. "백성들은 앉아서 먹고 마시다가 일어나 흥청거리며 놀았습니다"(탈출 32,6 참조). 사십 일 동안 단식하고 기도한 모세의 근면함(탈출 24,18 참조)이 이스라엘 백성의 단 한 번의 술 취함으로 헛일이 되었습니다. 단식을 통해 하느님의 손으로 새긴 판을 얻었지만(참조: 탈출 31,18; 신명 9,10), 술 취함으로 인해 그것들이 산산조각이 났습니다. 예언자 모세는 술에 취한 백성은 하느님으로부터 율법을 받을 자격이 없다고 판단했습니다. 가장 놀라운 기적을 통해 하느님에 대한 가르침을 받은 사람들이 결정적인 순간에 식탐을 통해 이집트인들의 우상 숭배에 빠졌습니다(탈출 32,1-35 참조). 다음 두 가지 사실을 비교해 보십시오. 어떻게 단식이 하느님께

전달되는지, 어떻게 방종이 구원을 저버리는지. 이스라엘 백성들은 세상 아래로 가는 길을 따라 내려갔습니다.

6. 무엇이 에사우를 파멸시켰으며 그를 동생의 종이 되게 했습니까? 그가 장자의 권리를 저버린 것은 단 한 끼의 식사 때문이 아니었습니까?(창세 25,29-34 참조). 사무엘의 어머니는 단식과 기도를 해서 사무엘을 허락받지 않았습니까?(1사무 1,13-16 참조). 위대한 영웅 삼손을 무적의 존재로 만든 것은 무엇이었습니까? 단식 아니었나요? 그가 어머니의 자궁 안에 잉태될 수 있었던 것은 어머니의 단식 때문이 아니었나요?(판관 13,14 참조). 단식은 그를 어머니의 태 안에서 자라게 했습니다. 단식이 그를 키워 주었습니다. 어머니의 단식을 통해 그는 세상에 태어났습니다. 단식이 그를 먹여 살렸고, 단식이 그를 성장시켰습니다. 천사가 그의 어머니에게 지시한 것은 단식이었습니다. "저 여자는 포도나무에서 나는 것은 아무것도 먹어서는 안 된다. 포도주도 독주도 마셔서는 안 된다"(판관 13,14).

단식은 예언자를 낳고, 전사를 강하게 합니다. 단식은 입법자를 현명하게 합니다. 단식은 영혼의 좋은 수호자, 몸의 안전한 동반자, 최고의 무기, 운동선수들의 훈련법입니다. 단식은 유혹을 몰아냅니다. 단식은 경건함을 위한 '준비'입니다. 단식은 절주節酒의 동반자이자 자제력의 장인匠人입니다. 단식은 전쟁터에서는 용맹함을 가르쳐 주고, 평화로울 때에는 평온함을 가르쳐 줍니다. 단식은 나지르인을 거룩하게 하고 사제를 완벽하게 해 줍니다. 우리 시대의 거룩하고 참된 전례에서뿐만 아니라 예표로 율법에 규정된 전례에서도 단식 없이 사제직을 수행하는 것은 불가능하기 때문입니다.

단식에 관한 첫째 설교(설교 1)

단식을 통해 엘리야는 엄청난 광경을 보는 사람이 되었습니다. 사십일 단식을 통해 영혼을 정결케 하여, 인간으로서 주님을 뵐 수 있는 자격, 곧 호렙 동굴에서 주님을 뵐 자격이 있다고 인정받았기 때문입니다(1열왕 19,8-13 참조). 단식하는 동안, 그는 과부의 죽은 아들을 다시 살려 과부에게 돌려 주었습니다. 단식은 그에게 죽음을 다스리는 힘을 주었습니다. 이스라엘 백성이 율법을 어겼을 때, 단식하던 엘리야의 입에서 나온 음성이 3년 6개월 동안 하늘을 닫아 버렸습니다(참조: 1열왕 17,1-7; 루카 4,25; 야고 5,17). 그는 목이 뻣뻣한 이스라엘 백성들의 거친 마음을 길들이기 위해 그 재앙에서 다른 사람들과 함께 자신도 단죄하기로 결심했습니다. 그래서 그는 이렇게 말했습니다. "살아 계신 주님을 두고 맹세하노니, 내 입에서 나오는 말이 있기 전에는, 땅 위에 비가 내리지 않으리라"(1열왕 17,1 참조). 그리고 그는 방종과 방탕한 생활에서 오는 사악함을 바로잡기 위해 모든 백성에게 기근을 통해 단식을 소개했습니다.

엘리사는 어떤 삶을 살았습니까? 그는 수넴 여자에게 어떤 환대를 받았습니까?(2열왕 4,8-37 참조). 그는 예언자들을 어떻게 환대했나요? 그는 산나물과 약간의 밀가루로 환대의 의무를 다하지 않았습니까? 그때, 조롱박을 넣은 국에 단식하는 자(엘리사)의 기도로 그 독을 중화시키지 않았더라면, 국을 먹은 사람들은 위험에 빠졌을 것입니다(2열왕 4,38-41 참조). 그리고 일반적으로도 단식이 모든 성도를 경건한 삶의 방식으로 인도했다는 것을 그대는 알게 될 것입니다.

불에 타지 않는, 파괴되지 않는다고 해서 '아미안톤'ἀμίαντον이라 불리는 특별한 물질이 있습니다. 그것은 불길에 휩싸이면, 재로 타 버리는 듯 보입니다. 그러나 불 속에서 꺼내면, 물로 광택을 낸 것처럼 이전보다 더 깨끗해져 있습니다. 바빌론의 세 젊은이는 단식을 통해(다니 1,8-

16; 3,19-97 참조) 그런 파괴되지 않는 몸을 얻었습니다. 그들은 커다란 불가마 속에 있을 때, 마치 금의 속성을 지닌 것처럼, 불이 일으킬 수 있는 어떤 해로움에도 영향을 받지 않았습니다(다니 3,94 참조). 사실, 그들이 금보다 훨씬 더 강하다는 것을 보여 주었습니다. 왜냐하면 불은 그들을 녹이지 못하고 그대로 온전하게 남겨 두었기 때문입니다. 사실, 그 당시에는 그 어떤 것도 그 불길을 막을 수 없었습니다. 석뇌유와 송진과 부스러기가 그 불길을 더욱 세차게 하여, 불길은 마흔아홉 암마나 치솟아 올랐고, 불길이 불가마에서 뛰쳐나와 많은 칼데아인을 죽여 버렸습니다(다니 3,46-48 참조). 그러나 단식을 하며 불길 속으로 들어간 그 젊은 이들은 그렇게 맹렬한 불길 속에서 빛과 이슬 같은 공기를 들이마시며 그 불길을 이겨 냈습니다(다니 3,49-50 참조). 사실, 불은 감히 그들의 머리카락조차 태울 수 없었습니다. 머리카락도 단식으로 기운을 받았기 때문입니다(다니 3,94 참조).

7. 열망의 사람, 다니엘(다니 10,11 참조)은 삼 주 동안 음식도 먹지 않고 물도 마시지 않았습니다(다니 10,3 참조). 그리고 사자 굴에 던져졌을 때는 사자들에게 단식하는 법을 가르쳤습니다(다니 6,17-25 참조). 사자가 돌이나 금속 같은 단단한 물체를 이빨로 물어뜯을 수 없는 것처럼, 단식도, 사람의 몸을 물어뜯을 수 없게끔 강철처럼 단단하게 만듭니다. 그래서 사자들은 다니엘을 향해 입을 벌리지 않았습니다. 단식은 불의 열기를 잠재우고, 사자의 입을 막아 냅니다.

단식은, 위로 올려다 주는 날개처럼, 기도를 천국으로 올려 보냅니다. 단식은 가정의 성장이고, 건강의 어머니이며, 청년들에게는 교육자이고, 노년기의 자랑이요, 여행자들의 좋은 동반자이고, 부부를 위한 안전한 동거자입니다. 남편은 단식하며 사는 아내를 보면 혼인 생활에서 배반당하지 않을까 하는 의심을 하지 않습니다. 아내도 남편이 단식하는 것을 보면 질투할 줄 모릅니다. 누가 단식할 때 재산을 잃어버렸습니까? 오늘 그대의 재산을 세어 보고, 단식한 후에 다시 세어 보십시오. 단식한다고 해서 그대의 재산이 없어지지 않습니다. 무자비한 위장이 동물의 피를 흘리게 하지도 도살 명령을 내리지도 않습니다. 정육점 주인은 칼을 내려놓고 식탁은 채소로 만족합니다.

나귀와 남자 종들을 쉬게 하려고, 유대인에게 안식일이 주어졌다고 합니다(탈출 20,10 참조). 그대의 종들이 일 년 내내 그대를 섬기고 있으니, 그대가 단식하면, 그대의 종들이 끊임없는 노동에서 벗어날 수 있습니다. 고기 요리사에게 휴식을 주십시오. 당신의 식탁을 차리는 이에게 휴가를 주십시오. 술을 따르는 사람의 손을 쉬게 하십시오. 다양한 후식을 만드는 밀가루 반죽 요리사에게 쉴 시간을 주십시오. 끝없이 이어지는 소란, 연기와 요리 냄새 그리고 오만한 부인 같은 그대의 배를 달래기 위해 하인들이 위아래로 뛰어다니지 않도록 집 안을 조용하게 만드십시오. 사실, 세금 징수원들도 부하 직원들에게 약간의 자유를 허락합니다. 그대의 위장 또한 그대의 입에 일종의 말미를 주고 우리와 함께 5일간의 휴전에 동의해야 합니다.[7] 그렇지 않으면, 위장은 음식을

---

7   여기에서 바실리우스는 그와 그의 신도들이 5일간의 단식을 눈앞에 두고 있다는 사실을 암시한다(참조: 『단식에 관한 첫째 설교』 10장; 『단식에 관한 둘째 설교』 4장, 7장). 초기 그리스도교에서 관행으로 알려진, 7주 또는 8주의 사순 시기 동안 지켜진 5일간의 단식 기간(월요일부터 금요일까지) 중 하나를 바실리우스가 언급했을 가능성이 있다. 이 같은 해석에 따르면, 토요일과 일요일은 사순 시기 동안에 단식하지 않았을 것이다. 또 다른 해석은 이 설교가 파스카 축제 전, 곧 성주간에 이루어졌다는 것이다. 그러나 대부분의 지역에서 파스카 단식은 성주간 월요일부터 토요일까지 6일 동안 계속되었다. 그런데 왜 바실리우스 시대에 카파도키아에서는 성주간 단식이 단 5일 동안 행해졌는지 그 이유를 알 수 없다.

끝없이 요구합니다. 절대로 멈추지 않습니다. 오늘 받은 음식을 내일 잊어버리기 때문입니다. 위장은 배가 부르면 단식에 관해 사색하지만, 배가 고프면 그런 생각을 잊어버립니다.

8. 단식은 돈을 빌려주는 관행을 전혀 모릅니다. 단식하는 사람의 식탁에는 이자를 받는 악취가 나지 않습니다. 단식하는 사람은, 뱀이 먹잇감 주위를 감싸는 것처럼, 아버지의 빚으로 고아가 된 아이를 쥐어짜지 않습니다. 게다가 단식은 기쁨을 느끼는 기회입니다. 목이 말라야 음료를 마실 때 기쁨을 느끼고 식사 전의 배고픔이 먹는 즐거움을 느끼게 하듯이, 단식 또한 먹는 즐거움을 더해 줍니다. 단식이 중재자로 개입하여 그대의 지속적인 방종을 중단시킬 때, 그 중단이 길어질수록 더 먹고 싶다는 것을 알게 될 것이기 때문입니다. 따라서 식욕을 돋우는 식탁을 만들고 싶다면, 단식에서 오는 변화를 받아들이십시오. 그러나 호화로운 음식에 대한 강렬한 중독 때문에, 그대는 그 중독성을 하찮게 생각하고 쾌락에 대한 애착으로 음식의 즐거움을 망친다는 사실을 깨닫지 못하고 있습니다. 끊임없이 즐겨도 혐오스러워지지 않을 정도로 바람직한 쾌락은 없습니다. 우리를 가장 즐겁게 하는 것은 우리가 좀처럼 누리기 힘든 것들입니다. 그래서 우리를 창조한 분께서는 이 세상의 변화 속에서도 당신의 은총이 지속되게 하셨습니다. 밤이 지나면 태양이 더 빛난다는 것을 깨닫지 못합니까? 잠자고 나서 깨어 있는 것이 더 즐겁다는 것을 깨닫지 못합니까? 아파 본 후에야 건강이 더 소중하다는 것을 깨닫지 못합니까? 마찬가지로 단식 후에 식탁이 더 매력적이라는 것을 깨닫지 못합니까? 이는 손에 잡히는 대로 먹는 가난한 사람들에게만이 아니라 호화롭게 식사하는 부자들에게도 마찬가지입니다.

단식에 관한 첫째 설교(설교 1)

9. 성경에 나오는 부자의 비유를 듣고 그대는 두려워해야 합니다(루카 16,19-31 참조). 평생 방종한 삶을 산 부자는 불길 속에 처박혔습니다. 그가 불길 속에서 고초를 겪는 벌을 받은 것은 사악함 때문이 아니라 호화롭게 살았기 때문입니다. 불을 끄려면 물이 필요합니다. 단식은 미래에 유익할 뿐만 아니라 우리가 살아 있는 동안에도 매우 유익합니다. 사실, 완전히 건강한 몸이라 할지라도 피로하게 만들고 건강의 무게를 지탱할 수 없게 하면 약해지고 병에 걸리기 쉽습니다. 그 부자처럼, 지금은 물을 내뱉고 나중에는 물 한 방울을 갈구하는 처지가 되지 않도록 주의하십시오(루카 16,24 참조). 물을 마시고 술에 취하는 사람은 없습니다. 물에 흠뻑 젖었다고 머리가 아픈 사람은 없습니다. 물을 마시며 평생을 산다고 해도, 스스로 걷지 못해서 다른 사람의 발이 필요한 사람은 없습니다. 물을 마신다고 해서, 자기 발에 걸려 넘어지는 사람도 없고 손을 잃는 사람도 없습니다. 하지만 방종의 필연적인 결과인 소화 불량은 몸에 끔찍한 질병을 일으킵니다.

단식하는 사람은 뻔뻔스럽게 얼굴을 붉히는 것이 아니라 겸손한 창백함으로 장식된 덕망 있는 외관을 지닙니다. 단식하는 사람의 눈은 온화하고 걸음걸이는 침착하며 얼굴은 사려 깊은 표정입니다. 그는 억지 웃음으로 조롱하지 않습니다. 그의 말은 예측할 수 있고 그의 마음은 순수합니다. 옛 성인들을 기억하십시오. "그들에게는 세상이 가치 없는 곳이었습니다"(히브 11,38). "그들은 궁핍과 고난과 학대를 겪으며 양 가죽이나 염소 가죽만 두른 채 돌아다녔습니다"(히브 11,37). 그대가 참으로 성인들의 몫을 추구한다면, 그들의 생활 방식을 본받기 위해 성인들을 기억하십시오. 무엇 덕분에 라자로가 아브라함의 품에 안기게 되었습니까?(루카 16,23 참조). 단식 때문이 아니었나요? 요한의 삶은 단 하나의 연속적인 단식이었습니다. 그는 침대도 식탁도 경작할 땅도 없고, 쟁기질할 소도 없으며, 곡식도 방앗간도, 그밖에 생계와 관련된 어떤 것도 없었습니다(마태 3,4 참조). 그런 까닭에 "여자에게서 태어난 이들 가운데 세례자 요한보다 더 큰 인물은 나오지 않았다"(마태 11,11)라고 합니다. 바오로가 자신의 고난을 자랑하면서 언급한 단식은 그를 셋째 하늘까지 들어 올렸습니다(2코린 11,27; 12,2 참조).

그러나 우리 주님이야말로 앞에 언급한 사람들 가운데 가장 중요한 모범이십니다. 주님은 우리를 위해 취하신 육을 강하게 하시려고 단식을 하신 후에 당신의 몸으로 마귀의 공격을 받았습니다(마태 4,2 참조). 여기에서, 그분은 우리를 유혹과의 투쟁에 준비시키고 훈련시키기 위해서 우리에게 단식하라고 지시하셨을 뿐만 아니라, 금욕을 통해 적에게 대항하는 일종의 발판을 마련해 주셨습니다. 만일 우리 주님께서 금욕을 통해 인간의 상태로 내려오시지 않았다면, 그분의 신성 때문에 악마는 그분에게 접근하지 못했을 것입니다. 그런데도, 그분께서는 육신의 부활의 진정한 실상을 보여 주시기 위해서 승천하시기 전에 음식을 드셨습니다(루카 24,43 참조).

그런데 그대는 어떻습니까? 그대는 자신을 엄청나게 뚱뚱하고 살찌게 내버려 두고 있지 않습니까?[8] 그대는 무엇을 못 먹게 될까 걱정하는 데 마음을 다 써 버리고, 구원과 생명을 주는 교리는 조금도 중요하게 느껴지지 않습니까?[9] 아니면 전쟁에서 한쪽과 힘을 합치면 다른 한쪽이 패배하는 것처럼, 육의 편에 가담한 자는 영을 압도하고 영의 편에

---

8   바실리우스『단식에 관한 둘째 설교』8 참조.

9   바실리우스『단식에 관한 둘째 설교』8 참조.

가담한 자는 육을 노예로 만든다는 것을 모르십니까? 이 둘은 서로 반대되기 때문입니다(갈라 5,17 참조). 그러므로 마음을 강하게 하고 싶다면, 단식을 통해 육을 제압하십시오. 참으로, 바오로 사도는 이렇게 말했습니다. "우리의 외적 인간은 쇠퇴해 가더라도 우리의 내적 인간은 나날이 새로워집니다"(2코린 4,16). "내가 약할 때에 오히려 강하기 때문입니다"(2코린 12,10)라고도 하였습니다.

왜 그대는 영원하지 않은 음식을 경멸하지 않나요? 왜 그대는 지금 여기서 모든 면에서 그대를 준비시키는 단식을 하면서 왕국의 식탁에 대한 열망을 키우려고 하지 않나요? 그대가 지나친 방종으로, 그대를 괴롭히는 살찐 벌레를 낳고 있다는 걸 모르는 것입니까? 사실, 도대체 누가 풍족한 음식과 끊임없는 방종 가운데서 그 어떤 영적 선물을 받는다는 말입니까? 모세는 율법을 두 번째로 받기 위해 두 번째로 단식을 해야 했습니다. 만일 이성이 없는 짐승들이 니네베 사람들과 함께 단식하지 않았다면, 니네베 사람들은 자신들을 위협하는 멸망을 피하지 못했을 것입니다(요나 3,4-10 참조). 시체가 되어 광야에 쓰러진 사람들이 누구입니까?(참조: 히브 3,17; 민수 14,29.32-33). 고기를 먹고 싶어 하던 사람들 아니었나요? 그들이 만나와 바위에서 나오는 물로 만족하는 동안에는, 그들은 이집트인들을 이기고 바다를 건너갔습니다. "그분 지파들에는 비틀거리는 사람이 없었다"(시편 105,37). 그러나 그들이 고기 냄비를 떠올리며 마음속으로 이집트로 돌아가자(탈출 16,3 참조) 그들은 약속의 땅을 보지 못했습니다. 이 예가 그대를 두렵게 하지 않습니까? 우리가 희망하는 좋은 것, 곧 선에서 배제될까 두려워 탐식을 하면, 몸이 떨리지 않습니까? 사실, 지혜로운 다니엘도 단식을 통해 영혼을 빛나게 하지 않았다면, 환시를 보지 못했을 것입니다. 거친 음식이 내뿜는 증기는 검고 두터운 구름처럼, 성령께서 마음에 비추어 주시는 빛을 가립니다.

나아가, 만일 천사들이 어떤 음식을 먹는다면, "천사들의 빵을 사람이 먹었다"(시편 78,25)라고 예언자가 말한 것처럼, 그것은 빵일 것입니다. 고기도 술도 아니고 위장의 노예들이 간절히 찾던 그 어떤 것도 아닙니다. 단식은 악마와 싸울 때 사용하는 무기입니다. "그러한 것은 기도와 단식이 아니면 다른 어떤 방법으로도 나가게 할 수 없기"(마르 9,29) 때문입니다. 단식의 유익은 이처럼 크지만, 방종은 교만의 시작입니다. 방종과 술 취함과 온갖 사치스러운 음식에는 온갖 상스러운 방탕이 재빨리 뒤따르기 때문입니다. 이렇게 방종이 욕정으로 영혼을 찔러서 인간은 "욕정이 가득한 말"(예레 5,8 참조)이 되었습니다. 술에 취하면 사람들은 자연을 거스르는 변태스러운 행동을 합니다(로마 1,26 참조). 술 취한 사람들은 여성에서 남성을 찾고 남성에서 여성을 찾습니다. 이와 반대로 단식은 혼인 관계에 있는 사람들 사이에서도 넘어서는 안 되는 선이 있음을 알게 합니다. 관습적으로 인정된 것을 넘어서는 것을 저지함으로써, 꾸준히 기도할 수 있게 해 주기 때문입니다(1코린 7,5 참조).

10. 그렇지만 단식의 좋은 점이 음식을 절제하는 데에 있다고만 보아서는 안 됩니다. "진정한 단식은 악덕을 모르는 사람이 되는 것"이기 때문입니다.[10] "모든 사악함의 결박을 풀어 주십시오"(이사 58,6 참조). 그대의 이웃이 그대를 속상하게 하여도 그냥 두십시오. 그리고 그의 잘못을 용서해 주십시오(마태 6,12 참조). 단식한다면서 다투고 싸우지 마십시오(이사 58,4 참조). 그대는 고기를 삼키지 않지만, 그대의 형제를 삼킵니다.

---

10   바실리우스 『단식에 관한 둘째 설교』 7 참조.

그대는 술을 멀리하지만 오만함을 억제하지 못합니다. 그대는 저녁까지 음식을 먹지 않고 기다리지만, 다른 사람을 판단하면서 하루를 보냅니다. "술에 취한 자들에게는 화가 있으되 술에는 화가 없느니라!"(이사 51,21 참조). 분노는 영혼이 술에 취한 상태입니다. 왜냐하면 분노는 술처럼 영혼에게서 지각을 강탈하기 때문입니다. 슬픔도 정신을 압도하기 때문에 술 취한 상태와 같습니다. 두려움은 일어나서는 안 될 일이 일어날 때 나타나는, 또 다른 술 취한 상태입니다. 그래서 성경은 "원수에 대한 두려움에서 제 영혼을 구하소서"(시편 64,2 참조)라고 말합니다. 대체로 격정은 하나같이 정신을 어지럽히기 때문에, 어떤 격정이든 마땅히 정신의 술 취한 상태라고 할 수 있습니다.

불같이 화를 내는 사람이 어떻게 격정에 빠져드는지 생각해 보십시오. 그는 자제력이 부족합니다. 그는 자신과 주변 사람들에 대한 인식이 부족합니다. 마치 야간 전투라도 하는 것처럼, 아무에게나 달려들고 온갖 것에 걸려 넘어집니다. 거칠게 말하며 자제할 줄 모릅니다. 고래고래 소리 지르고 공격하며, 위협하고 욕하며, 소리치고 감정이 용솟음칩니다. 이 취기를 날려 버리십시오! 그대는 술에서 오는 취기에 몸을 맡겨서는 안 됩니다. 술을 마시고서 물을 마시는 것과 같기를 기대하지 마십시오. 술 취한 상태로 단식에 들어가지 않도록 하십시오. 술은 단식으로 들어가는 문이 아닙니다. 생각해 보십시오. 의로움의 문은 탐욕이 아닙니다. 절제의 문은 방탕이 아닙니다. 한마디로, 덕으로 가는 문은 악덕이 아닙니다. 단식으로 들어가는 다른 방법은 없습니다. 술 취함은 방탕을 낳고 금주는 단식을 낳습니다. 운동선수는 훈련으로 준비하고, 단식하는 사람은 자제력을 연습하며 준비합니다.

마치 [단식해야 하는] 이 닷새에 복수하듯이, 아니면 입법자를 이겨

보겠다는 듯이, 이 닷새 직전에 숙취에 빠지지 마십시오. 만일 그대가 몸을 망가뜨렸을 경우 금욕으로 몸에 힘을 돋우지 않으면, 헛수고가 됩니다. 그대의 '창고'[11]는 위험한 존재입니다. "그대는 깨진 항아리에 물을 붓고 있습니다."[12] 결국, 술은 그대의 몸을 통과해 자신의 길을 따라 빠져나갈 것입니다. 그러나 죄는 그대로 남아 있습니다. 종은 자기를 때리는 주인에게서 도망칩니다. 하지만 그대는 날마다 그대의 머리를 때리는 술을 떠나지 않습니다. 마셔도 좋은 술의 양은 신체의 필요에 의해 가장 잘 측정됩니다. 그러나 그 경계를 넘으면 두통과 하품, 현기증, 토해 낸 술 냄새로 괴로운 내일이 올 것입니다.[13] 마치 모든 것이 빙빙 도는 듯이, 모든 것이 흔들리는 듯 보일 것입니다. 취기는 죽음과 같은 잠을 자게 하고, 깨어 있어도 마치 자는 것처럼 만들 것입니다.

11. 그럼, 그대는 누구를 손님으로 맞이하게 될 것인지 아십니까? 그분께서 우리에게 약속하셨습니다. "나와 아버지가 와서 그와 함께 우리의 집을 지을 것이다"(요한 14,23 참조). 그렇다면 왜 그대는 그분께서 오실 것을 예상하면서도, 만취 상태로, 주인님께 문을 닫아 버립니까? 왜 그대는 적이 공격하기 전에 적에게 요새를 점령하라고 재촉하는 겁니까? 술 취함은 주님을 환영하지 않는 것입니다. 술 취함은 성령을 몰아냅니다. 결국, 연기가 벌들을 쫓아내는 것처럼, 숙취는 영적 선물을 쫓아냅니다. 단식은 도시의 질서, 법정의 평온, 가정의 평화, 재산의 안전

11 　여기서 '창고'는 몸을 의미한다. 바실리우스 『단식에 관한 둘째 설교』 7 참조.

12 　그리스 신화에서 다나이데스는 지옥에서 밑 빠진 독에 물을 채워야 하는 벌을 받는데, 이는 헛된 수고를 상징한다.

13 　바실리우스 『단식에 관한 둘째 설교』 4 참조.

을 가져옵니다. 단식의 고귀함을 보고 싶습니까? 오늘 저녁과 내일 저녁을 비교해 보면, 그대는 도시가 소란과 폭풍을 깊은 고요함으로 바꾸어 놓았다는 사실을 알 수 있을 것입니다. 참으로 오늘이 고귀함이라는 측면에서는 내일과 같지만, 오늘의 경박함이 내일까지 이어지지 않기를 나는 기도합니다.

주님께서 우리를 이 시대에 살게 해 주셨습니다. 그분은 우리가 경쟁자들과 마찬가지로 이 예비 경연 대회에서 꾸준한 인내와 활력을 보여주고, 화관을 받는 날에 도착할 수 있도록 허락해 주실 것입니다. 이제 우리 모두 우리를 구원하는 수난을 기억합시다. 그러나 내세에, 우리가 평생 행한 일에 대해 그리스도께서 친히 의로운 심판으로 우리에게 상급을 주실 것입니다. 그분께 영광이 세세에 영원히 있나이다. 아멘.

단식에 관한 둘째 설교(설교 2)

1. "사제 여러분, 백성을 위로하십시오! 예루살렘의 귀에 대고 말하십시오!"[1] 연설은 열심한 사람의 열망을 북돋아 주고 게으르고 나태한 사람에게는 간절함을 일깨워 주는 특성이 있습니다. 그래서 장군들은 군대를 전선에 배치한 뒤, 전투가 시작되기 전에 군인들을 독려하는 연설을 합니다. 그러면 장군의 연설은 대다수 군인에게 죽음조차 두려워하지 않고 경멸하게 만드는 힘이 있습니다. 그리고 트레이너와 코치는 선수들을 경기장에 데리고 들어갈 때, 선수들에게 승리의 왕관을 쓰기 위해 노력해야 할 필요성에 대해 강력하게 훈계합니다. 그래서 많은 선수들이 승리에 대한 야망으로 자신들의 몸을 불태우며 다짐합니다. 사실, 보이지 않는 적들과의 전쟁을 위해 그리스도의 군사들을 배치하고 절제를 통해 의로움의 화관을 쓸 수 있도록 신앙의 운동선수들을 준비시키는 것이 나의 일이지만, 나에게도 격려의 말이 필요합니다.

그러면 형제 여러분, 내가 지금 무슨 말을 하는 것일까요? 레슬링 훈련소에서 규칙적으로 연습하고 열심히 단련하는 선수들이 더 힘차게 노력할 수 있도록, 많은 음식을 먹어 뚱뚱하게 살찌는 것이 옳다는 말입니까? 아닙니다. 내가 하려는 말은 이것입니다. "우리의 싸움은 피와 육체에 대항하는 싸움이 아니라, 권세와 권력들과 이 어두운 세계의 지배자들과 사악한 영들에 대항하는 싸움"(에페 6,12 참조)이므로 자제와 단식을 통한 경쟁을 위해 훈련할 필요가 있다는 것입니다. 기름은 운동선수를 살찌게 하지만, 단식은 경건한 수행자를 강하게 합니다. 그러므로 육을 부정하면 부정할수록, 영혼은 영적인 건강으로 더욱 빛날 것입니다. 보이지 않는 적들에 대항하는 힘은 육체의 탄력에 있는 것이 아니

---

1 바실리우스는 성경의 본문을 상당히 바꾸어 놓았다. "위로하여라, 위로하여라, 나의 백성을. 너희의 하느님께서 말씀하신다. 너희 사제들아, 예루살렘에게 다정히 말하여라"(이사 40,1-2).

단식에 관한 둘째 설교(설교 2)

라 영혼의 인내와 환난을 통해서 굳건함에 있습니다.

2. 그러므로 단식은 이런 싸움을 하는 사람들에게 항상 유익합니다. 악마들은 단식하는 사람들은 감히 비방하지 못합니다. 우리의 생명을 부지런히 지켜 주는 천사들이 단식으로 자기 영혼을 정화하는 사람들 곁에 서 있기 때문입니다. 단식하라는 명령이 온 세상에 선포된 지금에는 더욱 그렇습니다. 단식하라는 소리를 듣지 못한 섬도 내륙도 도시도 사람도 외딴곳도 없습니다. 오히려 군인들과 여행자들, 선원들, 상인들이 모두 단식하라는 소리를 듣고 크게 기뻐합니다. 그 누구도 단식하는 사람들의 명단에서 자신을 제외해서는 안 됩니다. 단식 명단에는 모든 사람과 모든 연령대와 모든 신분이 포함됩니다. 천사들은 각 교회에 단식하는 사람들을 명부에 올립니다. 만일 그대가 음식에 대해 약간의 즐거움이라도 느낀다면, 천사들의 명부에서 그대의 자리를 잃게 되고, 군대를 일으키신 그분께서 그대를 탈영 죄로 여길 수 있다는 사실을 마음에 새기십시오. 전투에서 무기를 버린 죄로 유죄 판결을 받는 것이 단식의 위대한 무기를 버리는 것보다 덜 위험합니다.

그대는 부자입니까? 단식을 그대의 식탁 동반자로 환영받을 가치가 없다고 생각하고 조롱하지 마십시오. 단식을 쾌락에 가려진 불명예스러운 것으로 여겨, 집에서 쫓아내지 마십시오. 단식을 법으로 세우신 분 앞에서 결코 스스로 고발당하는 자가 되지 마십시오. 그것은 신체적인 질병이나 다른 우울한 상태로 인한 극심한 고통보다 더 괴롭습니다. 오랫동안 단식을 자기 집과 식탁의 동반자로 삼아온 궁핍한 자가 단식을 웃음거리로 여기지 않게 하십시오. 여성의 경우에, 호흡이 적절하고 자연스러운 것처럼, 단식도 자연스러운 것입니다. 아이들의 경우에, 그들은 무성하게 자란 식물처럼 단식의 물로 영양을 공급받습니다. 노인의 경우에는 오랜 단식 경험 덕분에 어려운 일을 쉽게 해결할 수 있습니다. 훈련을 받는 사람들은 오랫동안 습관적으로 어려운 작업을 수행하면 그것이 그리 고통스럽지 않다는 것을 알고 있습니다. 여행자들에게, 단식은 편리한 동반자입니다. 방종에 빠져 배불리 먹은 사람은 필연적으로 체중에 짓눌리지만, 단식한 사람은 재빨리 육체의 무게에서 벗어납니다. 그리고 군대가 외국에 파견될 때, 군인들은 방종을 위한 것이 아니라 생명유지에 꼭 필요한 것만 지고 갑니다. 우리가 보이지 않는 적들과의 전쟁을 위해 행진하면서, 고국으로 서둘러 돌아가기 위해 적들에 대한 승리를 좇고 있는 것을 생각할 때, 우리는 진영에서 엄격한 생활을 하는 군인들 가운데 한 사람인 것처럼 필수품에 만족하는 것이 훨씬 더 적절하지 않을까요?

3. 승리의 화관을 얻기 위해서는(1코린 9,25 참조), 훌륭한 군인처럼 고통을 견디고, 운동선수처럼 경쟁하며, 모든 일에 있어서 항상 절제할 줄 알아야 합니다.

그런데 이 말을 하고 있는데, 방금 그냥 지나칠 수 없는 말이 떠올랐습니다. 세상의 군인들은 자신의 노력에 비례하여 식량이 증가하지만, 영적 군사는 식량이 적을수록 더 많은 명예를 얻습니다. 이처럼 우리의 "투구"(1테살 5,8)는 군인들의 썩어질 투구와는 본질이 다릅니다. 그들의 투구는 구리로 만들어졌지만, 우리의 투구는 "구원의 희망"(1테살 5,8)으로 만들어졌습니다. 그들의 방패는 나무와 가죽으로 만들어졌지만, 우리의 방패는 "믿음의 방패"(에페 6,16)입니다. 우리는 "의로움의 갑옷"(에페 6,14)으로 보호받고 있지만, 그들은 쇠사슬 갑옷을 걸치고 있습니다.

그리고 우리는 우리를 방어해 줄 "성령의 칼"(에페 6,17)을 가지고 있지만, 군인들은 쇠로 된 검을 휘두르고 있습니다. 그러므로 우리는 군인들과 같은 장비로 무장하지 않는다는 것이 분명합니다. 우리는 경건함의 교리로 튼튼해지지만, 군인들은 자신들의 배를 채워야 합니다.

시간의 흐름이 우리를 이날들에 이르게 하여, 오래전의 유모들을 그리워하듯이, 우리 모두 이날들을 기쁘게 맞이합시다. 교회는 우리를 경건하게 양육하기 위해 이날들을 이용합니다. 그러므로 단식하고자 하는 그대는 유대인들처럼 우울한 표정을 짓지 말고, 위장이 허전하다고 낙담하지 말고, 오히려 영적 기쁨으로 그대의 영혼을 기쁘게 하십시오(마태 6,16-18 참조). 그대는 "육이 욕망하는 것은 성령을 거스르고, 성령께서 바라시는 것은 육을 거스릅니다"(갈라 5,17)라는 사실을 알고 있지 않습니까? 육과 성령이 서로 대립하고 있으니, 우리는 육의 편안함을 줄이고 영혼의 힘을 북돋움으로써, 정욕을 단식함으로써, 승리를 얻고 절제의 화관을 상으로 받을 수 있도록 합시다.

4. 그러니 오늘 술에 취해 내일 자제력을 잃는 일이 없도록, 지금 당장 진지하게 단식을 맞이할 태세를 갖추십시오. "오 일간의 단식[2]이 곧 시작될 것이라는 발표가 있었으니, 오늘은 술에 빠져 죽도록 마시자." 이 얼마나 악한 생각입니까! 참으로 사악한 생각입니다! 여자와 합법적인 혼인을 앞둔 사람이 먼저 첩이나 창녀와 동거하는 경우는 없습니다. 또한 합법적인 아내는 남편이 그런 타락한 사람과 동거하는 것을 용납하지 않습니다. 마찬가지로, 단식이 임박했을 때, 그대가 취해야 하는 첫

---

2 사순절 동안의 오 일 단식을 의미한다. 바실리우스 『단식에 관한 첫째 설교』 각주 7 참조.

번째 태도는 술에 취해서는 안 된다는 것입니다. 술에 취하는 것은 누가 봐도 창녀요, 뻔뻔함의 어머니이며, 부조리를 사랑하는 사람, 온갖 형태의 수치스러운 짓거리에 빠지기 쉬운 미친 여자이기 때문입니다.

사실, 술에 취해 더럽혀진 영혼에는 단식과 기도가 설 자리가 없습니다. 주님은 단식하는 사람은 신성한 경내로 반가이 맞아 주시지만, 숙취에서 깨어나는 중인 사람은 불결하고 부정한 이로 여기시어 맞아들이지 않으십니다. 사실, 내일 그대가 포도주와 토사물 냄새를 풍기면서 이곳에 온다면, 내가 어떻게 그대의 숙취를 단식이라고 생각할 수 있겠습니까? "나는 최근에 물 섞지 않은 포도주를 내 잔에 채우지 않았습니다!"라고 변명하지 마십시오. 그대의 몸 상태가 여전히 포도주로 인해 정화되지 않았다는 사실을 깨달으십시오. 그대를 어느 부류에 넣어야 할까요? 술 취한 사람들? 아니면 단식하는 사람들? 과거의 만취가 여전히 사람을 쥐고 있습니다. 현재의 배고픔은 단식했다는 증거입니다. 그대의 취기는 그대를 노예가 된 전쟁 포로처럼 논쟁의 대상이 되게 합니다. 그것은 그대가 노예 상태라는 명백한 증거를 제공하며, 포도주가 여전히 항아리 안에 있는 것처럼 그대에게서는 여전히 포도주 냄새가 납니다. 당연합니다.

그대한테 취기가 남아 있으므로, 그대는 단식 첫날 즉시 하느님의 나라에 대한 승인을 받지 못할 것입니다. 그대의 단식 시작은 그 승인을 받지 못함과 동시에 모든 것이 거절된다는 것이 분명합니다. "주정꾼은 하느님의 나라를 차지하지 못합니다"(1코린 6,10). 만일 그대가 술에 취한 채 단식하러 온다면, 그것이 그대에게 무슨 이득이 되겠습니까? 사실, 그대가 술 취해 왕국에서 배제당한다면, 어떻게 단식이 그대에게 여전히 유익할 수 있겠습니까? 말을 훈련시키는 이들은 시합하는 날이

다가오면, 배고픔을 이용해 경주마를 준비시킨다는 사실을 그대는 모르십니까? 그대는 이와 반대로, 이성이 없는 동물조차 무색하게 만들 정도로, 의도적으로 자기 방종에 빠져 폭식을 합니다. 위장이 무거우면, 달리기뿐만 아니라 잠자는 데도 전혀 도움이 되지 않습니다. 너무 많이 먹은 음식에 짓눌려 가만히 있지 못하고 끝없이 뒤척일 수밖에 없습니다.

5. 단식은 아이들을 보호하고, 젊은이들을 순화하며, 노인들을 존경받게 만듭니다. 흰머리는 단식으로 장식될 때 더 존경스럽기 때문입니다. 단식은 여성들에게 아주 잘 어울리는 장신구입니다. 단식은 한창때인 여자들을 나대지 않게 하고, 혼인한 여자들을 보호하며, 처녀들을 성장시킵니다. 집에서 개인적으로 단식할 때 그렇습니다. 그런데 우리의 공공 생활에서는 단식이 어떻게 실천되고 있습니까? 단식은 모든 도시와 모든 사람을 좋은 질서로 인도하고, 고함을 멈추게 하고, 싸움을 없애며, 학대를 사라지게 합니다. 단식의 도래가 도시의 소란을 잠잠하게 하는 것처럼, 교사들의 도착이 소년들의 소란을 갑자기 조용하게 만듭니다. 단식 기간에 어떤 주정뱅이가 술을 계속 마십니까? 단식 기간에 어떤 음탕한 무용수들이 단체를 결성합니까? 엄격한 판사처럼, 단식은 바보 같이 킥킥 웃는 것과 음란한 노래와 선정적인 춤을 일순간에 도시에서 추방합니다.

모든 사람이 단식을 자신의 행동에 대한 조언자로 삼는다면, 심오한 평화가 전 세계로 퍼지는 것을 그 무엇도 막지 못할 것입니다. 나라들은 서로 대립하지 않을 것이고, 군인들도 전투를 벌이지 않을 것입니다. 단식이 널리 실천되면, 무기도 만들지 않을 것이고, 정의의 법정이 열릴 일도 없을 것이며, 사람들이 감옥에 갇히는 일도 없고, 사막에는 범죄자들이, 도시에는 중상 모략자들이, 바다에는 해적이 없을 것입니다. 만일 모두가 단식하는 학생이라면, 욥기에 나오는 "감독관의 호령"(욥 3,18)도 절대로 듣지 않을 것입니다. 또한 단식이 우리의 삶을 주관한다면, 우리의 삶이 이렇게 한탄스럽고 비통하지 않을 것입니다. 단식은 모든 사람에게 음식을 스스로 통제하게 해 줄 뿐만 아니라 탐욕과 식탐과 모든 종류의 악을 완전히 피하고 멀리하도록 가르쳐 줄 것이 분명하기 때문입니다. 이러한 것들이 모두 제거되면, 우리가 심오한 평화와 영혼의 평온 속에 사는 것을 막을 수 있는 것은 아무것도 없습니다.

6. 이제 단식을 거부하고 방종을 인생의 행복으로 삼는 자들은 악덕의 엄청난 덩어리들로 가는 길을 연 것이며 자신의 몸도 멸망시킵니다. 그대가 오늘 밤 보게 될 사람들과 내일 보게 될 사람들의 얼굴의 차이를 잘 보십시오. 오늘 밤 그들의 얼굴은 부어 있고, 붉고, 땀방울이 뚝뚝 떨어질 것입니다. 그들의 눈은 축축하고, 축 처져 있고, 내면이 침침해서 예리하게 보지 못합니다. 그러나 내일이면 그들의 얼굴은 평온하고 위엄이 있으며, 안색이 돌아오고 지력이 충만할 것입니다. 그들의 눈은 모든 것을 예리하게 잘 볼 것입니다. 내면을 침침하게 하는 그 어떤 것도 없으므로, 눈의 자연스러운 활동을 방해하지 않기 때문입니다.

단식은 천사와 닮게 해 주는 것이고, 의로운 사람들과의 교제이며, 삶의 절제입니다. 단식은 모세를 입법자로 만들었습니다. 사무엘은 단식의 열매입니다. 한나는 단식하면서 하느님께 이렇게 맹세했습니다. "만군의 주님, 이 여종의 가련한 모습을 눈여겨보시고 당신 여종에게 아들 하나만 허락해 주신다면, 그 아이를 주님 앞에 예물로 바치겠습니다. 그는 죽을 때까지 포도주나 독한 술을 마시지 않을 것입니다"(1사무 1,11 참조). 위대한 삼손은 단식으로 길러졌고, 단식이 그의 삶의 일부였던 동안에는 그의 적들이 수천 명씩 쓰러졌고(판관 15,16 참조), 성문들이 무너지고(판관 16,3 참조), 사자들이 그의 손의 힘을 견디지 못했습니다(판관 14,6 참조). 그러나 삼손이 술과 불륜에 사로잡히자 손쉽게 적들에게 사로잡혔습니다. 그리고 눈을 잃고는 어린 블레셋 소년들의 장난감이 되었습니다. 엘리야는 단식한 후, 3년 6개월 동안 하늘을 닫아 버렸습니다(1열왕 17,1 참조). 그는 그처럼 큰 오만이 방종에서 비롯된 것을 보았을 때, 이미 헤아릴 수 없을 정도로 많아진 그들의 죄를 끝내려면 기근으로 그들을 강제로라도 단식시킬 필요가 있다고 생각했기 때문입니다. 악덕의 만연한 확산을 멈추게 한 것은 인두로 지지는 것이나 절단과 같은 단식이었습니다.

7. 오 가난한 자들이여, 단식을 여러분의 집과 식탁의 동반자로 삼으십시오. 오 종들이여, 종살이의 계속되는 노역에서 벗어나 휴식을 취하십시오. 오 부자들이여, 여러분의 방종으로 인한 피해를 치유하고 여러분이 평소 경멸하던 단식을 여러분을 더욱 즐겁게 해 주는 치료제로 삼으십시오. 오 병약한 자들이여, 단식을 건강의 어머니로 삼으십시오. 오 건강한 자들이여, 단식을 건강의 수호자로 삼으십시오. 의사들에게 물어보면, 가장 위험한 상태는 완벽한 건강이라고 말할 것입니다. 그래서 전문가들은 지나친 비만이 신체의 힘을 파괴하지 않도록 과식하지 말라고 단식을 처방할 것입니다. 왜냐하면 전문가들은 폭식을 없애기 위해 단식을 처방함으로써, 영양 능력의 재개발을 위한 일종의 수용성, 재교육 그리고 새로운 출발을 조성하기 때문입니다. 이제 우리는 모

든 추구와 모든 신체 상태에서 단식의 이점을 발견하며, 가정, 광장, 밤, 낮, 도시, 사막 등 모든 곳에서 단식이 당연히 적용되어야 한다는 것을 압니다. 이처럼 단식은 많은 상황에서 그 자체로 좋은 것이고 우리를 영예롭게 해 주므로, 주님께서 말씀하신 대로, 위선자처럼 우울해하지 말고 가식 없이 영혼의 쾌활함을 드러내며 즐겁게 단식을 실천하도록 합시다(마태 6,16-18 참조).

그러나 나는 오늘 누군가가 술주정의 악습에 빠지지 않도록 단념시키기 위해 노력하는 것만큼 단식을 격려하기 위해 그렇게 큰 노력을 기울일 필요가 있다고 생각하지 않습니다. 왜냐하면 실제로 많은 사람이 관습과 동료들의 압력 때문에 단식에 동참합니다. 그러나 단식하는 동안에도 주정뱅이들은 술주정이 마치 아버지한테 물려받은 유산인 양 술에 집착합니다. 그래서 나는 주정뱅이가 두렵습니다. 오늘도 이 바보들 가운데 일부는 먼 여행을 떠나는 사람들처럼, 닷새 동안의 단식[3]을 위해 포도주를 삽니다. 술을 마시기도 전에 이미 술에 취한 것처럼 정신이 나간 그런 바보가 누구입니까? 주정뱅이들은 위장이 그 안에 담은 것을 보관하지 않는다는 것을 알지 못합니까? 위장과 계약을 맺는 것은 위험합니다! 위장은 많은 것을 담으면서도 방심한 창고이기 때문에, 위장에 난 상처만 그대로 간직할 뿐, 담은 것을 보관하지 않습니다.

만일 그대가 술에 취해 내일을 맞는다면, 방금 읽은 내용을 듣지 않도록 하십시오. "이것은 내가 좋아하는 단식이 아니다. 주님의 말씀이다"(이사 58,5 참조). 왜 그대는 섞일 수 없는 것을 섞습니까? 술 취함이 단식과 무슨 관계가 있습니까? 자제력이 취기와 무슨 친교를 이룹니까?

3　바실리우스 『단식에 관한 첫째 설교』 각주 7 참조.

"하느님의 성전과 우상들이 어떻게 뜻을 같이할 수 있겠습니까?"(2코린 6,16). 하느님의 성전이 하느님의 영이 계시는 곳이라면(1코린 3,16 참조), 술 취함으로 음란의 더러움이 자신에게 들어오도록 허용하는 사람들은 우상의 성전입니다.

오늘은 단식의 현관입니다. 현관에서 더럽혀진 사람은 성소에 들어갈 자격이 없는 것이 분명합니다. 주인의 호의를 되찾고자 하는 종은 주인의 적을 후원자나 중재자로 고용하지 않습니다. 술 취함은 하느님께 적대적이지만, 단식은 회개의 시작입니다. 그러므로 만일 회개를 통해 하느님께 돌아가고자 한다면, 술 취함을 피하십시오. 그렇지 않으면 당신은 그분에게서 더욱 더 멀어질 것입니다. 그렇지만 음식을 삼가는 것만으로는 칭찬받을 만한 단식이라 하기에 부족합니다. 우리는 더 나아가 하느님께서 기뻐하시는 은혜로운 단식을 해야 합니다. 악덕에 낯선 이가 되는 것, 말조심, 화를 참는 것, 욕정, 욕, 거짓말, 거짓 맹세를 멀리하는 것, 그런 것이 단식입니다. 이런 악덕들이 없는 것이 참된 단식이고, 이런 악덕들을 피하는 것이 좋은 단식입니다.

8. 성령의 말씀을 묵상하고 구원의 계명과 우리 영혼을 바로 인도하는 모든 가르침을 실천함으로써 "주님 안에서 즐거워하십시오"(시편 37,4 참조). 그러나 위장을 위한 단식은 경계합시다. 예언자는 이렇게 말하며 그것을 피할 수 있기를 기도합니다. "주님께서는 의인의 영혼은 굶주리지 않게 하신다"(잠언 10,3 참조). 그는 또 말합니다. "나는 의인이 버림을 받음도, 그 자손이 빵을 구걸함도 보지 못하였다"(시편 37,25). 예언자는 우리 성조 야곱의 자손들이 빵을 얻으러 이집트로 내려갔다는 것을 알고 있기에 여기서 그가 말하는 것은 눈으로 볼 수 있는 빵이 아니라

우리의 내적 인간을 완전하게 해 주는 영적 양식입니다. 유대인들이 위협을 당한 기근이 우리에게 내리지 않기를 바랍니다. "보라, 그날이 온다. 주 하느님의 말씀이다. 내가 이 땅에 굶주림을 보내리라. 양식이 없어 굶주리는 것이 아니고 물이 없어 목마른 것이 아니라 주님의 말씀을 듣지 못하여 굶주리는 것이다"(아모 8,11). 의로우신 재판관께서 기근을 보내신 것은 바로 이런 이유 때문이었습니다. 진리의 교리에서 오는 자양분이 부족하여 그들의 마음이 쇠약해져 있음에도, 그들의 몸은 엄청나게 뚱뚱하고 살쪄 있는 것을 그분께서 보셨기 때문입니다.

그러므로 앞으로 다가올 모든 날에 성령께서 아침과 저녁의 모든 축제에서 그대에게 잔치를 베푸실 것입니다. 아무도 이 영적 잔치에 자발적으로 불참해서는 안 됩니다. 우리 모두 술이 전혀 들어 있지 않은 잔을 나누어 마십시다. 그 잔은 각자가 마실 수 있는 만큼 우리에게 공평하게 나누어 주시는 지혜께서 준비하신 것입니다. 왜냐하면 "지혜가 자기의 잔을 준비하고 짐승을 잡았으니"(잠언 9,2 참조), 이것은 "완전한 사람들을 위한 양식, 경험으로, 좋고 나쁜 것을 분별하는 훈련된 지각이 있는 사람들을 위한 양식"(히브 5,14 참조)이기 때문입니다. 이 같은 풍성함이 충만하면, 우리는 신랑의 방에서, 곧 우리 주 예수 그리스도 안에서, 기쁨을 누릴 자격이 있다고 여겨질 것입니다. 그분께 영광과 권능이 세세에 영원히 있나이다. 아멘.

그대 자신에게 주의를 기울여라(설교 3)

1. 우리를 창조하신 하느님께서는 우리 마음의 생각을 서로에게 밝힐 수 있도록 우리에게 언어 능력을 주셨습니다. 우리는 공통적으로 인간 본성을 가지고 있기 때문에, 우리 각자가 자신의 생각을 이웃과 나눌 수 있습니다. 그래서 우리는 보물 창고 같은 마음의 은밀한 곳에서 우리의 생각들을 끄집어낼 수 있습니다. 만일 우리가 모든 사람이 볼 수 있도록 우리의 마음을 드러낸 채 이 세상을 살아간다면, 우리는 생각 중에도 서로 직접적으로 즉각적으로 접촉해야 할 것입니다. 그러나 마음이 육신이라는 덮개 아래에 가려져 있기 때문에, 생각의 과정을 거친 것, 곧 마음의 비밀을 알리기 위해서는 명사와 동사, 곧 말이 필요합니다. 그래서 우리의 정신 능력이 의미 있는 발언을 구상하자마자, 그것은 나룻배와 같은 우리의 말을 통해, 공중을 날아가, 말하는 사람으로부터 듣는 이에게 전달됩니다. 우리의 말에 깊은 평온과 고요함이 깃들어 있을 때, 그 말들은, 폭풍우에 시달리지 않는 평화로운 피난처에 안착하듯, 청중들의 귀에 닻을 내립니다. 그러나 청중들이 성난 바다의 파도처럼 시끄럽게 항의하며 우리의 말을 반대한다면, 우리의 말은 항로를 나아가다가 공중으로 흩어지면서 배처럼 난파될 것입니다. 그러니 여러분은 침묵으로 오늘의 강화講話에 평온을 보장해 주십시오. 말에 여러분이 담아 갈 유익한 것이 들어 있을지 모르지 않습니까? 진리의 말씀은 알아듣기 어렵고 부주의한 청중은 그것을 쉽게 놓칠 수 있습니다. 그래서 성령께서는 우리의 말이 명확하고 간결하기를, 많은 것을 짧게 요약해 표현하여, 청중이 우리의 말을 기억하기 쉽게 해 주기 바라십니다. 말의 자연스러운 기능은 그 의미를 모호하게 가리거나 주제에 대해 장황하고 부적절한 방식으로 흐르지 않게 하는 것입니다. 방금 모세의 책에서 읽은 내용으로 우리는 이런 잘못들을 피할 수 있습니다.

그대 자신에게 주의를 기울여라(설교 3)

아주 간단한 인용문이기 때문에, 내가 인용한 내용을 놓치지 않는 한, 주의 깊은 청중은 완벽하게 기억할 것입니다. "너의 마음에 사악한 생각이 들지 않도록 그대 자신을 주의하여라"(신명 15,9 참조).

우리 인간의 마음은 죄에 쉽게 이끌립니다. 그래서 각 사람의 마음을 개별적으로 빚으신(시편 32,15 참조) 그분께서는 죄의 가장 큰 부분이 우리가 의도하는 바를 통해 충동적으로 이루어진다는 것을 아시고, 순수함이 우리 영혼의 중요한 관심사가 되도록 정하셨습니다. 우리는 죄를 범하기 쉬운 우리의 능력에 대해 확실히 주의와 경계를 기울일 필요가 있습니다. 선견지명의 능력을 지닌 의사의 예방 조치가 몸의 병을 막아 주는 것처럼, 우리 모두의 보호자이시며 우리 영혼의 참된 의사이신 그분께서는 우리 영혼이 죄를 짓기 쉽다는 것을 아시고서, 먼저 우리 영혼에 더 강력한 파수꾼을 배치하셨습니다. 몸을 통해 이루어지는 행동에는 시간과 기회, 노동, 동료를 비롯한 요건들이 필요합니다. 그러나 마음의 움직임은 끊임없이 작동하고, 지치지 않고 이루어지며, 쉽게 목적을 달성하고, 어떤 경우에서든지 해냅니다. 예를 들어, 겉으로는 술에 취하지 않은 것처럼 보이지만, 예의범절을 무시하는 교만한 사람이 그의 덕을 칭찬하는 사람들 사이에 앉아 있을 수 있습니다. 그는 마음의 은밀한 움직임으로 죄의 장소인 생각 속으로 도망쳤습니다. 그는 상상 속에서 욕망의 대상을 바라봅니다. 그는 마음의 비밀 작업장에서 지극히 부끄러운 광경을 상상하고 외설적인 쾌락의 그림을 생생하게 그립니다. 아무도 눈치 채지 못하지만 그는 은밀한 죄를 지었습니다. 이 죄는 어둠 속에 숨겨진 것을 밝히시고 마음속 생각을 드러내실 분께서 오실 때까지 아무도 알지 못할 것입니다(1코린 4,5 참조). 그러니 "혹시라도 악한 생각이 너를 덮치지 않도록" 조심하십시오. "음욕을 품고 여자를 바라보는 자는 누구나 이미 마음으로 그 여자와 간음한 것"(마태 5,28)이기 때문입니다. 육체의 행위는 많은 장애물에 의해 방해를 받지만, 생각은 빠르기에 생각으로 죄를 짓는 사람은 즉시 죄를 짓습니다. 그러므로 갑작스럽게 죄악에 빠지는 순간에, 성경이 말하는 것처럼, "혹시 악한 생각이 너를 덮치지 않도록" 우리에게 신속한 안전장치가 주어졌습니다. 이제, 오늘의 강화講話 주제로 돌아갑시다.

2. "그대 자신에게 주의를 기울여라" 하고 성경은 말합니다. 모든 동물은 만물의 창조주이신 하느님으로부터 자기 보호의 내적 능력을 받았습니다. 주의 깊게 관찰하면, 일반적으로 짐승들은 자신에게 해로운 것에 대해 본능적으로 싫어한다는 것을 알 수 있을 것입니다. 반면에 유익한 것에 대해서는 자연스럽게 이끌리며 좋아합니다. 결과적으로, 우리의 스승이신 하느님께서 우리에게 이 위대한 계명을 주신 것은, 우리가 이성의 도움을 받아 동물들이 본성상 가지고 있는 것을 가질 수 있게 하시고, 동물들이 본능적으로 하는 것을 우리가 이성을 주의 깊게 부지런히 사용함으로써 알고 행동할 수 있게 하시려는 것입니다. 나아가, 이 계명에 순명함으로써, 우리는 짐승들이 해로운 먹이를 피하는 것처럼 죄를 피하고, 짐승들이 목초지를 찾는 것처럼 정의를 따르면서 하느님께서 우리에게 주신 자원을 지키는 관리인이 됩니다. 해로운 것과 유익한 것을 구별할 수 있도록 "그대 자신에게 주의를 기울이십시오". 그러나 주의력에는 이중적인 의미가 있다는 점에 주목하십시오. 한편으로 우리는 육신의 눈으로 눈에 보이는 것을 골똘히 바라볼 수 있습니다. 그러나 다른 한편으로 영혼은 영혼의 지적 능력으로 무형의 것들을 관조할 수 있습니다. 만일 "그대 자신에게 주의를 기울이십시오"

그대 자신에게 주의를 기울여라(설교 3)

라는 이 계명이 눈의 활동에 관한 것이라고 말한다면, 우리는 즉시 그것이 불가능하다는 것을 알게 될 것입니다. 어떻게 자기 눈으로 자기 자신의 전체를 파악할 수 있겠습니까? 눈은 눈 자체를 보지 못하고 머리도 보지 못하고, 등도 몸속 장기들도 볼 수 없습니다. 그런데 성경의 계명을 실행할 수 없다고 말하는 것은 불경스러운 일입니다. 그렇다면 이 계명을 마음의 활동에 대한 것으로 해석해야 한다는 문제가 남습니다. "그대 자신에게 주의를 기울이십시오." 곧, 모든 면에서 그대 자신을 주의 깊게 살피십시오. "그대는 지금 올가미들 사이를 걷고 있으므로"(집회 9,13) 잠들지 말고 깨어 있으십시오. 원수가 파 놓은 함정이 사방에 숨겨져 있습니다. 그러니 "제비가 덫에서, 새가 올가미에서 벗어나는 것처럼, 당신이 구원받을 수 있도록"(잠언 6,5 참조) 사방을 둘러보십시오. 사슴은 시력이 날카로워 올가미에 걸려들지 않습니다. 그래서 '시력이 날카롭다'(*oxudorkias*)에서 유래한 이름을 얻었습니다. 새는, 경계를 늦추지 않으면, 사냥꾼의 올가미를 벗어나 쉽게 날아갑니다. 그러므로 여러분은 자신을 보호하는 데 있어서 동물보다 게으르지 않도록 주의하십시오. 절대로 마귀의 덫에 걸려들어 그의 먹잇감이 되어 그의 뜻을 따르는 장난감이 되지 마십시오(2티모 2,26 참조).

3. "그대 자신에게 주의를 기울이십시오." 그대가 소유한 물건이나 주위에 있는 물건에 관심을 기울이지 말고 오직 그대 자신에게만 관심을 기울이라는 뜻입니다. 우리 자신과 우리의 소유물은 서로 다릅니다. 그리고 우리를 둘러싸고 있는 물건도 우리 자신이 아닙니다. 창조주의 모상대로 만들어졌다는 점에서 우리는 영혼과 지성입니다. 우리의 몸은 우리의 것이고, 육신을 통해 표현되는 감각도 우리의 것입니다. 그러나

이 세상의 돈, 공예품 등 삶의 부속물은 우리와 관계없는 것입니다. 그렇다면 이 성경 말씀은 무슨 뜻입니까? 육에 귀를 기울이지 말고, 건강과 아름다움, 향락, 장수 등 어떤 형태로든 육신의 유익을 추구하지 말고, 부와 명성과 권력을 탐하지 말라는 뜻입니다. 현세에서 여러분에게 도움이 되는 부수적인 것들을 중요하게 생각하지 말라는 것입니다. 이런 것들에 대한 지나친 관심 때문에 그대에게 가장 중요한 삶을 소홀히 하지 말라는 것입니다. "그대 자신에게 주의를 기울이십시오." 곧, 그대의 영혼에 주의를 기울이십시오. 신중하게 주의를 기울여 죄의 결과로 생긴 더러움과 모든 수치스러운 악을 제거하고, 덕에서 나오는 모든 아름다움으로 그대의 영혼을 장식하고 밝게 하십시오. 그대가 어떤 존재인지 자세히 살펴보십시오. 그대의 본성을 아십시오. 그대의 육체는 죽지만, 그대의 영혼은 불사합니다. 우리의 삶은 이중입니다. 하나는 육신에 속한 것으로 빨리 지나가고, 다른 하나는 영혼에 속한 것으로 끝이 없는 영원한 생명입니다. "그대 자신에게 주의를 기울이십시오." 죽을 것을 영원한 것인 양 집착하지 말고, 영원한 것을 일시적인 것인 양 멸시하지 마십시오. 육을 멸시하십시오. 육은 지나가기 때문입니다. 영혼을 돌보십시오. 영혼은 죽지 않기 때문입니다.

그대 자신을 정확히 아십시오. 그러면 육체와 영혼의 양식과 의복, 신앙 교리, 품위 있는 행실의 훈련, 미덕의 실천 그리고 악덕의 교정과 같은 그대 본성의 두 가지 면에 적절하게 배분하는 방법을 알 수 있습니다. 몸을 지나치게 살찌게 하지 말고 체중을 늘리려고 하지 마십시오. "왜냐하면 육의 욕망은 영을 거스르고 영은 육을 거스르기 때문입니다. 이 둘은 서로 반대되기 때문입니다"(갈라 5,17 참조). 육을 중시하여 육에 큰 권세를 주지 마십시오. 저울과 마찬가지로, 그대가 한쪽을 누르면, 다른 한쪽이 반드시 올라갑니다. 육체와 영혼도 한쪽이 지나치면, 다른 한쪽에 반드시 결함이 생깁니다. 만일 몸에 기름이 흐르고 뚱뚱하면, 마음은 합당한 활동을 수행하는 데 약하고 시들해집니다. 그러나 영혼이 좋은 상태에 있으면서 덕의 수행으로 적절한 상태로 발전해 가면, 육체의 상태는 그에 따라 시들어 갑니다.

4. 게다가 이 계명은 병자들에게 유익하고 건강한 사람들에게도 매우 적절합니다. 신체적 질병의 경우, 의사는 환자에게 자기 자신에게 주의를 기울이고 치료와 관련된 것은 그 어떤 것도 소홀히 하지 말라고 권고합니다. 마찬가지로 우리 영혼의 의사인 성경은 죄로 고통받는 영혼을 다음과 같은 간단한 치료법으로 건강하게 회복시켜 줍니다. "그러므로 그대 자신에게 주의를 기울이십시오." 그래야 여러분이 지은 죄의 경중에 따라 회복에 필요한 도움을 받을 수 있습니다. 만일 그대의 죄가 무겁고 심각하다면, 그대는 많은 고백성사, 쓰라린 눈물, 장기간의 철야, 끊임없는 단식을 해야 합니다. 만일 그대의 죄가 가볍고 웬만한 죄라면, 그에 대한 보속도 그러할 것입니다. "그대 자신에게 주의를 기울이십시오." 그러면 여러분은 자기 영혼의 건강 상태나 질병의 여부를 인식할 수 있을 것입니다. 주의력 부족 때문에 많은 사람이 중병에 걸리고 심지어 난치병에 걸리며 자신이 아픈 줄도 모르고 있습니다. 그러나 건강한 사람들에게도 이 훈계는 그들의 행동에 많은 도움이 됩니다. 그러니까 똑같은 치료법이 병자들을 낫게 해 주고 건강한 사람들은 더 완벽한 건강 상태로 만들어 줍니다.

사실, 성경의 가르침을 받은 우리 각자는 복음에 따라 우리에게 주어진 은사 가운데 어떤 것을 관리하는 일꾼입니다. 교회라는 큰 집에는 온갖 종류의 그릇, 곧 "금 그릇, 은그릇, 나무 그릇, 질그릇"(2티모 2,20)이 있을 뿐만 아니라 다양한 종류의 일도 있습니다. "하느님의 집, 살아 계신 하느님의 교회"(1티모 3,15)에는 사냥꾼과 여행자, 설계자, 건축가, 농부, 목자, 운동선수, 군인이 있습니다. 이 짧은 권고는 여러분 모두에게 적절한 말입니다. 이 말씀이 여러분 각자 안에서 행동의 효율성과 의지의 활력을 낳기 때문입니다. 여러분은 주님께서 파견하신 사냥꾼입니다. 하느님께서 말씀하십니다. "이제, 내가 많은 사냥꾼을 보내어 모든 산꼭대기에서 그들을 사냥하리라"(예레 16,16 참조). 그러므로 여러분의 사냥감이 여러분에게서 빠져나가지 않게 조심하며 진리의 말씀으로 그들을 잡아, 죄악으로 거칠고 사나워진 자들을 여러분이 구원자께로 데려오십시오. 여러분은 "제 발걸음을 인도하소서"(시편 119,133 참조)라고 기도하는 사람과 같은 여행자입니다. 여러분은 그 길에서 '오른쪽으로도 왼쪽으로도 벗어나지 않도록'(신명 17,20 참조), 그대 자신에게 주의를 기울이십시오. 왕의 대로를 따라가십시오. 건축가는 믿음의 확고한 기초를 놓아야 합니다. 그 기초는 예수 그리스도이십니다. 건축가는 건축 자재를 바라보아야 합니다. 나무나 풀이나 짚이 아니라, 금과 은, 보석을 보아야 합니다(1코린 3,11-12 참조). 만일 그대가 목자라면, 사목적 임무를 맡은 이들 가운데 단 한 사람도 소홀히 하지 않도록 조심하십시오. 사목적 임무란 무엇입니까? 잃어버린 것을 찾아 데려오는 것, 부서진 것을 싸매 주고, 아픈 것을 낫게 해 주는 것입니다(에제 34,16). 만일 그대가 농부라면, 열매를 맺지 않은 무화과나무 둘레를 파서 많은 열매를 맺을 수 있는 치료법을 시행하십시오(루카 13,8 참조). 만일 그대가 군인이라면, "악령들에 대항하여"(에페 6,12 참조) "복음에 힘쓰고 훌륭한 전투를 수행하십시오"(참조: 2티모 1,8; 1티모 1,18). 육의 욕망에 맞서 "하느님의 무기로 완전한 무장을 갖추십시오"(에페 6,13). "그대를 채용한 사람을 기쁘게 할 수 있는 세속적인 일에 얽매이지"(2티모 2,4 참조) 마십시오. 만일 그대가 운동선수라면, 운동선수에게 규정된 법을 위반하지 않도록 '그대 자신에게 주의를 기울이십시오.' 정당한 방법으로 싸우지 않는 사람은 승리의 화관을 받지 못하기 때문입니다(2티모 2,5 참조). 바오로처럼, 달리고, 싸우고, 주먹으로 때리십시오(1코린 9,26 참조). 숙련된 권투 선수처럼, 영혼의 눈이 흔들리지 않게 정신을 바짝 차리십시오. 손으로 중요한 부분을 보호하고 시선을 상대방에게 고정하십시오. 경주에서, 앞에 있는 것들을 향하여 내달리십시오(필리 3,13 참조). "이처럼 당신도 상을 받을 수 있도록 달리십시오"(1코린 9,24). 보이지 않는 적들과 싸우십시오(에페 6,12 참조). 이 계명은 그대가 살아 있는 동안, 낙심하지도 않고 쉬지도 않고, 침착하게 깨어 있도록 그대를 지켜 줄 것입니다.

5. 그리스도의 복음을 위해 함께 일하는 사람들이 추구하는 다양한 일과 그 계명의 의미가 여러분 모두에게 어떻게 적용되는지 설명할 시간이 나에게는 없습니다. '그대 자신에게 주의를 기울이십시오.' 곧, 정신차리고 깨어 있으며, 사려 깊게 행동하고, 가진 것을 지키며, 미래를 준비하십시오. 그대가 이미 소유하고 있는 것을 부주의로 잃지 말고, 그대의 것이 아닌 것을 그대가 이미 소유하고 있는 것처럼 즐기겠다고 그대 자신에게 약속하지 마십시오. 결코 그렇게 될 수 없을 것입니다. 젊은이들이 천박한 마음으로 자신들이 바라는 것을 이미 소유한 것처럼 생각하는 것은 그들의 허약한 상상력 때문이 아닙니까? 여가를 즐기거나 밤의 고요한 시간이 있을 때마다, 그들은 하찮은 환상을 만들어내고 날랜 정신으로 그 환상에 이끌려 온갖 터무니없는 공상에 빠집니다. 그

들은 자신들이 명성과 화려한 혼인, 자녀의 행복, 행복한 노년, 모든 사람의 존경을 누리리라 기대합니다. 그러면서 그런 희망의 근거가 전혀 없는데도 불구하고, 그들의 마음은 사람들이 최고로 여기는 성취에 대한 꿈으로 부풀어 오릅니다. 그들은 훌륭한 큰 집을 짓고 온갖 종류의 귀중한 보물로 가득 채웁니다. 그들의 허황된 상상력은 현실 세계와는 전혀 다른 광활한 땅을 상상합니다. 그들은 자신들의 허영심으로 만들어 놓은 곡물 창고에 농산물을 저장합니다. 이런 상상에 그들은 가축 떼, 수많은 노예, 시민 행정관, 국가 지도자의 지위, 군사 명령권, 전투, 승리, 왕권까지도 추가시킵니다. 그리고 비록 헛된 환상 속에서만 이 모든 영광을 얻지만, 그들은 지나치게 어리석어 자신들의 희망 사항을 실제로 현재 소유하고 있다고 상상합니다. 자, 대체로 백일몽은 게으르고 나태한 마음을 괴롭히는 병입니다. 이 부풀어 오르는 생각의 자만심을 억제하기 위해, 말의 고삐처럼, 성경은 우리에게 그 위대하고 현명한 교훈에 순종하라고 이렇게 명령합니다. '그대 자신에게 주의를 기울이십시오.' 존재하지 않는 소유물을 기대하지 말고, 그대의 것을 유리하게 관리하십시오.

더불어 나는, 입법자께서 이 권고 또한 인간의 아주 많은 악덕을 제거하기 위해 제시하셨다고 생각합니다. 우리 각자는 자신의 일을 챙기는 것보다 우리와 상관없는 일로 바쁘게 지내기가 훨씬 더 쉽습니다. 우리가 이런 죄를 짓지 않도록, 성경은 사실상 다음과 같이 말합니다. 다른 사람의 일에 참견하지 마십시오. 남의 약점을 시시콜콜 캐는 데 시간을 낭비하지 않도록 주의하십시오. '그대 자신에게 주의를 기울이십시오', 곧 영혼의 시선을 자기 성찰로 돌리십시오. 참으로, 주님의 말씀대로, 형제의 눈 속에 있는 티는 보고 제 눈 속의 들보는 보지 못하는 사람들이 많습니다(마태 7,3 참조). 그러므로 그대는 자신의 삶이 이 가르침에 들어맞는지 끊임없이 성찰해야 합니다. 자신을 의롭다 여기고 세리를 경멸하던 완고하고 교만한 바리사이처럼, 어떤 흠을 발견할 수 있는지 보기 위해 그대의 밖을 둘러보지 마십시오. 그대가 어떤 생각의 죄를 지었는지, 또는 그대의 혀가 그대의 생각보다 앞서 달려가 어떤 실수를 범했는지, 또는 그대가 손으로 부주의하거나 뜻하지 않은 행동을 했는지 계속해서 그대 자신을 점검하십시오. 만일 그대가 자신의 삶의 방식에서, 많은 결점을 발견한다면, 인간은 누구나 당연히 그럴 것입니다, 세리와 함께 다음과 같이 말하십시오. "오 하느님! 이 죄인을 불쌍히 여겨 주십시오"(루카 18,13).

'그러므로 그대 자신에게 주의를 기울이십시오.' 이 권고는 인간의 본성을 끊임없이 일깨워 주는 현명한 조언자처럼, 그대가 빛나는 성공을 누리고 있을 때 그리고 그대의 인생 전체가 시냇물처럼 흘러가고 있을 때 그대에게 유용한 협력자가 될 것입니다. 그대가 역경에 빠졌을 때도, 천박한 생각에 굴복하여 절망에 빠지지 않도록, 마음속으로 이 말씀을 반복해서 되뇌면 유익할 것입니다. 앞의 경우와 마찬가지로, 그것은 그대가 허영심으로 인해 지나친 교만에 빠지는 것을 막아 줄 것입니다. 그대의 재산이 그대의 자랑입니까? 그대의 혈통이 자랑스럽습니까? 그대는 그대의 조국이나 육체의 아름다움에서, 또는 모두가 인정하는 그대의 영예에서 영광을 찾습니까? "그대 자신에게 주의를 기울이십시오." 왜냐하면 그대는 죽을 수밖에 없기 때문입니다. "그대는 흙이니 흙으로 돌아갈 수밖에"(창세 3,19 참조) 없기 때문입니다. 그대보다 앞서 높은 지위를 누렸던 사람들을 생각해 보십시오. 시민 행정을 맡았던 사람들은 어디에 있습니까? 그 뛰어난 웅변가들은 어디에 있습니까? 원로원 의장직을 맡았던 사람들, 유명한 말 사육사들, 장군들, 관리들, 군주들은 어디에 있습니까? 그 모든 사람이 먼지로 사라지지 않았습니까? 그들은 모두 전설 속의 인물이 되지 않았습니까? 뼈 몇 개가 그 사람들의 삶에 대한 기념물인 것이 사실 아닙니까? 그들의 무덤을 내려다보고 누가 노예이고 누가 주인인가, 누가 가난한 사람이고 누가 부자인가, 분별할 수 있는지 알아보십시오. 만일 그대가 분별할 수만 있다면 포로와 왕을, 강한 자와 약한 자를, 잘생긴 사람과 못생긴 사람을 구별해 보십시오. 만일 그대가 그대의 본성을 기억한다면, 그대는 결코 허영심에 굴복하지 않을 것입니다. 그리고 만일 그대가 그대 자신에게 주의를 기울인다면, 그대는 그대 자신에게 관심을 쏟을 것입니다.

6. 한편, 그대가 별 볼일 없는 비천한 사람이고, 가난하며 신분도 낮고, 집도 절도 없고 병들었으며, 매일 끼니 걱정을 해야 하고, 권력가들을 두려워하며, 그대의 비참한 상태 때문에 모든 사람 앞에서 움츠러드는 사람이라고 가정해 보십시오. "그러나 가난한 이는 협박을 들을 일도 없다"(잠언 13,8)라고 성경은 말합니다. 그대의 현재 상태가 부러울 만한 것이 전혀 아니라고 해서 낙담하거나 희망을 버리지 마십시오. 오히려 하느님께서 이미 그대에게 주신 축복과 미래에 대한 약속으로 마련해 두신 축복을 생각하십시오. 첫째, 그대는 사람입니다. 모든 생물 중에서 하느님께서 빚어 만드신 유일한 존재입니다(창세 2,7 참조). 내가 이 정도만 말해도, 만물을 창조하신 바로 그 하느님께서 직접 빚어 낸 사람이 바로 그대라는 사실을 총명하게 추론해 낸다면, 그대는 더없이 황홀한 기쁨을 느낄 수 있지 않을까요? 둘째, 창조주의 모상대로 만들어졌기 때문에, 그대는 선한 삶을 영위함으로써 천사들과 똑같은 존귀함을

얻을 수 있습니다. 그대는 이해할 수 있는 정신을 받았으니, 그 능력으로 하느님에 관한 지식을 얻을 것입니다. 이성의 도움으로, 그대는 존재하는 것들의 본질을 탐구합니다. 그대는 아주 달콤한 지혜의 열매를 땁니다. 육지의 모든 짐승, 들짐승과 길짐승, 물에 사는 모든 것, 공중에 날아다니는 모든 것이 그대를 섬기고 그대에게 복종합니다. 그대는 예술을 창작하고 도시를 건설하며, 필요와 사치를 위한 모든 도구를 고안해 내지 않았습니까? 그대의 이성적인 능력이 그대에게 바다를 항해할 수 있도록 해 주지 않았습니까? 땅과 물이 그대에게 양식을 제공해 주지 않습니까? 공기와 하늘과 회전하는 별들이 그들의 아름다움을 보여 주지 않습니까? 그런데도 왜 은 굴레를 한 말(馬)을 갖지 못했다는 이유로 낙심합니까? 그대에게는 하루 종일 가장 빠른 경로로 그대의 길을 밝혀 주는 횃불을 든 사람과 같은 태양이 있습니다. 금과 은의 광채는 그대의 것이 아니지만, 그대에게는 그대 주위를 환히 비추는 달이 있습니다. 그대는 금으로 장식된 마차를 타지는 않지만, 그대에게는 발, 곧 그대만의 소유이며 본질적으로 그대에게 딱 맞는 움직임의 수단이 있습니다. 그런데 왜 그대는 지갑이 든든한 사람들을 부러워합니까? 하지만 그들은 여기저기 이동하기 위해서는 다른 사람들의 발이 필요하지 않습니까? 그대는 상아 침대에서 잠을 자지 않지만, 그대는 많은 상아보다 더 귀한 땅을 가지고 있으며, 거기서 그대는 빨리 달콤한 잠이 들고 모든 근심 걱정에서 벗어납니다. 그대는 금박을 입힌 지붕 아래에 누워 있지는 않지만, 별들의 형언할 길 없는 아름다움과 함께 반짝이는 광활한 하늘을 가지고 있습니다. 이런 경이로움은 이 세상의 경이로움입니다. 지금부터 내가 이야기할 것들은 훨씬 더 크고 위대한 것입니다. 그대를 위하여 하느님께서 사람들 가운데 사셨고(요한 1,14 참조), 성령을 나누어 주셨으며(히브 2,4 참조), 죽음이 파멸되었고(1코린 15,26.55 참조), 부활에 대한 희망이 확증되었고(1코린 15,12.22 참조), 완전한 삶을 영위하도록 하느님의 계명이 주어졌으며(마태 19,17.21 참조), 하늘나라가 마련되었고(마태 25,34 참조), 덕을 쌓기 위해 수고를 마다하지 않은 사람을 위해 "의로움의 화관"(2티모 4,8)이 준비되어 있습니다.

7. 자, 그대가 그대 자신에게 주의를 기울인다면, 이 모든 것을 스스로 발견할 수 있을 뿐만 아니라 그 이상도 발견할 수 있습니다. 그대는 그대에게 없는 것 때문에 낙심하지 않고, 그대가 소유한 것들에서 기쁨을 누릴 것입니다. 만일 그대가 모든 경우에 이 계명을 마음에 간직한다면, 이 계명은 큰 도움이 될 것입니다. 예를 들어, 분노가 그대의 이성을 압도하여 그대가 분노에 사로잡혀서, 험한 말을 하고 무례하고 야만적인 행동을 한다고 가정해 보십시오. 만일 그대가 그대 자신에게 주의를 기울인다면, 말 안 듣는 사나운 망아지를 채찍질로 제어하는 것처럼 자신의 분노에 이성의 타격을 가함으로써 그것을 제어할 것입니다. 또한 그대는 그대의 혀를 다스릴 것이며, 그대를 화나게 하는 자에게 폭력을 행사하지 않을 것입니다. 다시 말하지만, 사악한 욕망이 막대기처럼 그대의 영혼을 찌르고 그대를 방탕하고 음탕한 충동에 굴복시키고 있다고 상상해 보십시오. 그대가 그대 자신에게 주의를 기울인다면, 그대는 이 세상의 즐거움은 쓰라림으로 끝날 것이며, 또한 감각적인 쾌락으로 몸이 지금 경험한 즐거운 흥분은 지옥에서 우리를 영원히 처벌하는 악마의 벌레를 낳는다는 것을 기억할 것입니다(참조: 이사 66,24; 마르 9,43.45.47). 나아가, 만일 그대가 육체를 불태우는 것은 영원히 타는 불의 어머니가 될 것이라는 사실을 명심한다면(마태 25,41 참조), 경솔한 하

녀들의 시끄러운 소음이 슬기로운 여주인에 의해 잠잠해지는 것처럼, 정욕의 쾌락은 즉시 사라지고 경이로운 내면의 평화와 영혼의 평온함이 그 자리를 차지할 것입니다.

그러므로 '그대 자신에게 주의를 기울이십시오'. 그리고 그대의 영혼의 한 부분은 이성적이고 지적이지만, 한 부분은 감성적이고 비이성적이라는 것을 명심하십시오. 영혼의 이성적인 부분은 본성적으로 지배하기 위해 존재하고, 감성적인 부분은 이성에 순종하고 이성에 설득되기 위해 존재합니다. 그러므로 마음이 완전히 노예 상태로 전락하여 정욕의 노예가 되지 않도록 하십시오. 또한 이성에 맞서 싸우는 정열에 굴복당하여 영혼의 지배권을 빼앗기지 않도록 하십시오.

간단히 말해서, 자신에 대한 세심한 주의는 그 자체만으로도 그대를 하느님을 아는 지식으로 인도하기에 충분할 것입니다. 만일 그대가 자신에게 주의를 기울인다면, 그대는 우주의 질서 안에서 창조주의 표징들을 찾을 필요가 없을 것입니다. 그러나 그대는 우주 질서의 축소 모형, 곧 그대 자신 안에서, 창조주의 위대한 지혜를 관조하게 될 것입니다. 그대 안에 있는 무형의 영혼으로부터, 하느님은 무형이시며 공간에 제한받지 않는 분이시라는 것을 배우십시오. 마찬가지로, 그대의 영혼은 그 존재의 지배적인 원리로서 지역적인 거주지를 갖고 있지 않지만, 육신과의 연관성 때문에 영혼은 한 장소에 머뭅니다. 그대는 그대 자신의 영혼에 대해 고찰해 봄으로써 하느님은 보이지 않는 분이심을 믿으십시오. 그대의 영혼은 육신의 눈으로 파악할 수 없습니다. 영혼은 색깔도 없고, 모양도 없으며, 어떤 물리적인 결정체도 없습니다. 하지만 영혼은 그 작용만으로 식별될 수 있습니다. 그러므로 시력을 통해 얻는 인식으로 하느님을 찾지 말고, 이성으로 믿음을 뒷받침하여 영의 활동으로 하느님을 이해하려고 노력하십시오. 창조주의 작품에 경이로움을 느끼십시오. 그분께서는 한 번의 호흡으로 영혼의 힘을 육체와 신묘하게 결합시켜 영혼의 힘을 수많은 분리된 팔다리와 장기들을 연결하여 모든 것을 하나로 묶어 내십니다. 또한, 영혼이 육체에 부여하는 이 힘이 무엇인지 그리고 그 반응으로 육체가 영혼에게 주는 교감은 무엇인지 생각해 보십시오. 어떻게 육체는 영혼에 의해 생명을 부여받고, 영혼은 육체의 고통을 어떻게 전달받는지 생각해 보십시오. 마음속에 있는 배움의 창고는 추가적인 정보가 들어오면, 이전에 습득한 지식을 흐리게 하지 않고 우리 기억에 분명하고 뚜렷하게 남겨서 영혼의 지배적인 부분에 청동판처럼 어떻게 새겨 놓는지 성찰해 보십시오. 그 이유에 대해서도 숙고해 보십시오. 어떻게 영혼이 육신의 정욕에 굴복당해 영혼에 합당한 아름다움을 파괴하는지, 그리고 반대로, 죄악의 수치에서 정화된 후, 어떻게 덕행 실천으로 창조주와의 닮음을 다시 회복하는지 생각해 보십시오.

8. 이렇게 그대의 영혼에 대해 묵상한 후에 만일 그대가 원한다면, 육체의 구조에도 주의를 기울이고, 가장 능숙한 조물주께서 이성적 영혼의 거주지로 육체를 만드신 것이 얼마나 적절한지 감탄하십시오. 창조주께서는 모든 생물체 중에서 오직 사람만이 직립보행을 하도록 하셨습니다. 이는 인간의 삶이 천상에 기원을 두고 있다는 것을 인간의 관점에서 인식할 수 있도록 하신 것입니다. 네 발 달린 동물은 모두 시선이 땅에 가 있고 머리를 배 쪽으로 숙입니다. 그러나 인간은 식탁의 쾌락이나 탐욕스러운 욕망에 휘둘리지 않고 하늘로의 여행에 온 힘을 쏟을 수 있도록 위를 바라보도록 창조되었습니다. 더욱이, 창조주께서는

사람의 머리를 몸의 가장 높은 곳에 두시고 머리를 주요 감각의 자리로 만드셨습니다. 여기에 시각, 청각, 미각, 후각이 다 모여 있습니다. 그리고 이것들은 그처럼 좁은 부분에 다 모여 있지만, 그중 어느 하나도 이웃의 작용을 방해하지 않습니다. 물론, 눈은 몸 전체를 둘러볼 수 있도록 가장 잘 보이는 윗자리에 있습니다. 말하자면, 눈은 작은 갑빠 아래에 있는 것처럼 자리 잡고 있어서, 방해받지 않고 완전한 전망을 누립니다. 반대로, 청각은 자극에 직접 닿도록 노출되어 있지 않지만, 공기 중의 소리는 순환 경로로 청각에 도달합니다. 이 배열은 최고의 지혜이신 창조주에 의해 결정되었으므로, 귀의 구불구불한 굴곡을 따라 비틀린 목소리는 통과할 수 있지만, 이 감각을 방해할 수 있는 외부의 어떤 것도 통과할 수 없습니다. 혀의 특성도 연구해 보십시오. 혀가 얼마나 부드럽고 유연한지, 그리고 다양하고 복잡한 움직임 때문에, 어떻게 혀가 언어의 모든 요구 사항을 충족시킬 수 있는지 관찰하십시오. 혀에 튼튼한 지렛대를 제공하면서 목소리의 도구 역할을 하는 동시에 음식을 섭취하는 데 도움을 주는 치아를 생각해 보십시오. 치아 중에서 더러는 음식을 먹는 데, 더러는 음식을 갈아 먹는 데 도움이 됩니다. 그대가 이 모든 점을 각각에 대해 적절하게 성찰하면서 숙고할 때, 그리고 호흡의 과정을, 심장이 온기를 보존하는 방식을, 소화 기관과 정맥을 연구할 때, 그대는 이 모든 경이로움 속에서 창조주의 불가사의한 지혜를 분별할 것입니다. 그러면 그대는 예언자인 시편 저자와 함께 이렇게 말할 수 있을 것입니다. 나 자신에 관한 연구를 통해 "당신의 예지가 신비로워졌습니다"(시편 139,6 참조). 그러니 하느님께 주의를 기울일 수 있도록 그대 자신에게 주의를 기울이십시오. 영광과 권세가 영원 무궁히 그분께 있나이다. 아멘.

감사하기(설교 4)

1. 여러분은 사도들이 테살로니카 신자들에게 모든 삶의 원칙으로 가르친 말씀을 들었습니다. 사실, 바오로 사도의 가르침은 삶의 조건이 어떠하든 모든 사람을 위한 것입니다. 그 가르침은 모든 사람에게 유익합니다. 그는 말합니다. "언제나 기뻐하십시오. 끊임없이 기도하십시오. 모든 일에 감사하십시오"(1테살 5,16-18). 기쁨이 무엇으로 이루어져 있는지, 기쁨으로부터 어떤 이익이 나오는지, 어떻게 끊임없이 기도하고 모든 일에 하느님께 감사의 의무를 다할 수 있는지에 대해 이제 자세히 설명하겠습니다. 그리고 우리는 또한 이 가르침을 실천하기가 불가능하다고 주장하면서 신성을 모독하는 자들의 주장을 논박할 것입니다.

이처럼 의심하는 사람이 다음과 같이 질문합니다. "밤낮없이 영적인 문제를 곱씹으며 즐겁고 유쾌하게 시간을 보내는 것이 무슨 소용이 있습니까? 우리는 영혼에 피할 수 없는 슬픔을 주는 예상치 못한 수많은 문제에 둘러싸여 있는데, 어떻게 이런 일이 가능할 수 있습니까? 우리가 마치 석쇠 위에서 구워지는데 아픔도 고통도 느끼지 못하는 사람처럼 되어야 합니까?"

아마, 오늘 여기 있는 누군가는 마음에 병이 들어 죄에 대한 핑곗거리를 찾으면서, 자신의 게으름으로 인해 입법자의 계명을 지키는 것이 불가능하다고 여기고는, 그렇게 따지고 들 것입니다. 그는 이런 생각을 하고 있습니다. "기쁨은 외부 환경에 의해 생겨나는 것이지 우리에게 달려 있지 않은데, 어떻게 내가 항상 기뻐할 수 있습니까? 친구들이 찾아왔을 때, 부모님과 함께 시간을 보낼 때, 보물을 발견할 때, 사람들로부터 공적으로 존경받을 때, 중병에서 회복했을 때, 행복한 삶을 살 수 있도록 모든 것이 갖춰져 있을 때, 예를 들어, 잘 갖춰진 집과 풍성한 식탁, 유쾌하고 친근한 친구, 기분 좋은 소리와 기분 좋은 광경, 가까운 친척의 건강, 그리고 인생의 성공에 대한 다른 징후들이 다 갖추어져 있을 때, 그때서야 그 결과로 기쁨이 생기는 것입니다. 그리고 우리를 괴롭히는 것은 우리네 삶에서 생긴 일뿐이 아닙니다. 친구와 친척들에게 생긴 일도 우리에게 걱정을 끼칩니다. 이런 것들은 또한 영혼이 행복하고 쾌활한지, 그렇지 않은지에 영향을 미칩니다. 우리는 또한 원수가 실패하고, 박해자가 몰락하고, 우리의 은인과 공정한 거래가 이루어지기를 바라고, 예상치 못한 사고가 우리의 삶을 자극하거나 놀라게 하지 않기를 바랍니다. 그러면 영혼이 즐겁게 쉴 수 있을 것입니다. 어째서 우리의 의지가 아니라 이렇게 주변 상황에 따라 좌우되는 것을 지키라는 명령이 우리에게 주어진 것입니까? 게다가 영혼이 두 가지 문제를 동시에 대처하는 것이 불가능한 상황에서, 내가 내 삶에 필요한 모든 것과 영혼에 필요한 것을 동시에 추구하면서, 어떻게 쉬지 않고 기도할 수 있겠습니까?"

2. "게다가, 모든 일에 감사하라고 하는 것은 나한테 너무 지나친 요구입니다." 그는 계속해서 말합니다. "누군가가 나를 괴롭힐 때, 내가 감사해야 하나요? 바퀴에 묶인 채 채찍질을 당해도 감사해야 하나요? 누가 눈을 빼내도 감사해야 하나요? 박해자가 내게 온갖 모욕을 해도 감사해야 하나요? 내가 추위로 죽어 가고, 굶주림에 시달리며, 형틀에 묶이고, 자녀나 배우자를 빼앗겨도 감사해야 하나요? 배가 난파를 당해 일순간에 모든 것을 잃어도 내가 감사해야 하나요? 바다에서 해적에게, 또는 길에서 강도에게 시달릴 때도 감사해야 하나요? 내가 누명을 쓰고 피해를 봤을 때도 감사하라고요? 방황할 때도 감사하고, 감옥에

갇혀도 감사하라고요?"

　이런 불평과 다른 많은 불평을 하면서 입법자를 고발하는 사람은 우리에게 주어진 가르침을 이해하는 것이 불가능하다고 주장하면서, 심지어 중상모략까지 하며 자신의 죄를 정당화하려고 합니다.

　어떻게 대응해야 할까요? 그런 주장은 우리의 영혼을 일깨우려는 바오로 사도의 관점과 정반대라고 나는 말하겠습니다. 바오로 사도의 의도는 지금 죄 많은 안개 속에서 진흙 속의 벌레처럼 육의 존재로 땅을 기어 다니느라 입법자의 고귀한 마음을 인식하지 못하는 우리의 영혼을 천국의 삶의 방식으로 끌어 올리려는 것입니다. 바오로 사도는 선을 즐기는 사람들뿐만 아니라, 더 이상 육 안에 살지 않는 사람들, 곧 그리스도를 모시고 사는 사람들, 최고의 선을 위해 육체의 무거운 짐을 벗어 던진 사람들도 늘 기뻐하라고 초대합니다. 참으로, 우리가 바오로 사도의 가르침에 따라 이 지상의 지체들을 죽이고 우리 삶에서 예수 그리스도의 죽음을 짊어진다면, 육체가 고통을 당할 때 그 고통은 영혼에 아무런 영향을 미치지 못할 것입니다. 육체를 죽일 수 있는 상처는 육 안에 살지 않는 영혼에는 옮겨 가지 못합니다. 모욕과 형벌, 친척의 죽음이 정신을 짓밟거나 거룩한 영혼을 고통에 빠뜨릴 수 없다는 것입니다. 이런 사람들은 어떤 역경에서도 고통스러운 불행을 견디어 내기 때문에 그들은 슬픔을 좀처럼 느끼지 않습니다. 그러나 육을 따라 사는 사람들은 그들이 당한 불행 때문이 아니라, 마땅히 해야 할 일을 하지 않았기 때문에 불쌍한 것입니다. 완전한 영혼은 일단 창조주에 대한 갈망을 느끼기 시작하면, 죄 많은 욕망의 온갖 복잡한 사정에 흔들리지 않는 아름다움과 기쁨과 즐거움 속에서 지금 여기에서 기뻐할 것입니다. 사실, 다른 사람들을 슬픔에 빠뜨리는 일들이 그런 사람에게는 기

감사하기(설교 4)

쁨을 더 크게 해 줄 뿐입니다.

이것이 바오로 사도의 생각이었습니다. 그는 약함과 고난, 매맞음과 폭력을 당함을 기뻐했으며, 자신을 약하게 만드는 것을 자랑했습니다 (2코린 12,10 참조). 그는 굶주림과 목마름, 추위와 헐벗음(2코린 11,27 참조), 핍박과 괴로움, 사람들이 견딜 수 없어 하는 것, 삶을 힘들게 하는 것을 자랑했습니다. 참으로 바오로 사도의 신념을 알지 못하고 공유하지 못하는 사람들이 복음 생활에 대한 그의 권고에 대해, 이런 명령은 우리에게 불가능하다고 말하면서 감히 바오로를 원망했습니다. 그들은 하느님의 관대함이 우리에게 합당한 기쁨을 누릴 기회를 얼마나 많이 주시는지를 깨달아야 합니다.

하느님은 우리를 무에서, 당신의 모상대로 창조하셨고, 우리가 당신을 인식할 수 있는 지각과 이성을 우리에게 주심으로써 우리의 본성을 완전하게 만드셨습니다. 창조의 아름다움을 주의 깊게 관찰하며 그 안에서 만물에 대한 하느님의 크신 섭리와 지혜를 큰 글자로 읽어 봅시다. 우리는 선과 악을 분별할 수 있으며 자연으로부터 좋은 것을 선택하고 해로운 것을 피하는 것을 배울 수 있습니다. 죄로 말미암아 하느님으로부터 멀어졌던 우리는 외아들의 피를 통해 부끄러운 종살이에서 해방되었습니다. 이로써 우리는 부활에 대한 희망을 갖고, 천사들의 선에 참여하여, 우리가 말로 도저히 표현할 수 없는 것을 이해하는 능력을 갖게 되었습니다.

3. 이런 것들이 영원한 기쁨과 만족의 원인이라는 것을 부정하고, 배 (胃)를 섬기고 음악에 흥겨워하며 침대에서 코를 골며 뒹구는 사람이 기쁨에 찬 존재라고 생각할 수 있습니까? 나는 이성적인 사람들은 현

재를 위해 사는 사람을 불쌍하게 여겨야 한다고까지 말하고 싶습니다. 오히려 현재를 내세의 희망으로 바꾸는 사람이 복이 있습니다. 우리가 하느님과 함께 있을 때면, 바빌론의 세 젊은이처럼 불길 속에 앉아 있든지(다니 3,19-23 이하 참조), 사자 굴에 갇혀 있든지(다니 6,16 이하 참조), 바다 괴물에게 삼켜졌든지(요나 2,1 참조), 우리는 찬양하고 기뻐하며, 현재를 슬퍼하지 않고, 미래의 일에 대한 희망으로 기뻐해야 합니다. 거룩한 전투를 대비하여, 불사의 화관을 고대하면서 영광을 기대하며 적의 공격을 견뎌야 합니다.

체력을 단련한 선수는 경기장에서 상대 선수에게 맞아도 낙심하지 않고, 우승자가 되기 위해 순간적인 고통을 아랑곳하지 않으며 상대 선수를 즉시 공격할 것입니다. 마찬가지로, 덕을 사랑하는 사람도 불쾌한 일을 당하더라도 기쁨을 잃지 않습니다. "환난은 인내를 자아내고, 인내는 수양을, 수양은 희망을 자아냅니다. 그리고 희망은 우리를 부끄럽게 하지 않기"(로마 5,3-5 참조) 때문입니다. 그래서 바오로 사도는 [이 편지]의 다른 부분에서, 우리에게 희망 속에 기뻐하고 환난 속에 희망하라고 권고합니다(로마 12,12 참조). 희망은 덕을 기뻐하는 영혼을 낳습니다. 바오로 사도는 우리에게 우는 이들과 함께 울라고 권고합니다(로마 12,15 참조). 그리고 갈라티아 신자들에게 보낸 서간에서 그는 그리스도의 십자가의 원수들 때문에 슬퍼했습니다.[1] 그리고 우리는 예레미야가 울었고, 에제키엘이 하느님의 형벌을 받은 사람들 때문에 슬퍼했다는 사실을 언급할 필요가 있습니다. "아, 불행한 이 몸! 어머니, 어쩌자고 날 낳으셨나요?"(예레 15,10). "아, 불행한 이 몸! 경건한 이는 이 땅에서

---

[1] 바실리우스가 갈라티아서라고 했지만, 이런 내용은 필리피서 3장 18절에 있다.

사라지고 사람들 가운데 올곧은 이는 하나도 없구나"(미카 7,2 참조). "아, 슬프다! 나는 추수 때에 밀짚을 모으는 사람 같구나"(미카 7,1 참조). 의인들의 이 모든 말을 자세히 살펴보십시오. 그러면 그들이 모두 이 세상과 인생의 불행을 경멸한다는 것을 확신하게 될 것입니다. "아, 불행한 이 몸! 나의 순례가 그토록 오래 지속되다니"(시편 120,6 참조). 바오로는 이 세상 삶에서 벗어나 그리스도와 함께 있게 되기를 바랍니다(필리 1,23 참조). 그는 인생이라는 여정이 길어지는 것을 '기쁨을 가로막는 장애물'이라며 한탄합니다. 다윗은 그의 시편에서 친구 요나탄의 죽음을 애도하면서 동시에 원수의 죽음을 애도합니다. "나의 형 요나탄 형 때문에 내 마음이 아프오"(2사무 1,26), "이스라엘의 딸들아, 사울을 생각하며 울어라"(2사무 1,24). 그는 죄로 죽임을 당한 자와 그의 평생 가장 친한 친구였던 요나탄의 이름을 부르며 애도합니다. 더 많은 예를 들 필요가 있을까요? 주님은 라자로 때문에 눈물을 흘리셨고(요한 11,35 참조), 예루살렘을 보고 우셨습니다(루카 19,41 참조). 그리고 그분은 슬퍼하는 사람들(마태 5,4 참조)과 우는 사람들을 축복하셨습니다.

4. 그러나 그대는, '우리가 이것을 항상 기뻐하라는 명령과 어떻게 조화시킬 수 있느냐?'라고 묻습니다. 눈물과 기쁨은 같은 근원에서 나오는 것이 아닙니다. 눈물은 영혼을 강타하고 멍하게 하는 예기치 않은 사건에서 나와, 심장과 호흡을 압박합니다.[2] 기쁠 때 영혼은 뛰고, 어떤 생각에 즐거워합니다. 이 두 가지는 육체에 서로 다르게 각인됩니다. 슬픔은 창백한 모습입니다. 납처럼 창백하고 차갑게 보입니다. 반면에,

---

2   여기서 바실리우스는 눈물을 의학적, 생리학적 관점으로 다루면서 인간이 울어야 할 필요성이 있음을 설명한다. 5장 마지막 단락 참조.

기쁨은 피어나는 장밋빛 모습입니다. 무엇에 담겨 있는 것이 마치 터져 나오려는 것 같습니다. 이런 점에서 볼 때, 우리는 성도들의 원망과 눈물은 하느님에 대한 사랑에서 나온다고 말할 수 있습니다. 그들은 언제나, '사랑받으시는 분'을 봅니다. 이것은 그들의 기쁨을 더 크게 합니다. 동료 종들이 죄를 지으면, 그들은 동정심으로 슬퍼하고 눈물을 흘리면서 그들의 잘못을 바로잡아 줍니다. 해안가에 서 있는 사람들은 난파당한 사람들을 동정합니다. 하지만 난파당한 이들을 동정한다고 해서, 그들 자신이 난파의 위험에 빠지는 것은 아닙니다. 이웃의 죄를 슬퍼하면서도 자기 기쁨을 잃지 않는 사람도 마찬가지입니다. 사실, 형제에 대한 눈물은 주님에게서 오는 기쁨을 가져다줍니다. "행복하여라, 지금 우는 사람들! 행복하여라, 지금 슬퍼하는 사람들! 너희는 위로를 받고 웃게 될 것이다"(참조: 루카 6,21; 마태 5,4). 여기서 웃음은 빨갛게 달아오른 볼에서 터져 나오는 그런 웃음이 아닙니다. 그보다는 슬픔에 방해받지 않는 순수한 쾌활함입니다. 사도는 우리가 우는 이들과 함께 우는 것을 허락합니다. 왜냐하면 그런 눈물은 영원한 기쁨의 씨앗이자 보증이기 때문입니다. 나와 함께 여러분의 마음을 들어 올려, 천사들의 삶이 참된 기쁨과 즐거움으로 이루어져 있는지 아닌지 생각해 보십시오. 그들이 하느님 앞에 서서 우리 창조주의 형언할 길 없는 아름다움과 장엄함을 누리고 있는 것을 보십시오. 사도는 우리에게 항상 기뻐하라고 명하면서 우리를 격려하는 것은 바로 이런 삶을 누리게 하려는 것입니다.

5. 그런데 주님께서 라자로와 그 도시를 위하여 우신 것에 대해 우리는 이렇게 말합니다. 그분께서도 먹고 마셨습니다. 그분께 그것이 필요해서가 아니라, 여러분 영혼의 자연적인 감각을 끊어 버릴 수 있도록 하

기 위하여 정도껏, 한계를 두고 먹고 마신 것입니다. 그분은 또한 지나치게 슬퍼하는 사람들이 그들의 슬픔과 눈물을 통제할 수 있게 하려고 우셨습니다. 우리의 눈물이 합리적으로 적당한 수준이 되려면, 상황을 평가할 필요가 있습니다. 누가, 어떻게, 언제, 어떤 식으로 흘린 눈물이 적절한지 평가해야 합니다. 그래서 주님께서는 우리를 위한 본보기로써 지나치게 격렬하지 않게 우시면서 이런 말씀을 덧붙이셨습니다. "우리의 친구 라자로가 잠들었다. 내가 가서 그를 깨우겠다"(요한 11,11). 우리 중에 누가, 잠자고 있는 친구, 곧 깨어날 친구 때문에 슬퍼합니까? "라자로야, 이리 나와라"(요한 11,43). 그러자 죽은 사람이 살아나고, 묶인 사람이 걸어 나왔습니다. 기적 가운데 기적입니다! 발은 천으로 묶여 있었지만 앞으로 나오는 데 지장이 없었습니다. 그 힘이 그를 묶어둔 힘보다 컸습니다. 그런 일들을 할 수 있는 주님께서 이 사건에 대한 슬픔을 어떻게 평가하셨을까요? 이를 보면, 우리의 나약함을 수용하는 것을 도와주시기 위해 그분께서 늘 자연적인 감각에 정도와 목적을 요구하시는 것이 분명하지 않습니까? 그분은 들짐승처럼 감정을 표현하지는 않으셨습니다. 그분은 지나친 탄식과 울음을 천박한 것으로 경멸하십니다. 그래서 그분은 친구의 죽음을 슬퍼하는 모습을 통해, 당신께서 인간 본성에 참여하고 있다는 것을 증명해 주시고, 우리가 애정 때문에 너무 약해지거나 어떤 슬픈 일 때문에 지각을 잃는 것을 허락하지 않으십니다. 이처럼, 주님의 몸은 그 본성에 따른 영향을 받기 쉬운 몸이었기 때문에, 어떤 식으로든 당신의 신성으로 옮겨 가지 않은 이상, 배고픔과 목마름을 느낄 수 있었고 여행의 수고로 인하여 근육과 힘이 지치는 것을 알아차릴 수 있었습니다. 마찬가지로, 그분은 또한 육체가 본성에 상응하도록 하심으로써 눈물을 흘리셨습니다. 슬픔이 머릿

속의 텅 빈 곳을 증기로 채우고 쌓인 수분이 눈의 관을 통해 배출될 때 눈물이 나기 때문입니다. 예상치 못한 비통한 소식을 듣게 되면 머리가 울리고, 현기증이 나며, 시야가 흐려지고, 축적된 내부의 열로 인해 뿜어져 나오는 증기 때문에 머리가 떨립니다. 막혔던 것이 뚫리면, 구름에서 비가 오듯 두터운 증기가 눈물로 덩어리집니다. 슬퍼서 우는 사람은 내면의 압력이 풀리며 눈물에서 일종의 쾌감을 느끼는 법입니다. 우리가 나날이 하는 경험이 이를 증명합니다. 끔찍한 불행에 시달렸지만 눈물의 힘을 억제한 많은 사람의 예에서 우리가 알 수 있는 사실은, 이들 가운데 많은 이가 나중에 불치병에 걸리고 그들이 겪은 타격으로 인해 몸이 마비되고 심지어 죽기까지 한다는 것입니다. 압력이 풀리지 못해 그들의 힘이 슬픔의 결과로 깨져 버린 것입니다. 연기를 빼내지 않으면 불이 꺼지는 것과 같습니다. 숨을 내쉴 수 없을 때, 생명력도 슬픔의 결과로 소멸합니다.

6. 이것은 슬픔에 곧잘 빠지는 사람들이 주님의 눈물을 자신들의 버릇에 대한 평계로 삼아서는 안 되는 이유입니다. 주님께서 음식을 즐기셨다는 사실을 미식가들의 취향에 대한 변명으로 삼을 것이 아니라, 절제와 검소함의 경계선으로 삼아야 합니다. 마찬가지로, 그분의 눈물 역시 우리가 울어야 한다는 것을 뜻하는 것이 아니라, 우리에게 적절한 기준점을 제시해 주고 구체적인 원칙을 정해 준다는 의미입니다. 곧, 우리가 고통을 겪는 방식은 자연의 적절한 범위 안에 이루어져야 한다는 것입니다. 여자든 남자든 합당한 정도 이상으로 울어서는 안 됩니다. 시끄럽게 불평하거나 비명을 지르지 않고, 옷을 찢거나 몸에 재를 뿌리지 않고, 천국에 대한 가르침에 어긋나는 부끄러운 짓을 하지 않고도, 불

행에 대해 슬퍼하고 정도껏 울 수 있습니다. 경건한 가르침을 통해 단련된 사람은 용기와 성실성을 통해 정욕을 쫓는 벽으로 보호를 받는 것처럼, 올바른 이성으로 행동해야 합니다. 슬프고 나약한 영혼이, 도랑에 빠진 사람처럼, 정욕의 무리를 풀어놓는 행동을 해서는 안 됩니다. 그런 허약한 영혼은 참으로 하느님의 희망에서 힘을 얻지 못하고 스스로 짓밟히고 불행에 휩싸입니다. 벌레가 연한 나무에서 생기는 것처럼, 우울함도 인간의 허약한 감정에서 생깁니다.

욥이 다이아몬드처럼 단단한 심장을 지녔습니까? 그의 내장이 돌로 만들어졌습니까? 그는 순식간에 열 명의 자녀를 잃었습니다. 그들은 일격에 전멸했습니다. 가족들이 아름다운 집에서 즐겁게 살고 있을 때, 사탄이 그곳을 황폐하게 했습니다. 그는 피가 흩뿌려져 있는 식탁을 보았습니다. 그는 나이는 서로 다르지만 같은 운명에 처한 자식들을 보았습니다. 그러나 그는 한탄하지도, 머리를 쥐어뜯지도, 욕하지도 않았습니다. 그 대신에 그는 유명하고 보편적으로 찬사를 받는 감사의 말을 했습니다. "주님께서 주셨다가 주님께서 가져가시니 주님의 이름은 찬미받으소서"(욥 1,21). 그가 동정심이 없는 사람이었을까요? 천만에요. 욥에 대해, 그가 환난 중에 있는 모든 사람을 위해 울었다고 기록되어 있기 때문입니다(욥 30,25 참조). 그가 거짓말을 하고 있었나요? 천만에요. 성경이 그는 모든 덕을 지녔지만 무엇보다 진실한 사람이었다고 증언하고 있기 때문입니다. "그 사람은 흠이 없고, 올곧으며, 경건하고 진실했다"(욥 1,1 참조) 하고 기록되어 있습니다.

그런데 그대는 한탄으로 가득 찬 애절한 노래로 자신을 위로하고, 그런 비탄을 통해 자신의 영혼을 위안하려고 합니다. 거기에 더해, 배우가 무대에서 자세를 바꾸고 의상을 바꿔 입는 것처럼, 그대는 특별한 모습으로 슬픔을 드러내 주어야 한다고 생각합니다. 예를 들어, 검은 옷과 형클어진 머리, 어두운 집, 흙, 먼지, 곡소리, 영혼의 슬픔의 상처를 끊임없이 들추는 것. 그런 보여 주기식 행동을 하는 사람은 희망이 없습니다. 그러나 그대는 그런 연극적인 짓거리를 넘어서 있습니다. 그대는 그리스도 안에서 잠들어 있는 자에 대해, "뿌려진 것은 부패하기 쉽고, 되살아난 것은 썩지 않을 것입니다. 그것은 약한 것으로 묻히지만 강한 것으로 되살아납니다. 그것은 물질적인 몸으로 묻히지만, 영적인 몸으로 되살아납니다"(1코린 15,43-44 참조)라고 배웠기 때문입니다. 왜 그대는 옷만 갈아입은 사람을 두고 슬퍼합니까? 평생 동안 받을 도움을 모두 잃은 것처럼 슬퍼할 필요는 없습니다. "주님께 피신함이 더 낫네, 사람을 믿기보다"(시편 118,8)라고 성경에 쓰여 있습니다. 그대는 죽은 이가 끔찍한 타격을 당한 것처럼 슬퍼할 필요가 없습니다. 천상의 나팔 소리가 곧 그를 깨울 것이며, 그대는 그가 그리스도의 어좌 앞에 나타나는 것을 보게 될 것입니다. "오 이 얼마나 예기치 못한 재앙인가! 누가 이런 일이 일어날 거라고 믿었겠습니까? 내가 그토록 사랑했던 사람이 결국 흙 속에 묻힐 거라고 어떻게 생각할 수 있었겠습니까?"와 같은 모든 저속하고 거친 외침을 멀리하십시오. 우리는 그런 말을 들으면 얼굴을 붉혀야 합니다. 우리는 불행을 피할 수 없다는 것을 알기 위하여 현재의 경험은 물론 과거를 기억하기만 하면 됩니다.

7. 그러므로 우리가 참으로 하느님을 경외하는 사람이라면, 때아닌 죽음이나 예기치 못한 불행으로 인해 결코 무너져서는 안 됩니다. 그대는 말합니다. "나한테 아들이 있었습니다. 그는 나의 유일한 후계자였고, 내 노후에 대한 보장이었고, 가족의 자랑이었고, 동료들의 자랑이었으

며, 집안의 든든한 버팀목이었고, 그의 나이 한창이었습니다. 이 한 번의 죽음이 내게서 그를 빼앗아 갔습니다. 얼마 전까지만 해도 그토록 아름답게 말하던 그는 아버지의 눈에 넣어도 아프지 않을 기쁨이었는데, 이제는 흙과 먼지가 되었습니다! 내가 어떻게 해야 할까요? 옷을 찢고, 흙바닥에 뒹굴고, 불평하고 탄식하고, 다른 사람들 앞에서 벌을 받으며 비명을 지르고 발길질하는 어린아이처럼 울화통을 터트려야 할까요? 아니면 '죽음의 법칙은 피할 수 없다'고, 죽음은 누구나 겪는 필연적인 사건이라고, 죽음은 모든 연령대의 사람을 공격하고, 점차 모든 것을 앗아 간다고 생각해야 할까? 이런 식으로 죽음을 당하는 것은 그저 평범한 일이며 예상치 못한 타격을 받아도 용기를 잃지 않는 사람이 될 수 있다고 생각해야 할까요? 사실 나는 죽을 수밖에 없는 존재인 나한테 죽을 수밖에 없는 아들이 있다는 것과 인간은 영원히 살지 못하고 재산도 영원하지 않다는 것을 오래전부터 알고는 있었습니다."

건축물과 민족의 힘으로 유명했던 대도시들, 부와 토지와 무역에서 탁월했던 도시들이 이제 폐허로 변했습니다. 한때 훌륭했던 모든 것이 이제 황폐해졌습니다. 수천 번의 폭풍우를 견뎌 낸 배, 수많은 물건을 실은 배도, 태풍 한 번으로 완전히 난파되는 경우도 많습니다. 또한, 승리로 유명한 군대도 운이 바뀌면 소문과 끔찍한 패배로 파멸합니다. 사실, 물과 땅을 지배하고 막대한 부를 축적한 모든 나라와 섬들이 시간이 흐르면서 멸망하거나 정복당해 자유를 잃어버립니다.

간단히 말해서, 과거에 이미 일어난 적이 없는 악은 일어날 수 없다는 것입니다. 우리는 물건을 저울에 올려놓고 무게를 측정하고, 돌로 두드려서 금의 상태를 식별합니다. 마찬가지로, 우리는 주님께서 제정하신 모든 것을 생각할 때, 절제의 경계를 넘어서는 반응을 보여서는 안 됩니다. 기분 나쁜 일이 닥친다고 하더라도, 그대는 마음의 준비가 되어 있으므로, 흔들릴 필요가 없으며, 장차 있을 것에 대한 희망이 그대의 현재의 불행을 가볍게 해 줍니다. 시력이 약한 사람이 아주 밝은 것을 멀리하고 꽃과 약초로 시력을 회복하는 것처럼, 그대의 영혼도 슬픔을 응시하지 말고, 현재의 고난에 집착하지 말고, 오히려 참된 선에 시선을 집중해야 합니다. 그렇게 한다면, 그대는 항상 기쁨만 있는 바로 그곳에 이르게 될 것입니다. 다시 말해, 그대의 행실이 하느님 앞에서 항상 옳고 상급에 대한 희망이 삶의 고통을 가볍게 해 주는 곳에 이르게 될 것입니다.

누군가가 그대의 명예를 모욕했습니까? 그렇다면 인내심에 대해 천국에 준비되어 있는 영광에 그대의 초점을 맞추십시오. 그대는 조국을 빼앗겼나요? 그렇다면, 천상 예루살렘이 참으로 그대의 고향입니다. 아이를 잃었나요? 그러면 그대에게는 천사들이 있는데, 그대는 그 천사들과 함께 하느님의 어좌 주위에 모여 영원히 기뻐할 것입니다. 만일 그대가 현재의 고통을 미래에 있을 선과 견주어 본다면, 그대는 사도의 명령이 훈계하는 것처럼 슬픔과 동요 앞에서 그대의 영혼이 굳건하다는 것을 증명하게 될 것입니다. 세속적으로 성공했다 하더라도, 지나치게 기뻐하지 마십시오. 그리고 낙담과 경각심으로, 슬픔이 그대의 기쁨과 선한 영을 억누르지 못하도록 하십시오. 만일 그대가 그렇게 하지 못한다면, 그대는 생명의 비율에 대해 제대로 배우지 못한 것입니다. 그러면 그대는 결코 폭풍우가 없는 평온한 삶을 살지 못할 것입니다. 그러나 그대가 그대에게 영원한 기쁨을 가르쳐 주는 이 가르침을 동반자로 삼을 때, 그대는 슬픔을 가볍게 견딜 수 있을 것입니다. 그러므로 육체의 짐을 벗어 버리고 영혼의 기쁨을 취하십시오. 그렇게 함으로써,

감사하기(설교 4)

그대는 세상의 것들 위로 자신을 들어 올리고 영원한 선에 대한 희망으로 그대의 영을 인도할 것이며, 영혼을 기쁨으로 채우고, 우리 주 예수 그리스도 안에서 우리 마음속에 천사들이 누리는 축복을 간직하게 될 것입니다. 그분께 영광과 권세가 세세 영원히 있나이다. 아멘.

분노하는 이들 반박(설교 10)

1. 의학적 처방이 정확하고 그것이 의학에서 가르치는 것과 일치할 때 그 유용성은 무엇보다 경험에서 입증됩니다. 영적 조언도 마찬가지입니다. 영적 조언이 그 결과로 효용성을 보여 준다면 그런 조언은 그것을 따르는 이들이 삶을 개선하고 완전함에 도달하는 데 유용하고 지혜로운 것이 분명합니다. 잠언에 "분노는 슬기로운 자조차도 멸망시킨다"(잠언 15,1 참조)라는 명쾌한 선언이 있습니다. 또 바오로 사도는 우리에게 이렇게 권고합니다. "모든 분노와 격분과 시끄러운 불평을 온갖 악의와 함께 내버리십시오"(에페 4,31 참조). 주님께서도 말씀하십니다. "자기 형제에게 성을 내는 자는 누구나 재판에 넘겨질 것이다"(마태 5,22). 자, 우리는 우리 안에서 일어나는 분노의 악습이 아닌, 갑작스러운 폭풍처럼 외부에서 우리를 공격하는 분노의 악습을 경험할 때, 하느님의 교훈이 뛰어남을 새삼 깨닫습니다. 만일 우리가 세차게 흐르는 강물에 물꼬를 터 주듯, 그런 분노에 굴복해 본 적이 있다면, 그러면서 이런 격노에 사로잡힌 사람들의 천박한 혼란을 차분히 관찰해 본 적이 있다면, 우리는 그들의 행동에서 "성을 잘 내는 사람은 보기에 좋지 않다"(잠언 22,24 참조)라는 말이 옳음을 인정하게 됩니다.

사실, 이 악덕은 일단 이성을 쫓아내는 데 성공하여 영혼에 대한 지배권을 차지하고 나면 사람을 완전히 야수처럼 만듭니다. 더 이상 이성의 도움을 받지 못하게 만들기 때문에 그런 사람은 사람 구실을 하기조차 어렵습니다. 이 격정으로 인해 일어난 분노의 결과는 독을 지닌 동물들의 독과 같습니다. 그들은 미친 개처럼 난폭해지고, 전갈처럼 덤벼들며, 뱀처럼 물어뜯습니다. 성경도 이 점을 알고 있기에 이 격정의 지배 아래 있는 사람들을 들짐승의 이름으로 부릅니다. 그들은 그들이 지닌 사악함으로 인하여 이미 들짐승처럼 되어 버렸기 때문입니다. 성경은 그들을 "벙어리 개들"(이사 56,10), "뱀들, 독사의 자식들"(마태 23,33) 등으로 부릅니다. 서로 파괴하고 동료 인간들에게 해를 끼치는 데에 열중하는 그들은, 천성적으로 인류에 대한 무자비한 적개심을 품고 있는 들짐승이나 맹독성 야생 동물로 여기는 것이 적절할 것입니다.

분노는 혀를 억제하지 못하게 만들어 말을 함부로 하게 만듭니다(야고 1,26 참조). 신체적 폭력, 모욕적인 행위, 욕설, 비난, 구타 그리고 셀 수 없을 정도로 많은 나쁜 것이 분노와 격분에서 나옵니다. 분노로 인해 칼은 날카로워지고 인간의 손이 감히 인간의 생명을 앗아 갑니다. 이러한 이유로, 형제들은 형제애를 잃어버렸고, 부모와 자녀는 본연의 유대 관계를 잊어버렸습니다. 화가 난 사람은 먼저 자기 자신에게, 그다음에는 모든 친구에게 이방인이 됩니다. 산의 급류가 계곡에서 계곡물과 거기에 있는 모든 것을 휩쓸고 지나가는 것처럼, 분노한 사람의 폭력적이고 통제되지 않는 공격은 모든 것을 휩쓸어 갑니다. 분노한 사람들은 자기보다 나이가 많은 이도, 고결한 삶도, 혈연관계도, 과거에 자신이 받았던 호의도, 명예에 합당한 그 어떤 것도 존중하지 않습니다. 분노는 일종의 일시적인 광기입니다. 분노의 희생자인 그들은 종종 공공연한 위험 속으로 곤두박질치곤 합니다. 그들은 복수에 대한 열망 때문에 종종 자기 자신도 잊고 스스로 해를 입힙니다. 그들은 그의 기분을 상하게 한 사람들에 대한 기억이 사방에서 쇠파리처럼 달려들어 울화가 치미는 것처럼 자신의 성질을 건드린 사람에게 어떤 상처를 입힐 때까지 쉬지 않고 화를 냅니다. 때로는 스스로 상처를 입기도 하는데, 어떤 물체를 세차게 던지면 타격을 받은 단단한 물체보다 던져진 것이 오히려 산산조각 나는 경우가 많기 때문입니다.

2. 이 악을 누가 제대로 설명할 수 있겠습니까? 사소한 이유로 화를 내고, 맹독성 짐승보다 더 무자비하게 소리치고, 분노하며, 먹이를 덮치는 격렬한 기질을 누가 제대로 설명할 수 있겠습니까? 분노의 격렬한 본성은 그 불꽃이 스스로 꺼지고 거품처럼 터져 돌이킬 수 없는 커다란 해를 입힐 때까지 떠나지 않습니다. 칼날도, 불도, 공포심을 불러일으키는 어떤 수단도 분노에 휩싸인 영혼을 저지할 수 없습니다. 그런 위협은 마귀 들린 자들보다 더 위험합니다. 분노한 사람들의 모습은 영혼의 상태에서 이들과 전혀 다르지 않습니다. 복수를 갈망하는 자들에게는 피가 마치 격렬한 불꽃 위에서 들끓고 부글부글 끓어오르는 것처럼 심장 주위로 끓어오릅니다. 밖으로 터져 나온 그의 격정은 모든 사람이 알고 있는 평소의 모습과는 전혀 다른 화난 사람의 모습입니다. 마치 연극용 가면을 써서 자신의 모습을 바꾼 것 같습니다. 그의 친구들은 그의 눈에서 평소의 표정을 찾아보지 못합니다. 그의 눈빛은 거칠어지고 눈에서 불이 뿜어져 나옵니다. 그는 돌진하려는 멧돼지처럼 이를 갈고 있습니다. 얼굴은 창백하고 피 범벅이며, 부어오른 몸은 무겁고, 핏줄은 터질 듯하고, 내면의 격렬한 폭풍 때문에 호흡이 힘들어집니다. 긴장된 그의 목소리는 거칠고 탁하며, 말은 논리도 앞뒤 순서도 없고, 의미도 없습니다.

분노가 몹시 심해져, 마치 불에 기름을 부은 듯 걷잡을 수 없는 지경에 이르렀을 때, 실로 그 모습은 형언할 수 없고 차마 보기 힘듭니다. 그의 손은 심지어 친족들에게까지 폭력을 가합니다. 그의 신체 어느 부분도 무기가 아닌 것이 없습니다. 그의 발은 가장 중요한 신체 장기를 무자비하게 짓밟고 눈에 보이는 모든 물건이 분노의 무기가 됩니다. 그리고 만일 그런 사람들이 똑같이 자신들을 위협하는 적을 발견하면, 곧

분노하는 이들 반박(설교 10)

분노의 또 다른 발작과 같은 광란에 빠진 자들이 만나면, 양쪽 모두가 엄청나게 사나운 악마의 졸개들처럼 서로에게 많은 상처를 입히고 서로 고통을 받습니다. 그런 진노의 결과로 그들은 불구가 되거나 심하면 종종 죽음에 이르기까지 합니다. 싸움은 두 사람 중 한 사람이 부당하게 다른 한 사람에게 폭력을 휘두름으로써 시작됩니다. 그러면 맞은 사람이 또 타격을 가하고 서로 양보하기를 거부합니다. 그들의 몸은 두들겨 맞아 녹초가 되지만, 그들은 분노 때문에 고통을 느끼지 못합니다. 그들의 모든 관심이 엄청난 복수심에 사로잡혀 있기 때문에, 그들은 자신들의 부상을 알아차릴 정신이 없습니다.

3. 그러니 하나의 악을 다른 악으로 고치려 하지 말고, 그런 일에서 남을 앞서려고 하지 마십시오. 불의한 싸움에서 이긴 사람은 더 불행합니다. 더 큰 죄를 지니고 떠나기 때문입니다. 그러므로 악을 악으로 갚지 말고, 악을 갚음으로써 악의 빚을 더 늘리지 마십시오. 만일 누군가가 홧김에 그대를 부당하게 대했다면, 침묵함으로써 악을 중단시키십시오. 그런데 그대는 내 조언을 받아들이지 않고, 적의 분노의 돌풍을 마음속으로 받아들인 다음, 그 분노를 분노의 바람이 불어오는 방향을 향해 던집니다. 그러면 역풍 때문에 바람이 되돌아오는 것처럼, 그 분노가 그대한테 되돌아옵니다. 그대의 적을 스승이나 본보기로 삼지 마십시오. 그대가 싫어하는 것을 모방하지 마십시오. 다시 말해, 화난 사람의 모습을 그대로 보여 주는 거울이 되지 마십시오. 그의 얼굴이 빨개졌습니다. 그런데 그대의 얼굴도 붉어지지 않았습니까? 그의 눈이 충혈되었습니다. 그런데 그대는 표정이 차분한가요? 그의 목소리는 쉬었습니다. 그대의 목소리는 부드럽습니까? 사막에서 소리를 지르면, 그

소리가 소리를 지른 사람에게 완벽하게 돌아오듯이 욕은 그 욕을 하는 사람에게 완벽하게 돌아옵니다. 아니, 메아리는 그대로 돌아오지만 욕소리는 뭐가 더 붙어서 돌아옵니다. 모욕하는 자들은 서로 어떤 말을 주고받습니까? 한 사람이 다른 한 사람을 시시껄렁한 인간에게서 난 하찮은 사람이라고 말합니다. 그러면 상대방은 그를 종놈에게서 난 종놈이라고 합니다. 한 사람은 "가난뱅이 품삯꾼"이라고 욕하고, 상대방은 "떠돌이"라고 응대합니다. 한 사람은 "멍청이"라고 소리치고, 한 사람은 "미친놈"이라고 외칩니다. 화살통이 비듯 모욕이 다 떨어질 때까지 그렇게 외칩니다. 그러다가 욕할 말이 다 떨어지면, 그들은 주먹질로 넘어갑니다. 이처럼 분노는 분쟁을 일으키고, 분쟁은 폭언을 낳고, 폭언은 주먹질을 낳고, 주먹질은 상처를 낳고, 상처는 종종 죽음을 초래합니다.

악을 애초에 끊어 버리고 어떤 방식으로든지 우리 영혼에서 분노를 몰아냅시다. 이렇게 악의 뿌리와 근원이 되는 것을 잘라 버리면 대부분의 악행을 막을 수 있습니다. 누가 그대를 모욕했습니까? 그를 축복해 주십시오. 그가 그대를 때렸습니까? 참으십시오. 그가 그대를 경멸하고 무시했습니까? 그대는 흙으로 만들어졌으니 흙으로 돌아간다는 것을 생각하십시오(창세 3,19 참조). 누구든지 이 같은 배려로 미리 자신을 무장하는 사람은 모든 모욕이 진실에 미치지 못한다는 것을 알게 될 것입니다. 이렇게 그대가 적의 조롱에 굴복하지 않는 모습을 보여 주면, 그대의 원수는 자신의 복수가 불가능하다는 것을 알게 될 것입니다. 또한, 그대는 다른 사람의 광기를 그대 자신의 철학을 실천하는 기회로 삼아 인내의 위대한 왕관을 스스로 얻게 될 것입니다. 그러므로 만일 그대가 내 말을 듣는다면, 그대는 그대에게 가해지는 모욕에도 견딜 수 있는 힘이 생길 것입니다. 만일 그가 그대를 평범한 사람, 천한 사람, 보잘것없는 사람이라고 부른다면, 그때 그대는 그대 자신을 흙과 재라고 부르십시오. 그대는 우리 조상 아브라함만큼 위대하지 못합니다. 그런데 아브라함이 자기 자신을 이렇게 말했습니다(창세 18,27 참조). 만일 그대의 적이 그대를 멍청하고, 거지이며, 쓸모없는 자라고 말한다면, 그대는 다윗처럼 자신을 똥구덩이에서 태어난 '벌레'(시편 22,7 참조)라고 말하십시오. 여기에 모세의 고귀한 행실도 추가하십시오. 모세는 아론과 미르얌에게 욕을 먹었을 때, 하느님께 그들을 비난하지 않고 그들을 위해 기도했습니다(민수 12,1 이하 참조). 그대는 성도들, 하느님의 벗들의 제자가 되고 싶습니까? 아니면 악의 영으로 가득 찬 사람들의 제자가 되고 싶습니까?

그대는 다른 사람을 비방하고 싶은 유혹이 들 때마다, 인내심을 발휘하여 하느님 편에 설 것인지 아니면 분노에 굴복하여 그분의 적에게로 달려갈 것인지 시험받고 있다고 생각하십시오. 그대는 그대의 이성이 좋은 몫을 선택할 기회를 주십시오. 그대는 적에게 온유함의 본보기를 보여 줌으로써 어떤 식으로든 도움을 줄 수도 있고, 아니면 그를 경멸함으로써 더 가혹한 복수를 할 수도 있기 때문입니다. 적이 자신의 원수에게 모욕이 전혀 통하지 않는 것을 보는 것보다 더 고통스러운 일이 어디 있겠습니까? 자제력을 유지하십시오. 그러면 모욕에도 끄떡없습니다. 적이 그대에게 아무리 짖어 대도 소용이 없게 하고 그의 분노가 스스로 폭발하도록 내버려 두십시오. 고통을 느끼지 않는 이를 때리는 사람은 자기 자신한테 복수하는 꼴이 됩니다. 왜냐하면 그는 원수에게 되갚는 데도 성공하지 못했고 자기 분노도 배출하지 못했기 때문입니다. 마찬가지로, 모욕에 끄덕 않는 이에게 욕을 퍼붓는 사람도 자신의 격정을 가라앉힐 방법을 찾을 수 없습니다. 아까도 말했듯이, 그의 마음만 갈기갈기 찢어질 뿐입니다. 나아가, 이런 상황에서 그대 각자는 어떤 별명으로 불리게 될까요? 그는 욕쟁이라고 불리지만 그대는 관대한 사람이라고 불립니다. 그는 화 잘 내는 고약한 사람이라고 불리지만 그대는 인내심 많고 온유한 사람이라고 불립니다. 그는 자신이 한 말에 대해 양심의 가책을 느끼겠지만 그대는 미덕을 실천한 것을 절대로 후회하지 않을 것입니다.

4. 왜 내가 이에 대해 이렇게 많은 말을 해야 합니까? 중요한 것은 바로 이것입니다. 그의 폭언은 그에게 하늘나라의 문을 닫아 버립니다. 폭언하는 자는 하느님 나라를 차지하지 못하기 때문입니다(1코린 6,10 참조). 반면에, 그대의 침묵은 그대에게 하느님의 나라에 들어갈 자격을 줍니다. "끝까지 견디는 이는 구원을 받을 것"(마태 10,22)이기 때문입니다. 그러나 만일 그대가 적과 함께 모욕을 주고받으면서 싸운다면, 나중에 뭐라고 변명을 할 것입니까? 그가 그대를 화나게 했다고요? 그 변명으로 용서를 받을 수 있겠습니까? 여자가 자신을 유혹하여 불륜을 저지르게 했다면서, 책임을 여자에게 돌리는 남자는 죄가 작다고 생각되지 않습니다. 적수가 없으면 왕관도 없고, 적이 없으면 쳐부술 일도 없기 때문입니다. 다윗의 말을 들어 보십시오. "죄인이 나를 대적했을 때" 그는 "나는 분노에 사로잡혔다"거나 "응징했다"라고 말하지 않고, "나는 내 입에 재갈을 물리고 겸손해졌으며 좋은 것들에서 멀리 떨어진 채 잠자코 있었네"(시편 39,2-3 참조)라고 말합니다. 그대는 그런 행동이 악하다고 생각하기 때문에 좋지 않게 봅니다. 그러면서도 그것이 마치 좋은 일인 양 그것을 흉내 냅니다. 그대는 비난받아 마땅한 일을 즐겁게 하고

있습니다. 아니면 다른 사람의 잘못은 꼼꼼하게 따지면서도, 그대 자신의 부끄러운 행동에 대해서는 아무렇지 않게 생각하는 것입니까? 모욕은 소모적인 악입니까, 아닙니까? 악이라면 따라 하지 마십시오. 다른 사람이 먼저 그대를 짜증나게 했다는 사실은 변명이 되지 않습니다. 아니, 내 생각에는 그대가 그대의 적에게 자제력의 모범을 보여 주지 않았기 때문에, 그가 그대를 못마땅해하는 것은 당연합니다. 그러나 그대는 그 성난 사람의 추한 모습을 보고서도, 그를 닮지 않으려고 스스로 경계하지 않고, 똑같이 불쾌해하고 짜증내고 화를 냈습니다. 그대의 그런 감정에 치우친 반응은 싸움을 먼저 시작한 이에게 핑곗거리를 제공해 줄 뿐입니다. 왜냐하면 그대의 그런 반응은 그대가 그 사람을 비난하지 못하게 만들고 오히려 그대 자신을 비난하게 만들기 때문입니다. 만일 분노가 사악하다면, 왜 그대는 "악을 피하지' 않았습니까?"(시편 37,27 참조). 만일 분노가 용서받을 가치가 있다면, 왜 그대는 상대방이 화를 내는 것을 불쾌하게 느꼈습니까? 그러니 그대가 먼저 화를 낸 것이 아니라 나중에 화를 냈다 하더라도 그대가 잘한 것은 아무것도 없습니다. 대회에서는 첫 번째 참가자가 왕관을 쓰는 것이 아니라, 우승자가 왕관을 씁니다. 결과적으로, 악한 행위를 시작한 사람뿐만 아니라, 악한 지도자를 따라 죄를 지은 사람도 단죄를 받습니다.

만일 그가 그대를 가난뱅이 품삯꾼이라고 불렀다 칩시다. 이것이 사실이라면, 진실을 받아들이십시오. 만일 그의 말이 거짓말이라면, 그의 말 따위가 그대와 무슨 상관입니까? 사실을 넘어서는 칭찬에 뿌듯해하지도 말고 그대에게 해당하지 않는 모욕에 대해 화를 내지도 마십시오. 그대는 화살이 단단하고 저항력 강한 물체를 뚫는 것을 보지 않습니까? 그런데 그 힘이 부드럽고 유연한 물체에 의해 약해집니다. 욕도 마찬가지라는 사실을 기억하십시오. 욕에 반격하는 자는 욕에 찔리지만, 양보하고 길을 내주는 이는 그에게 던져진 악을 자신의 온유한 성품으로 녹여 버립니다.

그런데 그대는 왜 '가난한 사람'이라 불린다고 짜증스러워합니까? 그대의 본성을 기억하십시오. 그대는 벌거벗은 몸으로 이 세상에 왔고 그런 몸으로 이 세상을 떠납니다(욥 1,21 참조). 벌거벗은 사람보다 더 가난한 사람이 어디 있습니까? '가난한 사람'이라는 지칭이 그대 자신에게 진짜로 들어맞는다고 생각하지 않는 이상, 그대는 경멸적인 이름으로 불리는 것이 아닙니다. 가난하다는 이유로 감옥에 끌려간 사람이 있습니까? 비난받을 만한 것은 가난하다는 사실이 아니라 가난을 당당하게 받아들이지 못하는 태도입니다. '부유하시면서도 우리를 위하여 가난하게 되신'(2코린 8,9 참조) 주님을 생각하십시오. 만일 그대가 어리석고 무지하다는 말을 듣는다면, 참된 지혜를 모독한 유대인들의 모욕을 생각해 보십시오. "당신은 사마리아인이고 마귀 들린 자다"(요한 8,48 참조). 만약 그대가 화난 행동을 한다면, 그대는 그대가 들은 욕이 사실임을 증명할 것입니다. 분노보다 더 어리석은 것이 무엇입니까? 만일 그대가 화내지 않고 침착을 유지한다면, 그대는 무례한 가해자에게 그대의 자제력을 실제로 보여 줌으로써 그를 부끄럽게 만들었습니다.

누가 그대를 때렸나요? 주님도 그렇게 맞으셨습니다. 누가 그대한테 침을 뱉었나요? 주님께서도 같은 일을 겪으셨습니다. "그분은 수모를 받지 않으려고 얼굴을 돌리지 않았기"(이사 50,6 참조) 때문입니다. 그대가 억울하게 누명을 썼나요? 그대의 재판관이신 그분도 그랬습니다. 그들이 그대의 옷을 찢었습니까? 그들은 내 주님이신 그분의 옷을 벗기고 그분의 옷을 서로 나누어 가졌습니다(마태 27,31.35 참조). 그대는 사형 선고를 받지도 않았고 십자가에 못 박히지도 않았습니다. 그대가 주님처럼 될 수 있으려면 아직 많은 것을 더 빼앗겨야 합니다.

5. 이러한 각각의 고려 사항들을 그대 마음속에 담아서, 그것들이 불길을 제어하게 하십시오. 이러한 성찰을 통하여 미리 준비하고 그러한 기질을 습득함으로써, 우리는 심장이 뛰고 두근거리는 것을 막고 평온한 안정을 회복합시다. 사실, 이는 다윗이 말한 것이기도 합니다. "나는 준비되어 있고 근심하지 않습니다"(시편 119,60 참조). 그러므로 그대는 거룩한 사람들의 모범을 기억함으로써 폭력적이고 광적인 영의 움직임을 억제해야 합니다. 예를 들어, 힘센 다윗이 시므이의 분노를 얼마나 부드럽게 견디어 냈습니까? 다윗은 화를 내지 않고 하느님께로 자신의 생각을 돌리며 이렇게 말했습니다. "주님께서 다윗을 저주하라고 명하셨다"(2사무 16,10 참조). 그래서 시므이가 다윗을 피비린내 나는 자이며 악인이라고 욕했을 때, 다윗은 화내지 않고 마땅히 받아야 할 비난을 받은 것처럼 겸손했습니다. 그러므로 그대는 이 두 가지 결점에서 벗어나십시오. 하나는 그대 자신을 큰 보상을 받을 자격이 있다고 판단하는 결점이고, 하나는 다른 사람을 그대보다 많이 못하다고 생각하는 결점입니다. 그렇게 한다면, 우리가 모욕을 당할 때조차, 결코 우리 안에서 분노가 일어나지 않을 것입니다.

선행으로 혜택을 받고 더불어 크나큰 은혜를 입은 사람이 먼저 욕설과 독설을 퍼붓는 것은 참으로 부끄러운 일이며 배은망덕한 죄를 짓는 것입니다. 이것은 수치스러운 행동입니다. 고통을 겪는 사람보다 그 죄를 지은 사람에게 더 수치스러운 일입니다. 그대의 원수가 그대를 욕해도, 그대는 욕하지 마십시오. 그가 하는 말을 철학을 연습하는 훈련장으로 생각하십시오. 만일 그대가 찔리지 않았다면, 그대는 상처를 입지 않았습니다. 그리고 만일 그대의 영혼이 어떤 상처를 입었다면, 그대 자신 안에 상처를 가두어 두십시오. 시편 저자가 "제 마음이 안에서 괴롭습니다"(시편 143,4 참조)라고 말하는 것은, 그가 자신의 감정을 겉으로 표현하지 않고, 마치 해안가에서 부서져 가라앉는 파도처럼 억누르고 있었기 때문입니다. 제멋대로인 소년이 존경스러운 사람이 나타나면 존중하는 것처럼, 그대의 열정도 그대의 이성이 나타나면 존중하게 하십시오.

분노에 굴복하는 데서 오는 해악을 어떻게 피할 수 있을까요? 분노가 우리 이성의 인도를 기다리도록 설득함으로써 악을 피할 수 있습니다. 아니, 무엇보다도 분노가 이성을 뛰어넘지 못하도록 하는 데 우리의 노력을 집중해야 합니다. 말(馬)을 굴레로 제압하듯 분노가 이성에 순종하게 하십시오. 그것이 결코 제자리를 떠나지 않고, 이성이 지시하는 대로 이끌려 가게 해야 합니다. 그러나 영혼의 분개하는 기능은 많은 미덕 행위에서 우리에게 도움이 됩니다. 예를 들어, 그것은 지휘관에게 무기를 맡겨 놓은 군인처럼, 명령이 떨어지면 어디든지 즉시 가서 도움을 주며, 죄에 대항해서는 이성의 동맹군이 되기도 합니다. 분개는 영혼의 힘줄과 같아서 선행을 완수할 수 있는 활력을 줍니다. 만일 영혼이 쾌락으로 느슨해지면, 분개는 쇠를 단련하여 단단하게 만들 듯 물렁하고 느슨해진 영혼을 엄격하고 씩씩한 상태로 회복시켜 줍니다. 만일 그대가 악한 사람을 보고도 분개하는 마음이 일어나지 않는다면, 그대는 그 사람을 마땅한 만큼 맹렬히 미워할 수 없습니다. 왜냐하면 죄에 대한 미움은 미덕에 대한 사랑만큼이나 강렬해야 한다고, 나는 믿고 있기 때문입니다. 그러기 위해서는 무엇보다 분개가 유용합니다. 분개는 마치 양치기 개처럼, 이성적 기능을 바싹 따를 때면 그것을 돕는 것들에게는 조용하고 유순하며 이성의 부름에 곧바로 순종하지만, 낯선 목소리나 얼굴에게는 그것이 호의를 베푸는 것처럼 보일지라도 사납게 굽니다. 그러나 친구나 동료가 부름에는 대뜸 복종합니다. 영혼의 분개 기능과 이성적인 부분 사이의 이러한 협력은 지극히 훌륭하고 적절합니다. 이런 식으로 사는 사람은 자기에 대한 음모에는 결코 타협하거나 물러지지 않을 것이며 해로운 것에게는 호의를 품지 않을 것입니다. 그러나 쾌락의 은근한 손짓에는 마치 늑대처럼 울부짖으며 그것을 찢어 발릴 것입니다. 분개를 제대로 다룰 줄 아는 이들에게는 실로 이것이야말로 분개의 유용함입니다.

각 기능들이 서로를 어떻게 사용하느냐에 따라 그것을 소유한 자에게 선이 되기도 하고 악이 되기도 합니다. 예를 들어, 영혼의 욕망하는 기능을 육체의 쾌락과 불순한 즐거움에 사용하는 사람은 음탕하고 가증스럽지만, 영혼의 이 능력을 하느님 사랑과 영원한 선에 대한 욕망으로 향하게 하는 사람은 복되고 본받을 만합니다. 이성적인 능력도 마찬가지입니다. 그것을 잘 관리하는 사람은 신중하고 총명하지만, 이웃을 해칠 목적으로 자신의 지력를 연마하는 사람은 말썽꾸러기이고 악당입니다.

6. 그러므로 창조주께서 우리의 구원을 위해 우리에게 주신 능력을 우리 자신을 위한 죄의 기회로 삼지 맙시다. 다시 말하지만, 필요한 때에 필요한 방식으로 분개하면 용기와 인내, 자제력이 생깁니다. 그러나 올바른 이성에 어긋나게 화를 내고 행동하면, 그것은 광기가 됩니다. 그래서 시편 저자는 우리에게 다음과 같이 권고합니다. "분노하여 죄 짓

지 마라"(시편 4,5 참조). 더욱이 주님은 분노에 이유 없이 굴복하는 자는 단죄하시겠다고 위협하시지만, 필요한 경우에 약으로 사용되는 분노에 대해서는 막지 않으십니다. "나는 너와 뱀 사이에 적개심을 일으키리라"(창세 3,15). 그리고 "미디안인들이 너를 그들의 원수로 찾게 하여라"(민수 25,17 참조)라는 주님의 말씀은 우리에게 분노를 무기로 사용하라고 가르칩니다. 그래서 그 누구보다 온유한 모세(민수 12,3 참조)는 우상 숭배에 대해 벌을 줄 때 그들의 형제를 죽이라고 레위인들 손에 무기를 쥐어 줍니다. 그는 이렇게 말했습니다. "너희는 각자 허리에 칼을 차고, 진영의 이 대문에서 저 대문으로 오가면서, 저마다 자기 형제와 친구와 이웃을 죽여라"(탈출 32,27 참조). 그리고 조금 뒤에 가서는 이렇게 말했습니다. "오늘 너희는 저마다 자기 아들이나 형제에 대한 대가로 주님을 위한 직무를 맡았다. 그분께서 오늘 너희에게 복을 내리시기를 빈다"(탈출 32,29). 피느하스의 행동이 어째서 정당했습니까? 불륜을 저지른 자들에 대한 그의 분노가 정당했기 때문 아니었습니까? 그는 매우 인정 많고 온유한 사람이었지만, 잠브리와 미디안 여자가 그들의 수치스러운 행동을 감추지도 않고 내놓고 뻔뻔스럽게 불륜을 저지르는 것을 보자 참지 않고 분개를 올바로 사용하여 두 사람을 창으로 찔러 죽였습니다(민수 25,8 참조). 그리고 사울이 하느님의 명령을 따르지 않고 아말렉 왕 아각을 살려 주자, 사무엘이 정의로운 분개로 아각을 쳐 죽이지 않았습니까?(1사무 15,33 참조). 이런 식으로, 분개는 종종 선행을 돕습니다. 또 다른 예로, 열정적 인물 엘리야가 수치스러운 짓을 저지른 제사장 사백오십 명과 숲의 제사장 사백 명을 죽인 것은 온 이스라엘의 유익을 위해 실천한 의도적이고 합리적인 분개였습니다(1열왕 18,19 이하 참조).

그런데 그대는 사소한 이유로 형제에게 화를 냅니다. 확실히, 상대방이 그대를 건드린다는 이유만으로 그대가 그에게 화를 낸다면 그것이 어찌 정당하겠습니까? 그대가 그렇게 행동한다면, 그대는 돌을 던지는 사람을 물지 못하니 돌을 입에 무는 개처럼 행동하는 것입니다. 그런 행동을 당하는 사람은 동정을 받을 만하지만, 화를 내는 사람은 미움을 받아 마땅합니다. 그대는 사람을 죽이는 자, "거짓의 아비"(요한 8,44), 죄의 일꾼에게 분개하고, 그대의 형제는 동정하십시오. 그가 계속 죄 안에 머문다면, 그는 악마와 함께 영원한 불 속으로 던져질 것이기 때문입니다.

그런데 분개(*thumós*)와 분노(*orgē*)는 단어가 다르듯이, 의미도 서로 매우 다릅니다. 분개는 말하자면, 불타오르는 격정의 갑작스러운 분출입니다. 반면에 분노는 지속되는 불만이며, 마치 영혼이 우리에게 잘못을 저지른 이들에 대한 응징을 갈망하는 듯 복수에 대한 지속적인 충동입니다. 이처럼 인간은 두 가지 잘못의 영향 아래 있습니다. 하나는, 자극에 쉽게 과도하게 반응하는 것이고, 다른 하나는, 자신에게 잘못한 이들에게 갚아 주려고 교묘하게 덫을 놓고 틈을 엿본다는 것입니다. 이 두 가지는 다 잘못된 것이니 경계해야 합니다.

7. 그렇다면 어떻게 해야 우리가 피해야 할 격정에 자극받지 않을 수 있을까요? 어떻게 하면 될까요? 첫째, 주님께서 말씀으로 가르치시고 행동으로 직접 보여 주신 겸손을 배우십시오. 주님께서는 언젠가 "너희 가운데 누구든지 첫째가 되려면, 모든 이의 꼴찌가 되어야 한다"(마르 9,35)라고 말씀하셨습니다. 그리고 그분은 당신을 때린 자를 온화하고 침착하게 참아 주셨습니다(요한 18,22-23 참조). 그분은 하늘과 땅의 창조자이신 주님이시고, 감각과 이성을 가진 모든 피조물에게 사랑받으

시는 분이시며, 만물을 당신의 강력한 말씀으로 지탱하시는 분이십니다(히브 1,3 참조). 그분은 당신을 때린, 살아 있는 그 사람을 지옥에 던지지 않으셨습니다. 그 불경한 자에게는 땅이 저절로 열렸을 것입니다. 오히려 그분은 그에게 다음과 같이 훈계하고 가르치셨습니다. "내가 악을 이야기하였다면, 그 악의 증거를 대 보아라. 그러나 옳게 이야기하였다면, 왜 나를 치느냐?"(요한 18,23 참조). 만일, 주님의 명령에 따라, 그대가 스스로 꼴찌가 되는 데 익숙해졌다면, 어떤 상황에서 그대의 존엄성이 모욕당했다는 이유로 불쾌감을 느끼겠습니까? 만일 어린아이가 그대에게 욕하면, 그대는 그 아이의 욕을 웃어넘길 것이고, 만일 미친 사람에게 모욕을 당하면, 그대는 그를 증오하기보다 오히려 동정할 것입니다. 그러니까 화가 치밀어 오르는 것은 그 사람이 한 말 때문이 아니라, 우리를 욕한 사람에게 상처를 받은 우리의 교만 때문입니다. 그리고 모든 사람이 자기 자신에 대한 비현실적인 생각을 하고 있기 때문입니다. 만일 그대가 이 두 가지를 마음속에서 치워 버린다면, 그대는 그대에게 던져진 모욕을 공허한 메아리에 불과하다고 생각할 것입니다. 그러니 그대는 "사람들의 모든 불경과 불의에 대한 하늘에서부터 나타나는 진노의 재판에서 벗어날 수 있도록"(로마 1,18 참조) "노여움을 그치고 성을 가라앉히십시오"(시편 37,8). 만일, 그대가 이성을 현명하게 사용하여 분노의 쓴 뿌리를 잘라 낼 수 있다면, 그대는 많은 악덕의 원천인 분노뿐만 아니라 다른 많은 악덕도 없앨 수 있을 것입니다. 속임수와 의심, 불신, 악의, 배반, 성급함 같은 온갖 악덕이 바로 이 악에서 나온 가지들입니다. 그러므로 스스로 이렇게 큰 불행을 초래하지 맙시다. 분노는 영혼의 병이며, 이성을 뒤덮은 어두운 안개입니다. 분노는 하느님에게서 멀어지게 하고, 친척들의 결속을 잊게 만들고, 분쟁의

분노하는 이들 반박(설교 10)

원인이 되는 재난 그 자체입니다. 그것은 우리 영혼에 태어난 사악한 마귀이며, 뻔뻔스러운 임차인처럼 우리 내면을 미리 점령하여 성령께서 들어오실 입구를 막아 버립니다. 반목과 분노의 폭발, 음모와 경쟁이 영혼에 끊임없는 동요를 일으킬 때마다, 온순함의 영은 안식을 취하지 못합니다. 그러므로 복된 바오로의 훈계에 따라, 모든 분노와 격분과 소란을 모든 악의와 함께 내버리고(에페 4,31 참조), 온유한 이들에게 약속된 축복받은 희망을 기다리며 서로에게 친절하고 동정심을 가지도록 합시다. 왜냐하면 주님께서 "행복하여라, 온유한 사람들! 그들은 땅을 차지할 것이다"(마태 5,5)라고 말씀하시기 때문입니다. 우리 주 예수 그리스도께 영광과 주권이 세세에 영원히 있나이다. 아멘.

질투에 관한 설교(설교 11)

1. 하느님은 선하시며, 합당한 자에게 축복을 주시는 분이십니다. 마귀는 사악하며, 모든 형태의 죄악을 꾀하는 자입니다. 그리고 질투심으로부터의 자유가 선과 일치하는 만큼, 질투심은 마귀와 관련이 있습니다. 그러므로 형제 여러분, 우리 모두 질투라는 악을 멀리합시다. 우리의 적인 마귀의 일에 동참하여 그와 함께 심판을 받는 일이 없도록 합시다. 교만한 사람이 마귀에게 선고된 심판을 받게 된다면(1티모 3,6 참조), 질투하는 사람이 어떻게 마귀를 위해 준비된 형벌을 피할 수 있겠습니까? 질투보다 더 해로운 악덕은 인간의 영혼에 심겨 있지 않습니다. 질투는 무엇보다도 먼저 질투의 죄를 지은 사람에게 개인적인 피해를 주고 다른 사람들에게는 조금도 해를 끼치지 않습니다. 녹이 쇠를 부식시키는 것처럼, 질투는 영혼을 부식시킵니다. 더군다나, 독사가 자신을 잉태한 자궁을 갉아 먹고 태어나는 것처럼, 질투는 자신을 낳은 영혼을 집어삼킵니다.

질투는 이웃이 잘될 때 생기는 고통입니다. 그래서 질투하는 사람에게는 비탄과 절망이 떠날 새가 없습니다. 이웃의 땅이 비옥하면, 그의 집에 이 세상의 모든 재물이 풍부하면, 그 사람이 마음의 기쁨을 계속 누리면, 이 모든 것이 질투하는 사람의 병을 악화시키고 고통을 증가시킵니다. 그래서 그는 온몸이 상처투성이인 벌거숭이와 똑같습니다. 용감한 사람이 있나요? 잘생긴 사람이 있나요? 이런 것들이 질투하는 사람에게는 한 방 때리는 타격입니다. 그보다 잘생긴 사람이 있다고요? 이것 또 한 방입니다. 누구누구가 남달리 뛰어난 머리를 타고났나요? 그가 지혜와 유창한 말솜씨 때문에 칭찬받고 존경받고 있나요? 부자이면서 자기 재산을 자선하고 도움이 필요한 사람과 나눔으로써 큰 영예를 받고, 그의 혜택을 받은 사람들로부터 큰 찬사를 받는 그런 사람

질투에 관한 설교(설교 11)

이 있나요? 이런 모든 것이 질투하는 사람에게는 마음 한가운데를 때리는 타격이요 상처입니다. 그리고 이 병을 가장 견딜 수 없게 만드는 것은 질투하는 사람이 그것을 드러낼 수 없기 때문입니다. 오히려 그는 이 악에 대한 두려움으로 수치심과 우울함, 괴로움, 신음 속에서 고개를 숙입니다. 그러나 고통의 원인을 물으면, 그는 자신의 고통을 털어놓기를 부끄러워합니다. "나는 원망스럽고 비통합니다. 내 친구의 재산이 나를 화나게 합니다. 나는 내 형제가 기뻐해서 우울해요. 나는 다른 사람이 복을 누리는 것을 도저히 보고 있을 수가 없습니다. 내 이웃의 행복이 나에게는 불행입니다." 그가 진실을 말할 의향이 있었다면, 이렇게 말했을 것입니다. 그러나 그는 이 사실을 절대로 드러내지 않기로 선택했기 때문에 마음속 깊은 곳에 자신의 병을 가두어 두고 있으며, 그 병이 서서히 그의 속을 갉아먹습니다.

2. 그래서 그는 성경에 그러한 치료법이 가득 있음에도 불구하고, 자신의 병을 치료할 의사도 찾아가지 않고 치료제를 구할 수도 없습니다. 그 대신 이 병자는 이 고통을 누그러뜨릴 오직 한 가지만을 기다립니다. 그것은 그가 질투하는 사람들 가운데 하나가 불행을 당하는 것을 보는 것입니다. 이것이 그의 증오의 목표입니다. 자신이 질투하는 사람이 행복하지 않은 것을 보는 것, 곧 칭송받고 부러움을 사던 사람이 연민의 대상이 되는 것입니다. 그는 친구가 우는 것을 보면, 친구가 깊이 슬퍼하는 것을 보면, 그제야 친구에게 마음을 풀고 비로소 친구가 됩니다. 그는 즐거워하는 자와는 기뻐하지 않지만, 슬퍼하는 자와는 눈물을 흘립니다. 그는 친구의 인생 역전, 곧 그가 그렇게 잘나가다가 그렇게 비참한 신세가 된 것을 동정하며, 친구의 과거를 몹시 아름답게 말합니

다. 그가 이렇게 하는 것은 그가 인간적이고 인정이 많아서가 아니라, 새 친구의 불행을 더욱 끔찍하게 보이게 하려는 것입니다. 그는 그 친구의 아이가 죽은 후에야 그 아이를 칭찬하고 무수한 찬사를 늘어놓습니다. "그 아이가 얼마나 예뻤던가! 참으로 똑똑했지! 못하는 게 하나도 없었지!" 그는 아이가 살아 있는 동안에는 칭찬 한마디하지 않았습니다. 그런데 다른 많은 사람이 같이 그 아이를 칭찬하면, 그는 태도를 바꿔 죽은 아이를 질투합니다. 그는 다른 사람이 재물을 잃어버린 후에야 그 재물에 감탄합니다. 그는 누가 병이 들었을 때에야 신체의 우아함이나 활력, 건강을 칭송합니다. 간단히 말해, 그는 현재의 좋은 것들에 대해서는 적이고, 사라졌을 때에는 그것들의 친구입니다.

3. 무엇이 이 병보다 더 치명적일 수 있을까요? 이 병은 우리의 삶을 망치고, 본성을 어그러뜨리며, 하느님께서 우리에게 주신 좋은 것들을 증오하게 하고, 우리를 하느님과 적대 관계에 놓이게 합니다. 무엇이 모든 악의 근원인 저 마귀를 인간과 격렬하게 싸우게 만들었을까요? 질투가 아닙니까? 질투로 인해 마귀는 하느님과 내놓고 싸우는 자가 되었습니다. 그는 인간에 대한 하느님의 관대함에 앙심을 품고, 하느님께는 복수할 수 없으니 인간에게 복수했습니다. 카인은 마귀와 똑같이 행동함으로써(1요한 3,12 참조) 자신이 마귀의 첫 제자라는 것을 보여 주었습니다. 그는 질투와 살인을 모두 마귀한테서 배웠습니다. 바오로 사도도 이 두 가지 죄악이 같이 이루어지는 데 대해 말합니다. "질투와 살인으로 그득합니다"(로마 1,29). 그는[1] 어떤 짓을 했나요? 카인은 하느님께

---

1 카인.

서 아벨에게 영예를 주시자 질투심에 불탔습니다. 그 명예를 주신 분에게 타격을 입히고자 그것을 받은 이를 죽였습니다. 하느님과 싸울 수 없으니 차선책으로 친동생을 죽인 것입니다(창세 4,11-16 참조).

　형제 여러분, 이 병으로부터 달아납시다. 이 병은 우리에게 하느님과 싸우라고 가르칩니다. 그것은 살인의 어미이며, 본성에 대한 폭력이고, 가장 가까운 친족 관계도 잊게 만들며, 가장 비이성적인 동기 때문에 스스로 불행을 불러옵니다. 나의 형제여, 왜 그대는 아무런 끔찍한 일도 겪지 않았는데 괴로워합니까? 왜 그대는 그대의 재산에 손해를 입히지도 않은 사람이 번영을 누린다고 미워하는 것입니까? 사실, 누군가가 그대에게 친절을 베풀 때, 그대가 그것을 못마땅하게 여긴다면, 그대가 받은 바로 그 혜택을 그대가 질투한다는 것이 명백하지 않나요? 사울이 바로 그랬습니다. 그는 다윗이 그에게 큰 호의를 베풀자 그것 때문에 다윗에게 적개심을 품었습니다. 첫째, 사울은 다윗이 수금으로 연주한 그 선율과 신성한 노래를 듣고 광기에서 풀려나자, 그의 은인인 다윗을 창으로 찔러 죽이려고 했습니다(1사무 16,23; 18,10-11; 19,9-10 참조). 그다음에, 다윗이 적들로부터 그와 군대의 목숨을 구하여 골리앗에게 수모를 당하지 않게 해 주었습니다(1사무 17,1-58 참조). 그 승리의 축하 행사에서 무용수들은 다윗이 세운 승리의 공이 열 배나 더 크다고 말했습니다. "다윗은 수만을 치시고 사울은 수천을 치셨다네"(1사무 18,7). 진실인 이 말 한마디 때문에, 사울은 처음에는 그를 직접 죽이려 했고 나중에는 계략을 써서 그를 죽이려고 했지만(1사무 18,20-19,7 참조), 죽이지 못하자 다윗이 도망가지 않을 수 없게 만들었습니다(1사무 19,11-18 참조). 그러나 그때까지도 사울은 증오심을 버리지 않고, 결국 삼천 명을 거느리고 광야를 샅샅이 뒤졌습니다. 만일 누가 사울에게 이 전쟁의 구실을 물었다면, 그는 다윗이 자신에게 보여 준 호의 때문에 그런 것임을 인정하지 않을 수 없었을 것입니다. 게다가 쫓기던 다윗에게 잠든 현장을 들켜 쉽게 도륙당할 수도 있었지만, 이번에도 의로운 사람, 다윗이 그를 살려 주었습니다. 다윗이 그를 죽이지 않았던 것입니다(1사무 24,1-22 참조). 이런 은혜에도 불구하고 사울의 마음은 바뀌지 않았습니다. 그는 또 다시 병사들을 모아, 또 다윗을 뒤쫓았습니다. 그는 다윗에게 동굴에서 두 번째로 잡혔습니다(1사무 26,1-25 참조). 여기에서 그는 다윗의 덕이 얼마나 더 탁월한지 보여 주는 동시에 그 자신의 사악함을 더욱 분명하게 드러냈습니다.

질투는 가장 길들이기 어려운 형태의 증오입니다. 친절한 행동은 다른 이유로 우리에게 적대적인 사람들은 부드럽게 만들지만, 질투심 많고 악의적인 사람에게 베푸는 친절은 그의 미움을 더욱 키울 뿐입니다. 그들은 다른 이가 친절을 베풀면 베풀수록, 더 분개하고 불쾌하고 역겨워합니다. 그는 자신에게 베푼 친절에 감사하기보다 친절을 베푸는 사람의 능력에 더 화가 나 있기 때문입니다. 어떤 야수가 이런 사람보다 더 사납습니까? 어떤 들짐승이 이 사람보다 더 잔인합니까? 개는 먹이를 주면 순해집니다. 사자는 상처를 싸매 주면 길들여집니다. 하지만 질투하는 사람들은 친절하게 대우받으면 더욱 야만성을 띱니다.

4. 무엇이 고귀한 태생인 요셉을 종으로 만들었습니까? 형들의 질투가 아니었습니까?(참조: 창세 37,28; 사도 7,9). 이 이야기에서 이 질병이 불러오는 어리석음에 주목해야 합니다. 그들은 요셉의 꿈이 실현될까 봐 두려워 요셉을 종으로 팔아넘겼습니다. 그가 종이 되면, 아무도 그에게 경의를 표하지 않아도 될 거라고 생각했습니다(창세 37,5-28 참조). 만일 꿈

질투에 관한 설교(설교 11)

이 사실이라면, 어떤 계략이 예언된 사건들이 실현되는 것을 막을 수 있을까요? 만일 꿈에서 본 환시가 가짜라면, 망상에 빠진 사람을 무엇하러 질투합니까? 사실, 요셉 형제들의 계략은 하느님의 섭리 덕분에 헛일이 되었습니다. 그들이 그 예언을 미리 방지하려고 궁리해 낸 일은 그 예언이 이루어지는 수단이었음이 드러났습니다. 결국, 만일 요셉이 팔려가지 않았다면, 이집트로 갔을 일도 없고, 정결한 그가 그 부정한 여자의 음모에 걸려들지도 않았을 것입니다. 감옥에 갇혀 파라오의 신하들과 친해졌을 일도, 또한 파라오의 꿈을 해몽할 일도 없었을 것입니다. 그 꿈들을 해몽한 덕분에 그는 이집트를 다스리게 되었고, 기근 때문에 형제들이 그에게 왔을 때, 형제들의 존경을 받았습니다(창세 39-43장 참조).

이제 유대인들의 광기가 구원자에 대하여 불러일으킨, 그 끔찍한 질투심에 대해 생각해 봅시다. 그들은 왜 그분을 질투했습니까? 그분의 기적 때문입니다. 어떤 기적들이었습니까? 어려움에 처한 이들을 구하셨습니다. 굶주린 이들을 먹이자 그들을 먹이신 분에게 전쟁을 선포했습니다. 죽은 이들을 다시 살리시자 그들에게 생명을 주신 분은 질투의 대상이 되었습니다. 마귀들은 추방되었습니다. 마귀들을 쫓아내자 그들에게 떠나라고 명령하신 분은 음모의 희생자가 되셨습니다. 나병 환자는 깨끗해지고, 다리저는 이가 걷고, 귀먹은 이들은 듣고, 눈먼 이가 보게 되었는데(루카 7,22 참조), 이 모든 선한 일을 하신 분은 쫓겨났습니다. 그리고 마침내 그들은 후하게 생명을 주시는 분에게 사형을 언도했습니다. 그들은 인간을 해방시키신 분을 채찍질하고 세상의 재판관을 단죄했습니다. 이 모든 일이 사악한 질투 때문에 일어났습니다. 생명의 파괴자 악마는 질투라는 이 무기 하나로 세상의 시작 때부터 모든 사람에게 상처를 입히고 때려눕혀 오고 있으며, 세상이 끝날 때까지 그러할 것입니다. 우리의 파멸을 기뻐하는 그자는 질투에 걸려 넘어졌고, 바로 그 악덕을 통해 우리의 파멸을 불러옵니다.

그러므로 질투하는 사람과는 식사조차 같이하지 말라고 한 사람은 지혜로운 사람입니다(잠언 23,6 참조). 그는 식탁에 같이 앉는다는 말로 삶의 모든 사회적 교류를 이야기한 것입니다. 인화성 물질은 가능한 한 불에서 멀리 두어야 하는 것처럼, 질투하는 사람과의 교류는 가능한 한 피해야 합니다. 그렇게 한다면 우리 자신은 그들의 사정권 밖에 있게 됩니다. 질투는 조금만 가까이 해도 거기에 얽혀들 수 있습니다. 솔로 몬에 따르면, "사람은 이웃의 시기에 노출되어 있습니다"(코헬 4,4 참조). 그렇습니다. 스키타이인은 이집트인을 질투하는 것이 아니라 각기 자 기 동족을 질투합니다. 그리고 자기 나라 사람들 가운데에서 모르는 사 람들을 질투하는 것이 아니라 가장 잘 아는 사람들을 질투합니다. 그리 고 아는 사람들 가운데서도 이웃이나 직장 동료들, 그리고 자신과 가 까운 관계에 있는 사람들을 질투합니다. 그리고 이들 중에서도 자신과 동갑내기이거나 친척, 형제들이 질투의 대상입니다. 간단히 말해, 붉은 곰팡이는 밀이 가장 쉽게 걸리는 질병인 것처럼, 질투는 친구 사이에서 가장 걸리기 쉬운 질병입니다.

그런데 이 악에도 한 가지 칭찬할 거리가 있습니다. 그것은 이 악에 더 격렬하게 휘둘릴수록, 그 악을 품은 이가 더 괴롭다는 것입니다. 강 한 힘으로 쏜 화살이 아주 단단한 표면에 부딪히면 튀어서 궁수에게 되 돌아오는 것처럼, 질투에서 나오는 감정도 질투하는 사람에게만 해를 끼치고 질투의 대상에게는 해를 끼치지 않는다는 것입니다. 누가 이웃 의 재산에 대해 괴로워한다 해서, 그의 짜증스러운 그 감정이 이웃의 재산을 줄어들게 한 적이 있나요? 그러나 질투하는 사람은 그런 괴로움에 시달리며 시들어 갑니다.

그러나 이 질투의 병을 앓고 있는 사람들은 독이 있는 동물들보다 훨씬 더 위험하다고 여겨집니다. 그런 동물들은 독을 주입하기 위해 물거나 쏩니다. 그럼 독에 감염된 신체 부위가 서서히 썩어 들어갑니다. 그런데 어떤 사람들은 질투하는 사람들이 그들의 눈빛만으로 다른 사람에게 불운을 불렀다고 생각합니다. 그래서 질투하는 사람들이 한창 때의 활력 넘치고 건강한 청년에게 주문을 걸면, 마치 파괴적인 홍수에 휩쓸리는 것처럼, 젊은이의 몸은 쇠약해지고 갑자기 체중이 줄며 시들어 간다고 생각합니다. 그러나 나는 이 설명은 민간의 망상이거나 뒷방 노인네들의 헛소리라고 생각합니다. 아무튼 내가 말하고자 하는 바는, 선한 모든 것을 싫어하는 마귀들은 자신들의 목적을 달성하기 위해 자신들의 의향에 부합하는 그런 행동을 이용한다는 것입니다. 그래서 마귀들은 질투하는 사람들의 눈을 자신들의 목적을 위해 사용합니다. 여러분은 여러분 자신이 무서운 마귀의 도구가 되는 것이 두렵지 않습니까? 여러분에게 아무런 잘못도 저지르지 않은 이들의 원수가 될 뿐만 아니라, 선하시며 질투를 모르시는 하느님의 원수가 되는데 말입니다.

5. 이 몹시도 역겨운 악에서 달아납시다. 그것은 뱀이 가르쳐 준 것이고, 마귀가 꾸며 낸 것, 불화의 씨앗, 형벌의 보증, 거룩함으로 가지 못하게 하는 장벽, 지옥으로 가는 길, 천국을 잃어버리는 원인입니다. 질투하는 사람은 얼굴만 보아도 알아볼 수 있습니다. 그들의 눈은 건조하고 탁합니다. 그들의 뺨은 움푹 들어갔고, 그들의 이마는 찌푸려져 있습니다. 그들의 정신은 이 격정 때문에 혼돈에 빠져 이그러져 있어 판

단력이 부족합니다. 그들 눈에는, 어떤 덕행도 칭찬할 만하지 못하고, 아무리 뛰어나고 우아한 달변도 본받을 만한 가치가 없으며 그 무엇도 다 그렇습니다. 독수리가 초원과 쾌적하고 향기로운 장소를 모두 내버려 두고 악취가 풍기는 곳에 이끌리듯이, 파리가 신선한 고기를 두고 상처가 썩는 곳에 모여들듯이, 질투하는 사람들은 삶의 밝음과 선행의 고귀함에서 눈을 돌려 썩은 것들에 관심을 기울입니다. 만일 어떤 사람이 뭔가 잘못하면, 사람들 사이에 흔히 있을 수 있는 실수이건만, 그들은 그 실수를 사방에 떠들고 그 실수가 그것을 저지른 사람들에게 낙인처럼 찍히기를 바랍니다. 그들은 무능한 화가들과 같습니다. 그들은 자신들이 묘사하는 인물의 정체성을 비뚤어진 코나 흉터, 타고났거나 사고로 기형이 된 지체들로 표현합니다. 질투하는 사람들은 칭찬받을 만한 것을 경멸할 만한 것으로 보이게 만드는 전문가이며, 덕을 그것과 비교되는 악덕으로 중상하는 데 능숙합니다. 그들은 용감한 사람을 무모한 사람이라고, 절제력 있는 사람을 냉정한 사람이라고, 의로운 사람을 가혹한 사람이라고, 영리한 사람을 교활한 사람이라고 합니다. 그들은 세련된 취향을 가진 사람을 까다로운 사람이라고, 관대하게 베푸는 사람을 낭비가 심한 사람이라고 합니다. 그런가 하면, 그들은 검소한 사람은 인색한 사람이라고 합니다. 일반적으로, 그들은 항상 모든 형태의 미덕을 정반대되는 악덕의 이름으로 부릅니다.

그럼 나는 어떻게 해야 할까요? 오늘의 설교를 이 악덕에 대한 비난으로만 그칠까요? 그렇게 한다면 그것은 절반쯤의 치료가 될 것입니다. 병자에게 자신의 병에 대해 적절한 관심을 갖도록 병의 심각성을 알려 주는 것은 결코 무익한 것이 아닙니다. 그러나 그 정도에서 그 환자를 버려둔 채 그를 건강으로 인도하지 않는 것은 병든 사람을 건강이 나빠진 상태로 방치하는 것과 다를 바가 없습니다. 그렇다면 무엇을 해야 할까요? 어떻게 하면 우리가 이 병에 걸리는 것을 피할 수 있을까요, 또 이 병에 걸렸다면, 어떻게 치유할 수 있을까요? 첫째, 인간의 번영과 명성, 육체적 건강 등, 이 세상의 모든 것은 위대한 것도 탐낼 만한 것도 아니라고 판단하는 것입니다. 우리는 최고의 선을 이런 일시적인 것의 관점에서 정의하지 않습니다. 우리는 영원하고 참된 재물을 공유하라는 부르심을 받았습니다. 그러므로 부자는 단지 그가 부자라는 이유로 샘낼 일이 아닙니다. 군주도 그가 높은 지위에 있다는 이유로 질투할 일이 아닙니다. 강한 사람도 그가 육체적인 활력을 갖고 있다는 이유로 질투하지 마십시오. 학자도 그가 뛰어난 웅변술을 지니고 있다고 해서 질투하지 마십시오. 이것들은 그것들을 잘 사용하는 사람들에게는 미덕을 실천하기 위한 도구들입니다. 그런 것들에는 그 어떤 본질적인 선도 들어 있지 않습니다. 그러므로 이런 것들을 악용하는 사람은 적에 대한 방어 수단으로 주어진 칼로 자진해서 자해하는 사람처럼 불쌍한 사람으로 여겨야 합니다. 그러나 자신의 소유물을 잘 관리하고 올바른 이성에 따라, 하느님으로부터 받은 재물을 집사처럼 관리하고 사적인 즐거움을 위해 재물을 축적하지 않는 사람, 그런 사람은 형제들에게 실천하는 사랑과 너그러운 성품 때문에 당연히 칭찬과 사랑을 받는 것입니다.

다시 말하지만, 어떤 사람은 정신적인 예리함이 뛰어나고, 하느님에 대한 설명과 그분의 신성한 말씀을 해석하는 능력이 탁월해서 존경을 받을 수 있습니다. 그런 사람을 질투하지 마십시오. 그리고 성경의 거룩한 말씀을 전하는 사람이 침묵하기를 바라지 마십시오. 그는 성령의 은총으로 청중들로부터 칭찬과 호의를 받기 때문입니다. 그 혜택은 모두 여러분의 것입니다. 만일 여러분이 그것을 기꺼이 받아들이기만 한다면, 여러분의 형제를 통해서 가르침의 선물이 여러분에게 주어집니다. 게다가, 솟아나는 샘물은 아무도 막지 않고, 태양이 빛날 때 눈가리개를 하는 사람도 없으며, 해를 바라보는 사람을 질투하는 사람도 없습니다. 그도 역시 이 축복을 누릴 수 있기를 기도합니다. 그리고 교회 안에 영적인 가르침이 샘솟고 경건한 마음이 성령의 은사로 가득 찰 때, 기쁜 마음으로 관심을 가져 보는 것이 어떨까요? 이 은혜를 감사하게 받아들이는 것이 어때요? 그러나 청중들의 박수갈채에 여러분의 마음이 따갑고, 여러분은 혜택도 칭찬도 받지 않았으면 하는 마음이 든다면, 우리 마음의 심판자 앞에서 여러분은 이에 대해 뭐라고 변명할 것입니까?

그러므로 영혼의 선을 우리는 본성상 선이라 여겨야 합니다. 만일 누가 재산이 많고 권력과 강인한 육체를 자랑스러워하며 자신이 가진 것을 올바르게 사용한다면, 그리고 그가 이 삶을 살아가기 위한 평범한 도구들을 소유하고 그런 것들을 올바른 이성에 따라 관리한다면, 우리는 그런 사람에 대한 애정을 갖고 존경해야 합니다. 그러나 그는 이러한 소유물을 올바르게 관리해야 합니다. 그는 자신의 풍요로움을 궁핍한 사람들에게 관대하게 베풀고, 허약한 사람들에게 육체적인 도움을 주고, 재산의 잉여 부분을 자신의 것이 아니라 가난한 사람의 것으로 여겨야 합니다. 반면에, 이런 재화에 대해 이렇게 생각하지 않는 사람은 누구나 악에 유혹당할 가능성이 많으므로, 질투할 것이 아니라 오히려 불쌍하다고 생각해야 합니다. 이것은 엄청난 수고와 노력을 기울여 자신의 영혼을 잃어버리는 길이기 때문입니다. 만일 부富를 불의를 저지르는 도구로 쓴다면, 그 부자는 불쌍합니다. 하지만 만일 부를 덕을 위해 쓴다면, 질투는 틀렸습니다. 왜냐하면 모든 사람이 이 부로부터 이익을 얻을 수 있기 때문입니다. 악의가 지나쳐 자신에게 좋은 것을 마다하지만 않는다면 말입니다.

요약하자면, 이성의 도움으로 여러분의 생각이 인간적인 것보다 높아져서 진정으로 고귀하고 칭찬할 만한 것에 열중한다면, 여러분은 썩어 없어질 세속의 것들을 탐욕이나 질투의 대상으로 절대로 여기지 않을 것입니다. 사실, 이런 마음을 지닌 사람에게는 질투심이 존재할 수가 없습니다. 그는 세속적인 것에 대한 갈망에 사로잡혀 세속적인 것에 큰 가치가 있다는 잘못된 믿음에 사로잡혀 있지 않기 때문입니다. 여러분이 영광을 갈망하여 무슨 일이 있어도 군중보다 더 빛나기를 원한다면, 그리고 이러한 이유로 2등의 자리를 참을 수 없다면 (이런 생각 자체가 질투의 기회가 되곤 하지요), 마치 물의 흐름을 바꾸는 사람처럼, 여러분의 열망을 덕의 획득을 향한 방향으로 바꾸십시오. 모든 종류의 세속적인 재물에 대한 욕망이나 세속적인 재물을 소유함으로써 얻게 되는 명예에 대한 욕망에서 완전히 벗어나십시오. 경건함의 이름으로 견뎌 내는 고통 속에서 정의롭고 절제하며, 지혜롭고 용감하며, 인내하십시오. 이렇게 하면, 여러분은 스스로 구원을 얻을 것이고, 선행을 실천하면 할수록 그 영광도 클 것입니다. 덕은 우리의 능력 안에 있으며 덕을 위해 열심히 노력하는 사람이 그 덕을 얻을 수 있습니다. 많은 재산, 육체적인 활력 또는 아름다움, 또는 높은 지위는 우리가 원한다고 생기는 것이 아닙니다. 그러나 만일 우리가 덕은 더 크고 더 오래 지속되는 선이며 보편적으로 바람직한 것이라고 인정한다면, 우리는 덕을 얻으려고 노력해야 합니다. 그러나 이는 영혼이 모든 악덕, 특히 질투심에서 벗어나 있어야 가능한 일입니다.

6. 이제 여러분은 위선이 얼마나 큰 악인지, 그리고 그것은 질투의 산물이라는 것을 분명히 알고 있습니다. 이 악은 무엇보다도, 사람들을 대할 때 겉과 속이 다릅니다. 위선자들은 겉으로는 자애로운 표정이지만 마음속 깊은 곳에는 증오를 감추고 있습니다. 마치 물로 덮여 있어, 부주의한 사람들에게 예기치 못한 재앙을 가져다주는 바닷속 바위처럼 말입니다. 이처럼 죽음이 그 근원에서 마치 샘처럼 우리에게로 흘러 들어와 축복을 잃게 하고, 하느님한테서 멀어지게 하며 율법을 위반하게 하고, 동시에 세속적 번영을 망치니, 우리는 바오로 사도의 말을 따릅시다. '헛된 영광을 바라지 말며, 서로 싸우지 말고, 서로 질투하지 말고'(갈라 5,26 참조), 오히려 '하느님께서 우리 주 예수 그리스도 안에서 우리를 용서하신 것처럼, 친절하고, 자비롭고, 서로 용서합시다'(에페 4,32 참조). 성부와 성령과 함께 주 예수 그리스도께 영광이 영원무궁토록 있나이다. 아멘.

주정뱅이들 반박(설교 14)

1. 오늘 저녁에 이 광경을 보고 있자니 말하고 싶은 마음이 굴뚝같지만, 전에 했던 충고가 허무하게 끝나 버렸다는 사실이 다시 말하고 싶은 충동을 누르고 내 의지를 무디게 만듭니다. 농부도, 처음에 뿌린 씨앗이 싹이 나지 않으면, 같은 밭에 또 씨앗을 뿌리기를 매우 주저합니다. 전에도 우리는 계속해서 여러분을 격려했고, 이 칠 주간의 단식 기간에 밤낮없이 여러분에게 하느님의 은혜로운 복음을 끊임없이 권고했습니다. 그렇게 많은 권고가 아무런 도움이 되지 않았으니, 오늘 우리가 다시 권고한다고 한들 무엇을 기대할 수 있단 말입니까? 오, 여러분은 얼마나 많은 날을 헛되이 지냈습니까? 오, 얼마나 많은 날을 모여서 헛되이 밤샘했습니까? 참으로, 헛된 일입니다! 선행에 진전이 있었다가 옛 습관으로 되돌아가는 사람들은, 자신의 수고에 대한 보상을 잃을 뿐만 아니라 더 무거운 단죄를 받습니다. 비록 그가 하느님의 좋으신 말씀을 맛보고 하느님 말씀의 신비에 대한 지식을 알게 되었다 하더라도, 그는 일시적인 쾌락에 사로잡혀 모든 것을 잃어버렸습니다. "왜냐하면 미천한 이들은 자비로 용서를 받지만, 권력자들은 엄하게 재판을 받을 것이기 때문입니다"(지혜 6,6). 단 한 번의 저녁과 원수의 단 한 번의 공격으로 그 모든 수고가 파괴되고 사라져 버렸습니다! 그러니 내가 이제 다시 말하고 싶겠습니까? 예레미야 예언자가 겪었던 일을 나도 겪게 되지 않을까 두렵지 않았다면, 나는 침묵을 지켰을 것입니다. 사실입니다. 예레미야 예언자가 불충한 사람들에게 말하지 않으려 하자, 그는 이런 일을 겪었다고 합니다. 그의 심장 속으로 불이 들어와, 온몸의 힘이 빠지며 그것을 견딜 수 없었습니다(예레 20,9 참조).

하느님에 대한 경외심을 잊어버리고 영원한 불을 우습게 보는 음란한 여자들은, 부활을 기억하며 집에 앉아 있어야 하는 날에, 하늘이 열리고 심판자께서 하늘에서 우리에게 나타나시는 것과 하느님의 나팔소리와 죽은 자들의 부활과 의로운 심판과 각자의 행실에 따르는 각자의 응보에 대해 생각해야 하는 날에, 이런 것들을 마음으로 생각하며, 마음의 사악한 생각을 정화하고, 눈물로 과거의 죄를 씻고, 그리스도께서 나타나실 그 중대한 날에 그분을 맞이할 준비를 해야 하는(참조: 사도 2,20; 묵시 6,17; 16,14) 날에, 그들은 이런 일은 하지 않은 채 그리스도의 종이라는 멍에를 벗어던지고, 머리에 쓴 정숙의 너울을 찢고, 하느님을 경멸하고, 천사들을 경멸하며, 아무 남자 앞에서나 추잡하게 행동하며, 머리카락을 흔들어 대고, 옷을 질질 끌며 살랑살랑 걸어 다닙니다(이사 3,16 참조). 그들은 음탕한 눈빛과 요란한 웃음소리로 광란의 춤을 추고, 젊은이들을 유혹하여 그들과 함께 온갖 방종한 행위를 저지르고, 도시 한가운데 있는 순교자들의 성지에서 무용단을 결성하여 성지를 자신들의 음탕한 작업장으로 만들었습니다. 그들은 음란한 민요로 분위기를 더럽히고,[1] 춤을 추며 발을 쿵쿵대어 부정한 발로 땅을 더럽히고, 젊은이들을 자기들 주변으로 끌어모았습니다. 그들은 참으로 거만하고 완전히 정신이 나갔으며, 아주 미쳤습니다. 그런 일에 대해 내가 어떻게 침묵할 수 있겠습니까? 내가 어떻게 해야 그들에게 합당할 만큼 한탄할 수 있겠습니까? 술 때문에 우리는 우리의 영혼을 잃어버렸습니다. 술은 제정신인 이에게는 하느님께서 나약함에 대한 위로로 주신 선물이지만, 이제 음탕한 자들에게는 방탕의 도구가 되었습니다.

2. 술 취함은 우리 자신의 선택에 의하여 쾌락을 통해 우리 영혼에 들

---

1   바실리우스 『단식에 관한 둘째 설교』 5 참조.

어오는 악마입니다. 술 취함은 사악함의 어미이며, 덕의 정반대입니다. 술은 용감한 사람을 겁쟁이로 만들고, 정숙한 사람을 음탕한 사람으로 만듭니다. 술에 취하면 사람들은 의로움을 알지 못하고, 신중함을 잃어 버립니다. 물이 불을 꺼 버리는 것처럼, 과도한 양의 술은 이성을 파괴합니다. 내가 술 취함을 반대하는 말을 하기를 주저했습니다. 왜냐하면 그것이 하찮은 악덕이거나 무시해도 좋은 것이어서가 아니라, 내가 무슨 말을 해도 아무 소용이 없기 때문입니다. 술취한 이는 꾸짖는 사람의 소리를 전혀 듣지 않으므로 아무리 꾸짖어도 헛될 뿐입니다. 그러면 우리는 누구에게 권면해야 할까요? 정작 권면이 필요한 사람들은 내 말을 듣지 않고, 정숙하고 깨어 있는 사람들에게는 내 말의 도움이 필요 없습니다. 그런 사람들은 이런 문제에서 벗어나 있기 때문입니다. 그렇다면 말하는 것은 소용이 없고 침묵하면 문제가 될 때, 이런 상황에서 나는 어떻게 해야 할까요? 우리가 술 취한 사람들을 돌보는 일에 소홀히 해야 합니까? 그런데 태만은 위험합니다. 그럼 다시, 내가 술 취한 사람들을 상대로 말을 해야 할까요? 그러나 우리의 말은 귓가에서 날아가 버립니다. 전염병이 마구 퍼지는 시기에, 몸을 돌보는 사람들은 예방 요법으로 더 튼튼하게 건강을 유지하지만, 이미 병에 걸린 사람들은 치료받기 어렵습니다. 마찬가지로 아마 나의 말도 여러분 가운데 절반에게만 도움이 될 것입니다.

3. 오 사람이여, 그대는 이성이 없는 짐승과 어떻게 다릅니까? 그대를 창조하신 분께서 그대에게 선물로 주신 이성 덕분에 그대가 모든 피조물의 통치자가 되고 주인이 된 것 아닙니까? 그러므로 누구든지 술에 취하여 지혜를 잃은 자는 분별없는 짐승에 비유되며 짐승 같아지게 됩

주정뱅이들 반박(설교 14)

니다(시편 49,13 참조). 사실, 나는 술에 취한 사람들은 짐승보다 훨씬 더 비이성적이라고 말하고 싶습니다. 네 발 달린 동물과 짐승은 모두 정해진 시기에 짝짓기하고 싶은 충동이 있습니다. 그러나 영혼이 술에 취한 사람들과 육체가 부자연스러운 열기로 가득 찬 사람들은 기회만 있으면 언제든 불결하고 추잡한 성교와 쾌락에 빠지기 때문입니다. 그리고 술은 그들이 야만적이고 이성이 없는 상태에 빠지게 할 뿐만 아니라, 지각도 뒤틀리게 하여 주정뱅이는 어떤 짐승보다도 못하다는 것을 보여 줍니다. 그 어떤 짐승의 시력과 청력이 주정뱅이처럼 뒤틀려 있습니까? 술에 취한 사람들은 가장 가까운 친척도 알아보지 못하고, 낯선 사람들에게 친한 친구인 것처럼 자꾸 들이대지 않습니까? 자신의 그림자가 시냇물이나 도랑인 줄로 착각하고 걸핏하면 자기 그림자를 뛰어넘지 않습니까? 술에 취한 사람들의 귀는 파도치는 바다의 굉음 같은 소리로 가득 차 있습니다. 땅이 오르막처럼 솟아오르고 산들이 자신을 둘러싸고 있는 것처럼 보입니다. 때로는 그는 웃음을 참지 못하고, 때로는 고통스러워하며 한없이 비통하게 울부짖기도 합니다. 용감무쌍하고 겁이 없다가 갑자기 겁에 질려 비겁해집니다. 잠이 귀찮고, 참을 수 없고, 숨이 막히며 사실상 죽음에 가까이 가 있습니다. 그런데 깨어 있을 때도 잠들었을 때보다 정신이 더 멍합니다. 술 취한 사람들의 삶은 한 편의 꿈과 같습니다. 그들에게는 겉옷도 없고 다음 날 먹을 것도 없지만 술에 취해 있는 동안에는 그들은 왕처럼 통치하고 군대를 이끌고 도시를 건설하고 재물을 나누어 주는 환상에 빠집니다. 그들의 마음속에서 끓어오르는 술이 바로 그들에게 이러한 환상과 엄청난 망상을 가득 채워 줍니다. 그런가 하면 술에 취해 정반대의 태도를 보이는 사람들이 있습니다. 그들은 모든 희망을 잃고, 낙심하며, 괴로워하고, 눈물을 흘리며, 아무 소리에나 겁을 먹고 쉽게 두려워합니다. 똑같은 술이 각 사람의 신체적 상황에 따라 이처럼 서로 다른 격정으로 영혼에 영향을 미칩니다. 어떤 사람들에게는 술이 혈액 순환을 자극하여 살갗이 붉어지게 하면서 유쾌하고 즐겁고 기쁘게 만들어 줄 수 있습니다. 그러나 어떤 사람들에게는 술이 압박감을 주어 혈관을 수축시키면서 정반대 태도를 띠게 합니다. 술 취한 사람들의 또 다른 격정에 대해 더 말할 필요가 있겠습니까? 불만과 짜증, 수다, 변덕, 고함, 소란, 멍청함, 분노 같은 것 말입니다.

4. 술은 샘에서 물이 갑자기 솟아나는 것처럼 쾌락에 대한 '자제력의 결핍'을 발생시키고, '물 섞지 않은 술'에는 음탕이라는 병이 곧장 뒤따릅니다.[2] 술 취한 사람들의 질병, 곧 술 취한 사람들의 정욕은 암컷들에 대한 어떤 짐승들의 발정보다 강렬하다는 것을 보여 줍니다. 이렇게 말하는 이유는 이성 없는 짐승들은 본성의 경계를 알지만, 술 취한 사람들은 남자에게서 여자를 찾고 여자에게서 남자를 찾기 때문입니다. 또한 취기 때문에 일어나는 모든 끔찍한 일을 말로 열거하기도 쉽지 않습니다. 전염병은 공기 자체가 부패하여 사람들의 몸에 조금씩 스며들기 때문에 시간이 흘러야 사람들이 전염병의 해로운 영향을 경험하게 됩니다. 그러나 술의 해로운 영향은 즉시 나타납니다. 술 취한 사람들은 자신의 영혼을 파괴하여 온갖 오명과 오점으로 낙인찍힌 뒤에도, 자신의 육체마저도 망가뜨립니다. 그들은 성적 쾌락에 지나치게 탐닉하기 때문에 몸이 나른하고 쇠약해질 뿐만 아니라, 쾌락으로 인해 그들의 몸

---

2 여기에서 바실리우스는 '*akrasia*'(자제력 부족)라는 단어와 '*akratos*'(물 섞지 않은 술)라는 단어를 사용하여 운을 맞추고 있다.

에 가해지는 부담 때문에 축 늘어진 채 활력 없는 몸을 짊어지고 다닙니다. 눈은 충혈되고 얼굴은 해쓱합니다. 그들은 숨 쉬는 것도 힘듭니다. 혀는 축 늘어져 있고, 그들의 고함치는 소리는 알아들을 수가 없습니다. 그들의 발은 아이들의 발처럼 비틀거립니다. 이성 없는 짐승들처럼 그들은 몸에서 나오는 배설물을 아무 데나 흘리고 다닙니다.

방종에 빠진 그들은 불쌍합니다. 폭풍우가 휘몰아치는 바다 위에서 파도에 잠겼다가 다시 위로 올라왔다 하는 사람들보다 더 불쌍합니다. 술 취한 사람들의 영혼도 이와 마찬가지로 술에 잠길 때 술 속으로 휩쓸려 들어갑니다. 그래서 폭풍우가 몰아치는 배에 물이 가득 차면, 배 안에 있는 화물을 바다에 버려야 하는 것처럼, 주정뱅이도 자신을 짓누르는 짐을 스스로 내려놓아야 합니다. 그러나 그들은 잦은 구토 때문에 자신들에게 부담을 주는 것들에서 벗어날 수가 없습니다! 위험한 바다를 항해하는 사람들은 바람과 바다 그리고 외부의 힘을 탓하지만, 주정뱅이는 제 발로 술 취함의 폭풍에 들어가기를 선택한다는 점에서 거친 바다를 항해하는 사람들보다 더 불쌍합니다. 악마에게 홀린 사람은 불쌍하지만, 술에 취한 사람은, 똑같은 일을 당한다고 하더라도, 자기가 선택한 악마와 씨름하는 것이기 때문에 우리의 연민을 받을 자격이 없습니다.

게다가, 술 취한 상태에 있는 사람들은 술로 인한 끔찍한 고통을 피하기 위해서가 아니라, 술 취한 상태를 무한정으로 늘리기 위해 마약을 만들어 냅니다. 왜냐하면 그들은, 술을 마시는 동안에는, 낮은 짧고 밤과 겨울은 금방 지나간다고 생각하기 때문입니다. 그러나 그들의 악행은 끝없이 계속됩니다. 술이 더 많은 술을 불러오기 때문입니다. 술은 만족을 모르고 계속 더 요구하며, 목마르게 하여 그로 인해 더 많이 마시고 싶어 하게 만듭니다. 그러나 그들은 자신들에게 술에 대한 탐욕스러운 욕망이 있다고 생각하면서도, 이와 정반대의 것을 경험하거나 의도적으로 정반대의 것을 선택합니다. 그들은 끊임없는 자기 방종으로 자신의 감각을 둔하게 만들기 때문입니다. 지나치게 많은 빛이 시력을 나쁘게 하고, 시끄러운 소리에 시달리는 사람들은 귀에 가해지는 과도한 진동으로 인해 완전히 귀머거리가 됩니다. 마찬가지로 심하게 술 취한 사람들은 쾌락에 대한 과도한 애착으로 인해 그들이 경험하는 모든 쾌락을 망쳐 놓는다는 사실을 알아차리지 못합니다.[3] 그들은 물 섞지 않은 술임에도도 불구하고 술이 맛이 없고 묽다고 생각합니다. 그리고 같은 자리에서 다른 것을 전혀 섞지 않은, 얼음처럼 차가운 신선한 술을 마시면서도, 술이 따뜻하다고 생각합니다. 그리고 지나치게 많은 술을 마시기 때문에, 몸 안에서 타는 불을 끌 수 없습니다.

"누가 비탄에 젖어 있느냐? 누가 애통해하느냐? 누가 싸움질하였느냐? 누가 원망하느냐? 누가 까닭 없이 상처를 입었느냐? 누가 슬픔에 잠긴 눈을 하고 있느냐? 늦도록 술자리를 뜰 줄 모르는 자들 혼합주를 맛보러 온 자들이다"(잠언 23,29-30). 이것은 탄식하는 말입니다. '술 취한 사람들은 하느님의 나라를 상속받지 못할 것이기 때문에'(1코린 6,10 참조) 탄식의 말을 듣는 것이 당연합니다. 그들은 술이 만들어 내는 정신적 혼란 때문에 '혼란'을 겪습니다. 그리고 술의 쾌락이 온몸에 퍼뜨리는 쓰라림 때문에 메스꺼움을 느낍니다. 제대로 걸을 수 없을 뿐 아니라, 손도 제대로 움직이지 못합니다. 술에 취하면 그 액체가 몸 전체에 전달되기 때문입니다. 그러나 이런 일을 겪기도 전에, 술을 마시는 바

---

3   바실리우스 『단식에 관한 둘째 설교』 8 참조.

로 그 순간부터, 술을 마시는 사람들의 뇌는 염증이 생긴 상태처럼 됩니다. 술이 내뿜는 연기로 대뇌막이 포화 상태가 되면, 머리는 견딜 수 없는 고통에 시달리기 때문입니다. 어깨를 똑바로 들 수 없고, 머리는 척추 위에서 헛돌아 고개가 이쪽으로 떨어졌다가 저쪽으로 떨어졌다가 합니다. '수다'는 술자리에서 흔히 볼 수 있는 과도한 잡담과 논쟁입니다. 마지막으로, 술 취한 사람들은 술에 취해서 똑바로 설 수 없는, '이유를 알 수 없는 괴로움'을 겪습니다. 이리 미끄러지고 저리 넘어지고 하니 그들의 몸이 '이유를 알 수 없는 괴로움'을 피할 수 없기 때문입니다.

5. 그러나 누가 술 취한 사람들에게 그런 말을 할 수 있겠습니까? 그들은 숙취로 머리가 아프고, 비몽사몽 중이며, 하품을 해 대고, 눈은 흐려지고, 구역질이 납니다. 그런 상태이니, 그들은 사방에서 "술에 취하지 마십시오"(에페 5,18), "술은 방탕을 낳고, 술에 취하는 것은 오만을 낳습니다!"(잠언 20,1 참조)라고 외치는 교사들의 소리에 아무런 관심도 기울이지 않습니다. 그들은 이러한 가르침을 무시하고, 기꺼이 만취의 끔찍한 결과를 경험합니다. 몸은 붓고, 눈은 축축해지고, 입은 바짝바짝 탑니다. 녹은 눈이 급류처럼 쏟아지면 계곡에 물이 가득 차지만, 물이 모두 빠져나가면 계곡은 마른 채로 남아 있습니다. 마찬가지로, 술에 취한 사람의 몸도 그 사람의 몸 안에 술 웅덩이가 생기면 눅눅하고 축축하지만, 술이 조금이라도 빠져나가면 몸은 마르고 습기가 없는 것이 드러납니다. 그런데 과도한 양의 술로 인해 몸이 계속해서 압도당하고 침수되면, 몸은 활력을 잃습니다. 어떤 인간의 체질이 만취의 해악을 견딜 수 있을 만큼 강하단 말입니까? 몸이 계속해서 뜨거워지고 계속해

서 술에 젖어 있으면, 어떻게 몸이 지치지 않고 쇠약해지지 않으며 병들지 않을 수 있겠습니까? 그러므로 떨림과 허약함이 발생하는 것은 당연합니다. 술을 지나치게 많이 마셔서 숨이 가쁘고 힘줄의 긴장이 풀리면 몸 전체가 떨림에 휩싸이기 때문입니다. 평생 비틀거리며 떨고 방황하는 것을 보고서도, 왜 그대는 스스로 카인이 받은 저주를 그대 자신에게 불러들이는 것입니까?(창세 4,11-14 참조). 신체적인 안정감이 부족한 몸은 떨리고 비틀거리는 것을 피할 수 없으니 말입니다.

6. 술을 얼마나 마셨나요? 얼마나 취했나요? 그대는 인간이 아닌 진흙이 될 위험에 처해 있습니다. 왜냐하면 그대는 술과 완전히 섞여서 술과 함께 썩고, 매일 숙취로 인한 술 냄새를 풍기고, 거기에다 술을 토해 내기 때문에, 그대는 마치 완전히 쓸모없는 그릇처럼 되었습니다. 이사야 예언자가 그런 백성을 다음과 같이 애도합니다. "아침 일찍부터 독한 술을 찾아다니고 저녁까지 거기에 머무르는 자들에게 화가 있으리라. 술이 너희를 멸하리라! 그들은 비파와 피리 소리에 맞춰 술을 마셔 대면서 주님의 업적에는 관심도 기울이지 않고 주님의 손이 이루신 일은 생각도 하지 않는다"(이사 5,11-12 참조). 히브리인들에게는 취기를 일으킬 수 있는 모든 음료를 "독주"라고 부르는 관습이 있습니다. 그런데 동이 트자마자 술이 있는 곳을 찾아다니고, 술자리와 선술집을 돌며 서로 술을 마시자고 불러내고, 그런 일에 모든 정신적인 에너지를 쏟는 사람들이 있습니다. 예언자가 탄식하는 사람들이 바로 이런 사람들입니다. 그들은 하느님의 놀라운 일들을 깊이 생각할 기회를 자신에게 주지 않기 때문입니다. 그들에게는 눈을 들어 하늘을 우러러보고 하늘의 아름다운 경관을 관찰하고, 존재하는 모든 것이 질서 정연하게 배열된

것을 연구하며, 이 같은 좋은 질서로부터 창조주를 그려 낼 여유가 없습니다. 오히려 날이 밝자마자 그들은 즉시 음주 연회나 또 다른 술자리 장소를, 여러 가지 빛깔의 카펫과 꽃무늬 벽걸이로 장식하고, 술잔으로 어울리는 그릇들을 열심히 준비하면서, '프시크테르', '크라테르', '피알레'⁴를 배열합니다. 마치 일종의 행렬이나 신성한 축제를 위해 그릇들을 배열하는 것처럼 말입니다. 이처럼 그들은 다양한 그릇을 통해 자신들의 탐닉을 숨기고 그릇들의 위치를 바꾸고 교환함으로써 술 마시는 시간을 아주 많이 늘립니다.

이런 음주 연회에는 잔 운반자들과 시중드는 이들뿐만 아니라 연회를 주재하는 사회자들이 있습니다. 그들은 혼란 속에서 질서와 조직을 만들어 냅니다. 경호원의 존재가 시민 지도자의 위엄을 높여 주는 것처럼, 그리고 술상 주변에 있는 시종들은 마치 자신들이 황후 주변에 있는 것처럼, 최대한의 열성으로 자신들의 수치를 감춥니다. 또한 화환과 꽃, 향수, 향, 그 밖의 무수히 많은 하찮은 일들이 술로 인해 죽어 가는 사람들에게 더 많은 선입관을 불러일으킵니다. 그런 다음 술을 마시고 취한 상태에서 더 돋보이기 위해 누가 더 많이 마시느냐를 놓고 다툼과 논쟁 그리고 분쟁이 발생합니다. 그런데 악마가 이 게임의 주관자입니다. 이 게임에서 승리의 보상은 죄입니다. 누구든지 물 섞지 않은 술을 자기 몸속에 더 많이 쏟아붓는 사람이 다른 사람들로부터 승리의

4　여기에서 바실리우스는 고대 그리스·로마 시대에 향연이나 술자리에서 전통적으로 사용되는 그릇을 나열한다. '프시크테르'*psykter*는 목 부분이 가느다랗고 몸통이 달걀 모양의 술 단지, 높은 대상臺狀의 다리가 달려 있다. 술을 차게 하는 데 사용됐다. '크라테르'*krater*는 술과 물을 섞는 데 쓰던 단지, 넓적한 아가리에 몸통이 크고 위로 뻗은 손잡이가 두 개 있다. '피알레'*phiale*는 중앙에 양각陽刻 장식이 있는 접시와 비슷하게 생긴 둥글고 얕은 컵이다. 술을 붓거나 제주를 부을 때 사용되었다.

상을 빼앗는 것이기 때문입니다. 참으로, "그들은 수치를 자랑스러워합니다"(필리 3,19 참조). 그들이 서로 다투는 동안, 그들은 자신들에게 해를 끼치기 때문입니다. 그토록 뻔뻔해진 사람들에게 내가 무슨 말을 할 수 있겠습니까? 모든 것이 합리성이라곤 없고, 모든 것이 혼란으로 가득 차 있습니다. 패자도 술에 취하고, 승자도 술에 취합니다. 시종들은 그들을 조롱합니다. 술 취한 사람들의 손은 피로로 축 늘어지고, 입은 더 이상 무엇도 받아들일 수 없으며, 배가 터지려 하고, 그래도 악은 줄어들지 않습니다. 원래의 색깔을 잃어버린 비참한 몸은 모든 면에서 만신창이가 되어 폭음의 타격을 견딜 수 없습니다.

7. 그리스도인의 눈에는 참으로 가련한 광경입니다! 인생의 전성기이고, 몸이 혈기 왕성하고, 군대에서 계급이 아주 높은 사람이 들것에 실려 집으로 가는데, 일어서지도 못하고, 자기 발로 걸을 수도 없습니다! 적들을 공포로 떨게 해야 할 사람이 공회장 광장에서 소년들의 웃음거리가 되다니! 그는 맞아 쓰러졌지만, 칼에 맞아 쓰러진 것이 아닙니다. 그는 죽임을 당했지만, 적들한테 죽임을 당한 것이 아닙니다. 인생의 정점에 있던 군인이, 적의 변덕에 따라 고통받을 준비가 된, 술의 희생자가 되었습니다. 한마디로, 술 취함은 이성적인 생각의 파멸, 힘의 소멸, 때가 되기 전의 노쇠, 임박한 죽음입니다. 결국 술주정뱅이들이 이방인들의 우상 아니고 무엇이라는 말입니까? "눈이 있어도 보지 못하고, 귀가 있어도 듣지 못하네"(시편 115,5-6). 그들의 손은 마비되었고, 그들의 발은 감각을 잃었습니다. 누가 그런 음모를 꾸몄습니까? 이런 악의 원인은 누구입니까? 누가 그대에게 이 광기의 약을 만들어 주었습니까? 오, 사람아, 그대는 술자리를 전쟁터로 만들었습니다. 그대는 젊

은이들을 전쟁터에서 데려와, 그들이 부상당한 것처럼 그들을 부축해서 데리고 갑니다. 그대는 술로 젊음의 꽃에 죽음을 가져왔습니다. 그리고 그대는 그 젊은이를 식사에 친구로 초대합니다. 하지만 그대가 술로 그의 생명을 죽였으므로, 그대는 그를 죽여서 내보내는 것입니다.

술을 마시는 사람들은 술에 흠뻑 젖었다고 생각할 때마다 다시금 술을 마시기 시작하며 소처럼 마십니다. 마치 식탁에 기대어 있는 사람들의 숫자만큼 많은 지류로 물을 흘려보내는 근처의 샘처럼, 그렇게 술을 마십니다. 술자리가 시작되기도 전에 어떤 젊은이가 그들과 합류했기 때문입니다. 젊은이는 아직 술에 취하지 않았으며, 고상한 태도로 차가운 술이 담긴 커다란 '피알레'를 가지고 다닙니다. 젊은이는 잔 운반자를 밀쳐 내고 방 한가운데에 서서 구부러진 빨대를 사용하여 '연회를 주재하는 사회자들'에게 동등하게 술을 나누어 줍니다. 젊은이의 이런 참신함은, 술을 마실 때 다른 사람보다 더 마시지 않으면서도, 똑같은 정도로 서로 방탕에 빠진다는 점에서 볼 때, 방탕을 넘어서는 기준점이 됩니다. 왜냐하면 술이 나오는 관이 분배되고 각자 자기 앞에 있는 그 관을 잡으면, 마치 암소가 일종의 수조에서 나오는 물을 숨도 쉬지 않고 마시는 것처럼, 그들도 숨도 쉬지 않고 술을 마시기 때문입니다. 그들이 목구멍으로 술을 더 열심히 빨아들일수록, '프시크테르'는 은색 관을 통해서 위에서 아래로 그들에게 술을 더 빨리 내보냅니다.

그대의 흉한 배를 보십시오. 그대가 받은 술잔의 크기를 잘 보십시오. 술잔의 용량이 거의 4분의 1리터입니다. 술이 빨리 떨어지기를 바라면서 '술 주전자'[5]를 쳐다보지 말고, 오히려 그대 자신의 배를 바라보

---

5 '오에노코에'*Oenochoe*(고대 그리스의 술 주전자)는 '크라테르'에서 술을 받아 술잔에 술을 부을 때 사용하는 주전자다.

십시오. 그대의 배가 이미 가득 찼는지 보십시오. 그러므로 "아침 일찍
부터 독주를 찾아다니고 저녁 늦게까지 거기에 머무르는 자"(이사 5,11
참조), "술에 취해 하루를 보내는 자에게 화가 있으리라"(잠언 23,30 참조).
그들은 주님의 일을 생각하거나 주님의 손이 이루신 일을 깊이 생각할
(이사 5,12 참조) 기회를 스스로에게 주지 않기 때문입니다. 술이 그들을
삼킬 것입니다!(이사 5,11 참조). 술로 인해 몸에 열이 날 때, 그것은 적의
화살을 점화시키는 불꽃이 되기 때문입니다. 술은 이성과 지성을 잃게
합니다. 마치 벌떼처럼 정열과 쾌락을 불러일으킵니다. 기수가 튕겨 나
가고 없는 병거를 망아지가 끌면 제멋대로 달리지 않습니까? 조타수가
없는 상태에서 파도에 요동치는 배가 오히려 술 취한 사람보다 더 안전
하지 않습니까?

8. 그러한 악으로 인하여 남녀가 합동으로 무용단을 결성하여,[6] 자신들
의 영혼을 술의 악마에게 넘겨주고, 그에 따라 열정의 화살로 서로에게
상처를 줍니다. 남녀가 킥킥거리는 웃는 모습, 소름 끼치는 내용의 짧
은 민요들, 음란한 몸짓이 음탕함을 부추깁니다. 나에게 말해 보세요,
그대는 과거의 행동에 대해 울고 신음해도 시원찮을 판에, 음탕한 쾌락
에 낄낄거리고 즐거워합니까? 그대가 배운 시편과 성가를 내팽개쳐 버
리고 음란한 노래를 부릅니까? 무릎을 꿇고 경배를 드려야 마땅할 그
대가, 발을 까닥대며 미친 사람처럼 뛰어다니고, 춤추지 말아야 할 사
람들과 함께 춤을 춥니까? 내가 누구를 위해서 애도해야 합니까? 혼인
하지 않은 처녀들을 위해서 내가 애도해야 할까요? 아니면 혼인의 멍

---

6 바실리우스 『단식에 관한 둘째 설교』 5 참조.

에를 메고 있는 사람들을 위해 애도해야 할까요? 결국 처녀들은 순결을 잃고 돌아왔고 혼인한 여자들은 자기네 남편들에게 부부간의 정결을 돌려주지 못했습니다. 어떤 식으로든 그들 중 일부가 몸으로 죄를 짓는 것을 피했다 하더라도, 어쨌든 그들은 두 팔을 벌려 환영하며 자신들의 영혼에 부패를 불러들였습니다.

내가 한 말을 남자들에게 적용시켜 보겠습니다. 그들 중 한 사람이 음흉한 시선으로 바라봤습니까? 그들 중 한 사람이 추파를 던졌습니까? "음욕을 품고 여자를 바라보는 자는 누구나 이미 그 여자와 간음한 것이다"(마태 5,28). 부주의하게 방황하다가 우연히 여자를 만나는 것이 그렇게 위험하다면, 술에 취해 추잡한 행동을 하고, 야한 몸짓을 하며, 방탕한 노래를 부르는 여자들을 의도적으로 만나는 것은 얼마나 더 위험합니까? 그 여자가 부르는 노래를 단지 듣는 것만으로도 방탕한 사람들에게는 온갖 종류의 광란을 일으킬 수 있습니다! 도대체 그들은 뭐라고 말할까요? 어떻게 그들이 자신을 방어할까요? 그러한 광경에서 그들은 무수한 갖가지 악을 모아들입니다. 그들이 정욕을 불러일으킬 만한 이런 이유를 찾지 않았던가요? 그러므로 주님의 피할 수 없는 판결에 따라, 그들은 간통죄로 단죄받아 마땅합니다.

주님의 부활절 파스카가 그처럼 무례한 대우를 받았는데, 어떻게 오순절이 그대를 환영하겠습니까? 오순절은 모든 사람에게 성령의 강림을 분명하게 알려 주었습니다. 그러나 그대는 그런 사실을 알면서도 그대 자신을 악령의 거처로 삼아, 성령의 내재를 통해 하느님의 성전이 되지 않고 우상의 성전이 되었습니다. 그대는 하느님의 사람으로서 말한 예언자의 저주를 불러일으켰습니다. "나는 그들의 축제를 슬픔으로 바꾸리라"(아모 8,10 참조). 그대가 마치 전쟁 포로가 된 것처럼 어리석고 해로운 욕망에 사로잡혀 있을 때, 어떻게 그대가 그대의 하인들을 다스릴 수 있겠습니까? 그대가 책망도 듣지 않고 아무런 규제도 받지 않는 삶을 살고 있는데, 어떻게 자녀를 책망할 수 있겠습니까? 그렇다면 대체 어떻게 할까요? 이런 상황에서 내가 그대를 내팽개칠까요? 그러나 나는, 아무런 규제가 없는 사람은 어떤 식으로든 더욱 비뚤어질까 두렵고, 양심의 가책을 받는 사람은 지나친 슬픔에 빠질까(2코린 2,7 참조) 두렵습니다. "치유는 큰 죄를 멈추게 할 것이다"(코헬 10,4 참조)라고 성경이 말하기 때문입니다. 단식이 그대의 취기를 치료하게 하십시오. 시편이 그대의 음란한 노래를 치료하게 하십시오. 눈물이 그대의 킥킥거리는 소리를 치유하게 하십시오. 박수를 치는 대신 가슴을 치십시오. 옷으로 꾸미는 대신 겸손을 지니십시오. 모든 일에서 자선이 그대를 죄에서 벗어나게 하십시오. "사람의 몸값은 그 자신의 재산"(잠언 13,8 참조)이기 때문입니다. 그대가 꿈속에서 행한 사악함을 용서받기를 바라면서, 고통받는 많은 사람을 기도의 공동체로 모아들이십시오.

백성들이 앉아서 먹고 마시다가 일어나서 흥청거리며 놀 때(탈출 32,6 참조) ― 지금 이곳에서는 노는 것이 우상 숭배가 되었습니다 ― 레위인들은 자신들의 형제들을 상대로 무기를 들었고(탈출 32,26-28 참조) 자신들의 손을 사제직에 봉헌했습니다(탈출 32.29 참조). 그러므로 저주받은 자들의 수치스러운 행위가, 주님을 경외하는 여러분에게 지금 얼마나 많은 고통을 주었는지 기억하십시오. 이것이 우리가 여러분에게 주는 명령입니다. 만일 그들이 자신들의 과거 행동의 어리석음에 대해 뉘우치는 것을 여러분이 본다면, 여러분의 지체가 아플 때 여러분이 그것들을 위해 하는 것처럼, 그들을 불쌍히 여기십시오. 그러나 만일 그들이 완고하여 자신들에 대한 여러분의 슬픔을 조롱한다면, 그들에게서 떨어져 나와 그들과 갈라서고 더러운 것에 손대지 마십시오(2코린 6,17 참조). 이렇게 하면, 부끄러움을 느끼는 자들은 자신의 사악함을 인식하게 될 수도 있겠지만, 어쨌든 여러분은 우리 하느님과 구원자 예수 그리스도의 의로우신 심판을 통해, '피느하스'(탈출 6,25)가 열성으로 말미암아 받은 보상을 받을 것입니다. 우리 하느님이시며 구원자이신 예수 그리스도께 영광과 권능이 세세에 영원히 있나이다. 아멘.

겸손에 관한 설교(설교 20)

1. 인간이 하느님의 영광 안에 머물러 있었다면, 거짓 존귀함 대신 참된 존귀함을 간직했을 것입니다. 인간은 하느님의 능력으로 고귀해지고, 하느님의 지혜로 빛을 받으며, 영원한 생명과 복락 안에서 즐거워할 것이기 때문입니다. 그러나 인간은 하느님의 영광에 대한 갈망을 저버리고, 가질 수 없는 것을 추구했기 때문에, 소유할 수 있는 선을 잃어버렸습니다. 그런 인간에게 가장 효과적인 구원의 길이요 질병 치료법이며 원래 상태로 돌아갈 수 있는 길은 겸손입니다. 겸손은 자신의 영광을 과시하지 않고 하느님의 영광을 찾는 것입니다. 그렇게 하면 타락과 질병을 치료하고, 잃었던 거룩한 계명으로 다시 돌아갈 것입니다.

그러나 마귀는 인간에게 거짓 영광에 대한 희망을 심어 주어 인간을 파멸시켰고, 지금도 계속해서 인간을 유혹하면서 무수한 계략을 꾸미고 있습니다. 마귀는 재산이 많은 것이 아주 좋은 일인 것처럼 인간을 유혹하여, 인간으로 하여금 부를 자랑거리로 생각하고 더 많은 부를 얻기 위해 모든 노력을 다 기울이게 만듭니다. 그러나 부는 인간을 영광스럽게 하는 것이 아니라 큰 위험에 빠뜨릴 뿐입니다. 부를 축적하는 것은 탐욕을 자극할 뿐입니다. 부를 소유하는 것은 훌륭한 인품과 전혀 관계가 없습니다. 오히려 부는 인간의 눈을 멀게 하여 허영심을 갖게 하고, 영혼에 쓸데없는 종양이 생기게 만듭니다. 염증을 일으키는 종양은 인체에 좋지 않고 해로울 뿐만 아니라 매우 위험하며 죽음에 이르게 합니다. 또한 부는 인간의 영혼을 교만에 빠뜨립니다.

인간을 교만에 빠지게 선동하는 것은 재물만이 아닙니다. 사람은 돈으로 살 수 있는 값비싼 음식과 의복만 자랑하는 것이 아닙니다. 호화로운 식탁과 화려한 의상, 웅장한 저택, 자신을 둘러싼 수많은 하인과 아첨꾼들도 인간을 교만에 빠지게 만듭니다. 사람들이 그에게 맡긴 정

겸손에 관한 설교(설교 20)

치적 직책도 지나친 오만에 빠지게 만듭니다. 사람들이 그에게 어떤 권위와 직책을 맡기면, 그는 즉시 다른 사람들보다 자신이 더 우월하다고 착각합니다. 그는 자신이 구름 위를 걸어 다닌다고 착각하면서, 사람들을 무시하고 짓밟습니다. 그는 자신에게 높은 직책을 부여해 준 사람들한테 오만하게 군림하면서 우롱합니다. 참으로 어리석은 바보입니다! 자신이 누리는 모든 영광이 일장춘몽 같다는 사실을 깨닫지 못합니다. 그를 둘러싼 광채는 밤의 환상보다 더 공허합니다. 왜냐하면 그 광채는 사람들의 변덕에 따라 생겨났다가 사라져 버리기 때문입니다.

이 같은 어리석은 자가 바로 솔로몬의 아들[1]이었습니다. 그는 나이 값을 못하는, 지혜라곤 눈곱만큼도 없는 왕이었습니다. 온건한 통치를 바라는 백성을 가혹하게 통치하여 결국 나라를 파멸로 몰고 갔습니다 (1열왕 12,1-15 참조). 백성은 그가 솔로몬보다 더 위대한 왕이 되기를 바라면서 가벼운 멍에로 다스려 주기를 바랐지만, 그는 폭정을 행하다 아버지에게 물려받은 권위마저 잃어버렸습니다. 게다가 그의 힘센 팔과 빠른 발, 우람한 몸은 그를 교만하게 하여 건강을 해치고 파멸하게 하였습니다. 곧, "모든 인간은 풀이요 그 모든 영화는 들의 꽃과 같다. 풀은 마르고 꽃은 시든다"(이사 40,6-7)는 사실을 알지 못했습니다. 거인들의 힘 때문에 생긴 오만도 그러한 것이었습니다(참조: 창세 6,4; 지혜 14,6). 하느님을 부인하며 분별력 없는 골리앗의 자만도 마찬가지였습니다(1사무 17,4-10 참조). 자신의 아름다움을 자랑한 아도니야(1열왕 1,5 이하 참조)와 자신의 풍성한 머리카락을 자랑한 압살롬(2사무 14,26 참조)도 마찬가지입니다.

---

1   마흔한 살에 왕이 된 르하브암을 가리킨다.

2. 인간이 소유한 것 중에서 가장 위대하고 확실한 것처럼 보이는 지혜와 분별력도 역시 헛된 자랑과 거짓 위엄을 부추깁니다. 하느님으로부터 받은 지혜가 없다면, 이 모든 것은 아무런 가치가 없습니다. 사실, 인간에 대한 마귀의 속임수도 인간보다 오히려 마귀 자신에게 더 큰 해를 끼쳤습니다. 마귀는 인간을 하느님과 영원한 생명으로부터 떼어 놓으려고 했지만, 인간에게보다도 오히려 자신에게 더 큰 해를 끼쳤습니다. 악마는 하느님께 반역했다가 영원한 죽음을 선고받았습니다. 그는 주님을 붙잡으려고 덫을 놓았다가 오히려 그 덫에 자신이 걸려들었고, 주님을 십자가에 못 박으려고 했던 그 십자가에 자신이 못 박혔습니다. 주님을 죽이려고 했으나 오히려 자기가 죽임을 당했습니다.

그런데 세상의 우두머리(요한 12,31; 14,30; 16,11 참조), 세상 지혜의 우두머리, 눈에 보이지 않는 궤변론자인 마귀마저도 자신의 속임수에 걸려들어 극도의 어리석음으로 끝장난다면, 그를 추종하고 지지하는 사람들은 얼마나 더 쉽게 이런 덫에 걸려들겠습니까! "그들은 지혜롭다고 자처하였지만, 바보가 되었습니다"(로마 1,22). 파라오가 이스라엘 백성을 멸망시키기 위해 속임수를 썼지만, 그의 교활한 계략은 전혀 예상치 못한 곳에서 갑자기 무너지기 시작했습니다. 파라오의 명령으로 죽을 운명에 처한 아기[2]는 왕실에서 비밀리 양육되어, 파라오와 이집트 왕국의 권력을 멸망시키고 이스라엘 백성을 구해 냈습니다(탈출 1-3장 참조). 기드온의 서자, 살인자 아비멜렉은 일흔 명에 이르는 아버지의 적자들을 살해했습니다. 그리고 자신의 왕권 장악을 확실하게 하려고 자신과 범죄를 공모했던 자들을 살해할 계략을 꾸몄습니다. 그러나 그는 오히

---

2 모세.

려 그들에게 당해 결국 한 여자가 던진 돌에 맞아 죽었습니다(판관 9,1 이하 참조).

유대인들은 간교하게 주님을 죽일 음모를 꾸미고 서로 이렇게 말했습니다. "저자를 그대로 내버려 두면, 모두 그를 믿을 것이고, 또 로마인들이 와서 우리의 이 거룩한 곳과 우리 민족을 짓밟고 말 것이오"(요한 11,48). 그들은 예수 그리스도를 죽이는 것이 나라와 민족을 구하는 길이라고 믿고 그렇게 했습니다. 그러나 그들은 자기네 나라에서 쫓겨났고, 율법과 예배를 박탈당했습니다. 수많은 다른 사례들이 인간의 지혜란 참으로 기만적이고 천박한 허상이라는 것을 가르쳐 줍니다.

3. 그러므로 분별력 있는 사람이라면 아무도 자신의 지혜를 자랑하지 않고, 그리고 내가 말했던 다른 좋은 것을 가지고 있다는 것을 자랑스러워하지 않고, 오히려 축복받은 한나와 예레미야 예언자의 훌륭한 충고를 따를 것입니다. "지혜로운 이는 제 지혜를 자랑하지 말고 힘센 이는 제 힘을 자랑하지 말며 부유한 이는 제 부를 자랑하지 마라"(예레 9,22). 그렇다면 참으로 자랑할 것이 무엇이며, 무엇이 인간을 위대하게 만들어 줄까요? 예레미야 예언자는 이렇게 말합니다. "자랑하려는 이는 이런 일을, 곧 나를 이해하고 알아 모시는 일을 자랑하여라"(예레 9,23). 이것이 바로 인간의 가장 고귀한 존엄이요 영광이며 위대함입니다. 참으로 위대한 것이 무엇인지 알고, 그것을 붙들고, 영광의 주님에게서 영광을 구하는 것입니다. 바오로 사도는 "자랑하려는 자는 주님 안에서 자랑하라'(1코린 1,31)라고 하면서 '그리스도께서는 우리에게 하느님에게서 오는 지혜가 되시고, 의로움과 거룩함과 속량이 되셨습니다. 그래서 성경에도 자랑하려는 자는 주님 안에서 자랑하라고 기록

되어 있습니다"(1코린 1,30-31)라고 말합니다. 사실, 이것이 하느님 안에서 얻는 가장 완벽하고 완전한 영광입니다. 자신의 의로움을 자랑하지 말고, 자신에게 참된 의로움이 없다는 사실을 깨닫고, 오직 그리스도에 대한 믿음으로 의롭게 된다는 것을 인정하는 것입니다. 바오로는 자신의 의로움은 아무것도 아니라고 여기고 그리스도로 말미암은 의로움, 곧 믿음에 기초하여 하느님에게서 오는 의로움을 추구함으로써 영광을 누렸습니다. 그는 죽음을 겪으신 주님을 닮아, 주님과 주님 부활의 권능을 알고 주님의 수난에 동참하는 법을 알아 죽은 이들 가운데에서 부활할 수 있기를 바랐습니다(필리 3,9-10 참조). 여기서 끝모르는 오만이 모두 무너져 내립니다. 그대는 과시할 것이 아무것도 없답니다. 오 사람아, 그대의 참된 영광과 희망은 모든 것 안에서 그대 자신을 죽이고 그리스도 안에서 미래의 삶을 추구하는 데 있습니다. 우리가 온전히 하느님의 사랑과 은총 안에 살 때, 우리는 그것을 미리 맛본 것입니다.

그리고 "하느님은 당신 호의에 따라 여러분 안에서 활동하시어, 의지를 일으키시고 그것을 실천하게도 하시는 분이십니다"(필리 2,13). 하느님께서는 우리의 영광을 위해 당신의 지혜를 미리 정해 두셨다는 것을 성령을 통하여 우리에게 알려 주셨습니다(1코린 2,7-10 참조). 하느님께서는 우리가 하는 일에 힘을 북돋아 주십니다. 바오로 사도는 말합니다. "나는 그들 가운데 누구보다도 애를 많이 썼습니다. 그러나 그것은 내가 아니라 나와 함께 있는 하느님의 은총이 한 것입니다"(1코린 15,10). 인간이 도무지 어쩔 방도가 없는 위험에서 우리를 구원해 주시는 분은 하느님이십니다. 바오로 사도는 말합니다. "사실 우리는 이미 사형 선고를 받은 몸이라고 느꼈습니다. 그러나 그것은 우리가 자신을 신뢰하지 않고, 죽은 이들을 일으키시는 하느님을 신뢰하게 하시려는 것이었

습니다. 그분께서는 과연 그 큰 죽음의 위험에서 우리를 구해 주셨고
앞으로도 구해 주실 것입니다. 이렇게 우리는 하느님께서 또다시 구해
주시리라고 희망합니다"(2코린 1,9-10).

4. 그렇다면 말해 보시오. 왜 그대는 그대의 재물에 대해, 그 선물을 주
신 주님께 감사를 드리지 않고 교만에 빠지는 겁니까? "그대가 가진 것
가운데에서 받지 않은 것이 어디 있습니까? 모두 받은 것이라면 왜 받
지 않은 것인 양 자랑합니까?"(1코린 4,7). 그대는 그대가 똑똑하고 잘나
서 하느님을 알게 된 것이 아닙니다. 하느님께서 당신의 선하심으로 그
대를 보고 계셨습니다. 바오로 사도는 말합니다. "여러분이 지금은 하
느님을 알게 되었습니다. 아니, 하느님께서 여러분을 알아주셨습니다"
(갈라 4,9). 그대가 그대의 덕 덕분에 그리스도를 차지한 것이 아니라, 그
리스도께서 오심으로써 그리스도께서 그대를 차지하신 것입니다. 바
오로 사도는 말합니다. "나는 그것을 차지하려고 달려갈 따름입니다.
그리스도 예수님께서 이미 나를 당신 것으로 차지하셨기 때문입니다"
(필리 3,12). 주님께서 말씀하십니다. "너희가 나를 뽑은 것이 아니라 내
가 너희를 뽑아 세웠다"(요한 15,16).

그런데 그대는 이것을 자랑으로 여기며, 하느님의 자비를 자만심의
구실로 삼고 있습니다. 그대는 그대 자신이 누구인지 분명하게 깨달아
야 합니다. 그대는 천국에서 쫓겨난 또 다른 아담이며(창세 3,24 참조). 하
느님의 영께 버림받은 또 다른 사울이고(1사무 16,14 참조), 거룩한 뿌리에
서 잘려 나간 또 다른 이스라엘입니다. 바오로 사도는 말합니다. "그대
는 믿어서 그렇게 서 있는 것입니다. 그러니 오만한 생각을 하지 말고
오히려 두려워하십시오!"(로마 11,20).

심판은 그대가 받은 은총에 따라 이루어집니다. 심판자께서는 그대가 받은 은총을 어떻게 사용했는지 그대에게 물어볼 것입니다(참조: 이사 2,4; 51,5; 에제 18,30; 루카 12,48). 만일 그대가 은총을 받았다는 사실을 깨닫지 못하고, 어리석게도 그대의 성공이 그대가 이룬 것이라고 믿는다면, 그대는 축복받은 베드로보다 더 좋은 일을 할 수 없습니다. 그대는 주님을 너무도 사랑해 그분을 위해 죽기를 바랐던 베드로보다 주님을 더 사랑할 수는 없기 때문입니다. 베드로는 자만심에 가득 차서 "모두 스승님에게서 떨어져 나갈지라도, 저는 결코 떨어져 나가지 않을 것입니다"(마태 26,33)라고 말했습니다. 그랬던 베드로가 두려움에 사로잡혀 그분을 모른다고 부인했습니다. 그가 바다에 빠졌을 때(마태 14,30-31 참조) 그리스도의 손을 붙잡고 다시 살아났던 것처럼, 믿음이 부족하여 불의의 폭풍 속에서 죽을 위험에 처했을 때, 그는 자신의 잘못을 통해 약한 이들에 대한 동정심을 배웠고 분별력을 얻었습니다. 베드로는 그리스도의 권능에 의해 보호를 받았습니다. 그리스도께서는 베드로에게 일어날 일을 미리 아시고 이렇게 말씀하셨습니다. "시몬아, 시몬아! 보라, 사탄이 너희를 밀처럼 체질하겠다고 나섰다. 그러나 나는 너의 믿음이 꺼지지 않도록 너를 위하여 기도하였다. 그러니 네가 돌아오거든 네 형제들의 힘을 북돋아 주어라"(루카 22,31-32). 베드로는 이런 식으로 잘못을 바로잡자 도움을 받았습니다. 자랑하던 습관을 버리고 약한 이들을 배려하는 법을 배웠기 때문입니다.

또 다른 예로, 완고한 바리사이는 교만하게 자기 자랑을 했을 뿐만 아니라 하느님 앞에서 세리를 깎아내림으로써, 교만의 죄로 자신의 의로움을 아무것도 아닌 것으로 만들었습니다. 반면에, 세리는 거룩하신 하느님께 영광을 돌렸기 때문에 의롭게 되어 집으로 돌아갔습니다. 그

겸손에 관한 설교(설교 20)

는 눈도 들 엄두를 내지 못하고 자비를 간청했습니다. 그는 자세와 가슴을 치는 행동 그리고 오직 자비만을 간청함으로써 스스로를 고발했습니다. 그러니 교만으로 망해 버린 바리사이를 교훈 삼아, 그런 일이 없도록 조심하십시오. 거만한 몸짓은 그에게서 의로움을 앗아 가고, 건방진 자기 자랑은 그가 받을 상을 앗아 갔습니다. 그는 하느님께서 판결을 내리시기도 전에 자기를 추켜세우며 스스로 판결을 내렸다가 비천한 죄인보다 더 못한 자로 심판받았습니다. 어떤 사람이 아무리 나쁜 죄인이라 할지라도, 그대는 결코 그 사람 앞에서 그대를 내세우는 일이 없도록 하십시오. 겸손은 아주 무서운 죄를 지은 죄인도 구원합니다. 그러므로 그대는 다른 사람보다 더 의롭다고 생각하지 마십시오. 그것은 그대의 생각이지 하느님의 심판이 아니기 때문입니다. 바오로는 말합니다. "나는 나 자신을 심판하지 않습니다. 나는 잘못한 것이 없음을 압니다. 그렇다고 내가 무죄 선고를 받았다는 말은 아닙니다. 나를 심판하시는 분은 주님이십니다"(1코린 4,3-4).

5. 그대는 뭔가 선한 일을 했다고 생각합니까? 그렇다면 이웃 앞에서 자신을 들어 높이지 말고 하느님께 감사드리시오. "저마다 자기 행동을 살펴보십시오. 그러면 자기 자신에게는 자랑거리라 하여도 남에게는 자랑거리가 못 될 것입니다"(갈라 6,4). 그대가 믿음을 고백한 것이, 그리고 그리스도의 이름 때문에 유배를 간 것이, 단식을 한 것이 그대의 이웃에게 무슨 유익이 되었다고 생각하나요? 그대가 행한 선행의 이익은 다른 사람의 것이 아니라 바로 그대 자신의 것이었습니다. 마귀처럼 추락하지 않도록 조심하십시오. 마귀는 사람 위로 올라가려다가 추락하여 사람의 발에 짓밟히는 신세가 되고 말았습니다. 이스라엘 백성

의 재앙도 마찬가지입니다. 사실, 그들은 이방인들을 부정한 자로 치부하다가 스스로 부정한 자가 되었습니다. 오히려 이방인들이 깨끗해졌습니다. 이스라엘의 정의는 개짐과 같았습니다(이사 64,5 참조). 이방인들의 악과 불경은 믿음으로 말미암아 깨끗하게 사라져 버렸습니다. 그러므로 그대는 항상 잠언의 아름다운 격언을 기억하시오. "하느님께서는 교만한 자들을 대적하시고 겸손한 이들에게는 은총을 베푸십니다"(참조: 잠언 3,34; 1베드 5,5; 야고 4,6). 구원자의 이 말씀을 늘 새기십시오. "누구든지 자신을 높이는 이는 낮아지고, 자신을 낮추는 이는 높아질 것이다"(루카 14,11; 18,14).

그대 자신에 대해 공정하게 심판하고 그대에게 유리하게 생각하지 마십시오. 그대에게 유리한 어떤 일이 있어 보일 때 그것을 그대의 공이라 여기고 그대의 실수를 쉽게 잊지 마십시오. 오늘 선행을 실천한 것을 자랑하며 그것으로 어제와 과거에 저지른 잘못을 스스로 사하지 마십시오. 오늘 좋은 일을 한 것이 그대를 우쭐거리게 만든다면, 그대가 과거에 저지른 잘못을 생각하십시오. 그러면 어리석은 교만이 사라질 것입니다. 그리고 이웃이 죄를 짓는 것을 보거든 그 죄만 보지 말고, 그가 했던 선행과 앞으로도 계속해서 할 선행을 생각하십시오. 한 가지 일만 생각하지 말고 모든 일을 마음에 간직한다면, 그 사람이 그대보다 나은 사람이라는 것을 자주 발견하게 될 것입니다. 하느님은 사람을 편파적으로 판단하지 않으십니다. 그래서 이렇게 말씀하십니다. "나는 그들의 행실과 생각을 모으러 왔다"(이사 66,18 참조). 그분께서는 여호사팟의 죄를 꾸짖으실 때도, 그가 한 좋은 일을 기억하시며 [예언자를 시켜] 이렇게 말씀하셨습니다. "그렇지만 너는 좋은 일도 하였다"(2역대 19,3 참조).

6. 우리는 교만에 빠지지 않기 위해서, 이런 것들을 마음에 간직해야 합니다. 우리는 우리 자신을 낮출 때, 들어 올림을 받을 수 있습니다. 그것은 하늘로부터 가장 비천한 곳[3]으로 내려오셨다가, 당신께 어울리는 지극히 높은 곳으로 들어 올려지신 주님을 본받는 것입니다. 주님께서 하신 모든 일에서 우리는 겸손을 배웁니다. 그분은 태어나셨을 때부터 침대가 아니라 동굴의 구유에 누이셨습니다. 그분은 목수와 가난한 어머니의 집에서 사셨고, 어머니와 어머니의 배우자에게 순종하셨습니다. 그분은 배울 필요가 없으셨는데도 배우셨고 귀를 기울이셨습니다. 그분은 질문을 하셨는데, 그분의 지혜로운 질문에 사람들은 감탄했습니다. 주님은 요한에게도 당신 자신을 낮추시어, 당신의 종, 요한에게 세례를 받으셨습니다. 그분은 당신을 공격하는 이들을 물리칠 놀라운 힘을 가지고 계셨으면서도 그것을 사용하지 않으셨습니다. 마치 더 강한 힘에 승복하시는 것처럼, 세속 권력이 힘을 행사하는 것을 허용하셨습니다. 그분은 범죄자처럼 대사제들 앞으로 끌려갔다가 또 다시 총독 앞으로 끌려갔습니다. 그분은 중상모략하는 자들의 거짓 증언을 반박할 수도 있었지만, 그들의 비난을 묵묵히 참아 내셨습니다. 가장 천한 종들과 노예들이 그분께 침을 뱉었습니다. 그분은 인간에게 알려진 가장 수치스러운 죽임에 당신 자신을 내어 주셨습니다. 주님은 태어나서 죽을 때까지 이렇게 사셨습니다. 그리고 이러한 굴욕을 당하신 뒤에 주님은 당신의 영광을 드러내시고, 당신과 같은 수치를 겪은 이들과 당신의 영광을 나누셨습니다. 이들 가운데 첫째는 축복받은 제자들이었습니다. 그들은 이 세상에서 가난하고 헐벗은 채로 살았습니다. 뛰어난

---

3   겸손의 극치.

언변도 수많은 추종자도 없이, 홀로 외롭게 땅과 바다를 떠돌아다녔고, 채찍질과 돌팔매질을 당하고, 박해를 받다가 끝내 죽임을 당했습니다. 이것이 바로 우리가 선조들에게 전해 받은 거룩한 가르침입니다. 우리의 낮춤에서 그리스도의 참되고 완전한 선물인 영원한 행복이 샘솟을 수 있도록, 우리 모두 제자들을 본받읍시다.

7. 어떻게 해야 교만이라는 치명적인 짐을 벗어 버리고 구원을 가져오는 겸손으로 내려갈 수 있을까요? 모든 일에서 이 목적을 염두에 둔다면, 우리가 피해를 입지 않는다고 해서 작은 일들에도 소홀해서는 안 됩니다. 사실, 한 사람의 영혼은 그 사람이 하는 일을 닮아 갑니다. 영혼은 그 사람이 하는 일의 흔적과 형상이 그대로 찍힙니다. 그대의 태도와 옷차림, 걸음걸이, 앉아 있는 자세, 음식, 잠자리, 집, 가구, 모든 것에서 항상 간소함을 추구하십시오. 말할 때도 허세를 부리지 말고, 노래할 때도 지나치게 상냥하게 하지 말고, 대화할 때도 부담스럽거나 거만스럽게 하지 마시오. 그러면 모든 면에서 교만이 사라집니다. 친구를 도와주고, 가족에게 친절하며, 종에게 관대하고, 말썽부리는 사람에게 인내하며, 비천한 이들을 사랑하고, 곤경 중에 있는 이를 위로하며, 고통받는 사람을 찾아가고, 사람을 멸시하지 마십시오. 다른 사람에게 친절하게 대답하고, 모든 사람에게 공손하며, 가까이 다가가십시오. 스스로 칭찬하지 말며, 다른 사람들이 그대를 칭찬하게끔 유도하지 마십시오. 천박한 말은 듣지 말고, 가능한 한 그대의 뛰어난 자질을 숨기십시오. 반면에 죄에 관해서는 남들이 그대를 비난할 때까지 기다리지 말고, 스스로 자신을 고발하십시오(잠언 18,17 참조). 그리 한다면, 법정에서 자기 자신부터 고발하는 의인처럼 될 것입니다. 온 성읍 앞에서 자신

의 죄를 고백하기를 두려워하지 않은 욥처럼 될 것입니다(욥 31,34 참조). 꾸짖는 말을 삼가십시오. 성급하게 다른 사람을 책망하지 마십시오. 이 것은 일종의 교만입니다. 자기 자신이 온전한 사람이라도 되는 것처럼, 다른 사람의 사소한 일에 대해 흠잡지 마십시오. "그대도 유혹에 빠지지 않도록 조심하십시오"(갈라 6,1)라는 바오로 사도의 권고처럼, 그대 자신도 그들처럼 유혹에 빠질까 두려워한다는 것을 기억하면서, 죄에 떨어진 이들을 친절하게 대하면서 영적으로 힘을 북돋아 주십시오.

사람들한테서 칭찬받는 것을 경계하십시오. 사람들은 칭찬받기 위해서 남들 보는 데서 좋은 일을 하지만, 그들은 사람들에게서 이미 칭찬을 받았으니 하느님으로부터 받을 상을 잃어버렸다는 그리스도의 말씀을 기억하십시오. 그리스도께서는 이렇게 말씀하셨습니다. "그들은 자기들이 받을 상을 이미 받았다"(마태 6,2). 그러니 사람들한테 존경받으려다가 자신을 망치는 어리석음을 범하지 마십시오. 하느님이야말로 위대한 증인이시기 때문입니다. 하느님께 영광을 구하십시오. 하느님께서 주시는 것이야말로 영광스러운 보상입니다. 주교가 될 만하다 여겨지고 그대가 그대 주위에 사람들이 모여들며 그들이 그대를 존경한다고 합시다. 그렇다면 아랫사람들 위치로 내려오십시오. "양 떼를 지배하려 하지 말고, 양 떼의 모범이 되십시오"(1베드 5,3). 세상의 통치자들처럼 행동하지 마십시오. "주님께서는 첫째가 되고 싶어 하는 이에게 모든 이의 종이 되라고 하셨습니다"(마르 10,44 참조).

한마디로, 그대는 겸손을 사랑하는 사람답게 겸손을 실천하십시오. 그대가 겸손의 덕을 사랑하면, 겸손이 그대를 영광스럽게 할 것입니다. 그렇게 한다면 그대는 천사들과 하느님께서 계신 곳에 있는 참된 영광으로 가는 길을 가게 될 것입니다. 그러면 그리스도께서 그대를 천사들

앞에서 당신 제자로 인정하실 것입니다(루카 12,8 참조). 그리고 그대가 그리스도의 겸손을 본받았다면, 그리스도께서 그대를 영광스럽게 하실 것입니다. 그분께서 이렇게 말씀하시기 때문입니다. "나는 마음이 온유하고 겸손하니, 나에게 배워라. 그러면 너희가 안식을 얻을 것이다"(마태 11,29). 주님께 영광과 권능이 영원히 있나이다. 아멘.

세상사에 초연함(설교 21)

1. 사랑하는 형제 여러분, 기회가 있을 때마다 가시 돋친 말을 해 대어, 여러분은 나를 골치 아픈 사람, 자기도 비슷한 잘못을 저지르면서 뻔뻔하게 가르치는 사람이라 여겼습니다. 하지만 나의 꾸지람으로 여러분은 친절해졌고, 나의 혀가 때리는 매질로 인해 더 열정을 갖게 되었습니다. 물론 이것은 놀라운 일이 아닙니다. 왜냐하면 여러분은 영적인 일에 대해 지혜롭기 때문입니다. 솔로몬은 그의 글 어디에선가 "지혜로운 이를 나무라라. 그가 너를 사랑하리라"(잠언 9,8 칠십인역)라고 말합니다. 그러므로 형제 여러분, 나는 내 힘닿는 한 여러분을 악마의 올무에서 구해 내고자 하는 바람으로 이제 다시 똑같은 종류의 권고를 합니다. 지극히 사랑하는 여러분, 진리의 적이 우리에게 매일 걸어오는 싸움은 길고 변화무쌍한 전쟁입니다. 알다시피, 마귀는 우리 자신의 욕망을 화살처럼 우리 자신에게 돌림으로써 우리를 공격하고, 우리를 해치는 힘을 우리 자신한테서 끌어냅니다. 그러나 주님께서는 불가침의 법칙으로 마귀의 능력을 크게 제한하셨으며, 마귀의 공격으로 우리 인간을 단번에 멸망시키지 못하도록 하셨습니다. 그래서 사악한 마귀는 우리의 어리석음을 이용하여 우리를 짓밟습니다.

사악하고 탐욕스러운 사람들은 다른 사람의 희생으로 부자가 되는 것이 자신들의 사업이고 의도적인 수법입니다. 그러나 공공연한 폭력을 행사할 힘이 없는 탐욕스러운 사람들은 길가에 누워서 기다리기를 좋아합니다. 그들은 깊은 계곡 사이나 무성한 덤불이 우거진 그늘진 곳에 숨어서 은밀하게 여행자를 기다리다가, 여행자가 나타나면 갑자기 달려듭니다. 그래서 위험한 함정에 빠지기 전에는 아무도 그 함정을 눈치 채지 못합니다. 마찬가지로 처음부터 우리에게 적대적인 우리의 적은(참조: 요한 8,44; 1요한 3,8), 마치 산적이 우리를 목적물로 삼으면 몸을 숨기는 것처럼, 삶의 길을 따라 많이 자라는 세속적인 쾌락의 그림자 속으로 몰래 숨어듭니다. 그는 거기에 은밀히 숨어서 우리를 멸망시키려고 그물을 칩니다.

그렇다면 만일 우리가 우리 앞에 놓여 있는 생명의 길을 안전하게 건너고, 수치스러운 상처가 없는 상태로 우리의 육체와 영혼을 똑같이 그리스도께 봉헌하고 이 승리의 왕관을 받으려면, 기쁨이 주는 모든 것을 의심의 눈초리로 바라보면서, 항상 어디서나 우리 영혼의 눈을 크게 뜨고 있어야 합니다. 우리 앞에 금이 무더기로 쌓여 있고 원하는 사람은 누구나 가져갈 수 있다고 하더라도, 우리는 그런 것을 주저 없이 지나쳐 버려야 합니다. 성경은 말합니다. "재산이 는다 하여 거기에 마음 두지 마라"(시편 62,11). 비록 땅이 모든 종류의 진미를 돋아나게 하고 우리의 시선에 호화로운 거처를 제공해 준다고 하더라도, 우리는 거기에 주의를 기울이지 말아야 합니다. "우리는 하늘의 시민입니다. 그리고 그곳에서 구세주로 오실 주 예수 그리스도를 고대합니다"(필리 3,20). 우리의 즐거움을 위해 피리 소리에 맞춰 춤을 추고, 흥겹게 놀고, 흥청거리는 연회가 베풀어져도 우리는 거기에 주의를 기울여서는 안 됩니다. 성경이 "허무로다, 허무! 모든 것이 허무로다!"(코헬 1,2)라고 말하기 때문입니다. 사악한 영들이 머무르는 아름다운 육체가 여러분 앞에 놓여 있다 하더라도, 여러분은 그것에 주의를 기울이지 마십시오. 현자가 말합니다. "뱀의 얼굴을 피하듯이 여자의 얼굴을 피하여라"(집회 21,2 참조). 권력과 주권, 시종과 아첨꾼의 무리 또는 도시와 국가를 자발적으로 예속시키는 높고 화려한 왕좌를 주더라도, 여러분은 그것에 주의를 기울이지 마십시오. "모든 인간은 풀이요 그 영화는 들의 꽃과 같습니다. 풀은 마르고 꽃은 시듭니다"(이사 40,6-7 참조). 그토록 즐거운 이 모든 쾌락의 이면에는 우리의 공통된 적이 도사리고 있습니다. 그는 우리가 눈에 보이는 유혹에 사로잡혀 곧은 길에서 벗어나 그의 은신처로 떨어지기를 기다리고 있습니다. 사실, 이러한 쾌락을 무모하게 실행하고 그 쾌락에서 파생된 즐거움을 전혀 해롭지 않은 것처럼 생각했다가는, 우리가 첫 번째 맛에 감춰진 배신의 바늘을 삼킬 수 있다는 사실을 크게 두려워해야 합니다. 그러다가 이 첫 번째 경험에 이끌려 마지못해 반쯤이라도 걸려들면, 우리는 이러한 쾌락에 애착을 갖게 되고, 미처 깨닫지 못한 채 산적의 끔찍한 굴, 곧 죽음으로 끌려갑니다.

2. 그러므로 형제 여러분, 우리 모두 나그네처럼, 힘차게 달리는 사람처럼, 몸을 단단히 묶고, 이 여정을 위해 우리의 영혼을 완전히 편안하고 가볍게 함으로써, 그 길의 끝까지 곧장 가는 것이 필요하고 유익합니다. 또한 내가 인간의 삶을 길(道)이라고 일컬었다고 해서, 아무도 나를 말을 만들어 내는 사람으로 생각해서는 안 됩니다. 다윗 예언자도 자신의 삶을 그렇게 표현했기 때문입니다. 그는 어딘가에서 이렇게 말합니다. "행복하여라, 그 길이 온전한 이들, 주님의 가르침을 따라 걷는 이들!"(시편 119,1). 또 다른 구절에서는 주님께 이렇게 부르짖습니다. "거짓의 길을 제게서 멀리하시고, 당신 가르침으로 저에게 자비를 베푸소서"(시편 119,29). 또 다윗은 수금의 감미로운 반주에 맞춰, 자신을 모욕하는 자들을 거슬러서 하느님께서 재빨리 도와주신 것을 찬양하면서 이렇게 말했습니다. "정녕 주님 말고 그 누가 하느님이신가? 하느님께서 나에게 힘을 매어 주시고 나의 길을 온전하게 놓아 주셨네"(시편 18,32-33 참조).

그는 유명한 사람이든 비열한 사람이든 그들이 땅에 거주하는 것을 이렇게 불러야 한다고 생각했는데, 그것은 옳습니다. 고된 여정을 마치기 위해 서두르는 사람들은 한 걸음 내디디고 또 한 걸음 내딛음으로써 쉽게 목적지에 도달합니다. 한 발을 다른 발과 빠르게 번갈아 땅을 내딛는데, 그것은 마치 그들의 발이 그 여정을 끝마치기 위해 서로 경쟁하는 것 같습니다. 그래서 창조주에 의해 이 세상에 들어온 사람들은 처음부터 매 순간 끊임없이 계속 전진하면서, 자기 삶의 끝자락에 도달하게 됩니다. 이 세상에서 우리의 삶은 우리 앞에 놓인 머나먼 길처럼, 여행의 단계에 따라, 삶의 여정에 따라 끝없이 이어진 여행처럼 보이지 않습니까? 우리의 삶은 저마다 어머니의 산고에서 시작하여 무덤이라는 피난처에서 끝이 납니다. 모든 사람의 삶이 다 그렇습니다. 어떤 사람은 빠르게, 어떤 사람은 천천히 갑니다. 천천히 가는 사람은 시간의 모든 간격을 다 통과하고, 빠르게 가는 사람은 인생의 첫 단계가 끝날 때까지도 기다리지 않습니다.

그런데 도시에서 도시로 이어지는 도로의 경우에는, 이제 여행을 마치고 싶다면, 옆으로 빠지는 것이 언제나 가능합니다. 그러나 우리 인생의 길은, 우리가 아무리 그 길을 더 연장하고 싶어도, 주님께서 정해 주신 그 끝을 향해 온 힘을 다해 가는 수밖에 없습니다. 지극히 사랑하는 여러분, 이 생명으로 인도하는 문을 한 번 통과하여 이 길을 나선 사람이 그 끝에 도달하지 않는 것은 있을 수 없습니다.

우리 각자는 어머니의 태를 떠난 뒤, 곧바로 시간의 흐름에 붙잡히고 얽매여서, 이미 살았던 날을 뒤로 한 채 결코 어제로 돌아갈 수 없습니다. 우리가 아무리 그렇게 하고 싶어도, 그것은 불가능합니다. 우리는 앞으로 나아가는 것을 기뻐하며, 마치 무슨 이득이라도 얻는 것처럼, 인생의 한 시기에서 다음 시기로 넘어가는 것을 기뻐합니다. 소년기가 성년기로 이어지고 풍족한 노년기가 따르면, 우리는 그것을 행복이라고 생각합니다. 그러면서 우리는 삶의 각 단계에서 써 버린 많은 시간은 이미 살아온 삶의 많은 부분이라는 것을 전혀 생각하지 않습니다. 우리는 언제나 지나가고 흘러간 것에 따라 우리 삶의 시간을 측정하면서도, 우리네 삶의 시간이 줄어들고 있다는 사실을 깨닫지 못합니다. 게다가, 우리는 우리를 여행 보내신 분께서 우리의 여정을 마치도록 우리에게 주신 시간이 얼마인지에 대해서는 전혀 신경을 쓰지 않습니다. 우리는 그분께서 언제 우리 각자의 출입문을 열어 주실지 알지 못합니다. 그리고 여기서 출발하기 위해 매일 자신을 준비하고 주님께서 고개를 끄덕이실 때까지 우리의 시선을 늘 주님께 두어야 한다는 것도 기억하지 않습니다. 그분은 이렇게 말씀하십니다. "너희는 허리에 띠를 매고 등불을 켜 놓고 있어라. 혼인 잔치에서 돌아오는 주인이 도착하여 문을 두드리면 곧바로 열어 주려고 기다리는 사람처럼 되어라"(루카 12,35-36).

3. 그뿐만 아니라, 우리는 우리가 달려야 할 길에 어떤 짐을 꾸려야 가벼울지, 어떤 짐이 그것을 꾸린 사람이 길을 가는 데 도움이 될지, 어떤 종류의 짐이 다음 생의 삶을 행복하게 해 줄지에 대해 깊이 생각하지 않습니다. 또한 우리는 땅에 질질 끌고 다니는 무겁고 불편한 것들이 무엇인지, 그리고 그런 것들은 그 특성상 사람들에게 절대적으로 부적합한 것들이며 그런 것들을 지닌 사람들은 좁은 문을 결코 통과할 수 없다는 사실을 확인하려고도 하지 않습니다(마태 7,13-14 참조). 그래서 우리는 우리가 꼭 챙겨 가야 할 것들을 남겨 두고, 그냥 두고 가야 할 것을 우리의 짐에 넣습니다. 우리는 우리에게 자연스럽게 동화될 수 있는

세상사에 초연함(설교 21)

것, 육체와 영혼을 똑같이 아름답게 꾸밀 수 있는 것에는 관심을 두지 않고, 언제까지나 우리와 거리가 멀고 우리를 수치의 낙인 찍을 것이 뻔한 소유물들을 얻으려고 애씁니다. 이는 체에 물을 부어 담을 수 있다고 믿고서 헛되이 노력하고 수고하는 사람과 같습니다. 어린이들도 이것이 불가능하다는 사실을 알고 있습니다. 그런데 정작 어리석은 사람들만 이 사실을 모릅니다. 많은 사람을 미치게 만든 이 삶의 쾌락은 우리가 절대로 소유할 수 없습니다. 그런 것들은 참으로 모든 사람에게 이질적입니다. 아직 그런 것들을 얻지 못한 사람들뿐만 아니라 그런 것들을 즐기는 것처럼 보이는 사람들에게도 마찬가지입니다.

어떤 사람들이 이 세상을 살면서 엄청난 금을 모은다 해도, 그것이 영원히 그들의 소유로 남아 있지는 않을 것입니다. 그들이 모든 수단과 방법을 다해서 그것을 안전하게 보관한다고 해도, 그들이 살아 있는 동안에 그들의 손을 빠져나가 그들보다 강한 사람들의 손에 들어가거나, 아니면 그들이 죽자마자 금방 사라져 버릴 것입니다. 물건은 본성상, 주인이 이 세상을 떠날 때 주인을 따라갈 수 없기 때문입니다. 하지만 우리 영혼을 이 비참한 육체로부터 강제로 분리시키는 그 힘에 이끌려 피할 수 없는 길을 따라 끌려가는 동안, 자기가 쌓아 놓은 재물을 거듭거듭 뒤돌아보며, 재물을 모으려고 젊었을 때부터 한 숱한 고생을 생각하며 통곡하는 사람들이 있습니다. 그러나 그들에게 재물 축적의 수고와 탐욕의 죄책감만 안겨 주었던 그들의 재물은 다른 사람들의 손으로 넘어갑니다. 사람이 엄청나게 많은 땅과 웅장한 집과 온갖 동물 떼를 갖고 있다 하더라도, 그리고 다른 사람들로부터 절대적인 주권을 부여받았다 하더라도, 사람은 이런 것들을 영원히 소유할 수는 없습니다. 그런 것들이 가져다주는 짧은 명성을 누리고 나면, 그는 그의 차례가

왔을 때 자신의 많은 재산을 다른 사람들에게 넘겨주게 될 것이며, 정작 그 자신은 쪼그마한 땅 속에 묻히게 될 것입니다. 많은 경우, 사람이 땅에 묻히기 전에, 심지어 이 세상을 떠나기 전에, 그의 재산이 다른 사람들, 때로는 그의 적들에게 넘어가기도 합니다. 많은 밭과 집, 주인의 이름을 따라 불리던 도시와 나라들이 그 사람이 아직 살아 있는 동안에 다른 사람의 소유로 넘어간 것을 모른다는 말입니까? 또한 우리는 한때 노예였던 사람들이 왕좌에 오르고, 지배자로 주인님으로 불리던 사람들이 주사위 던지기처럼 운명이 갑작스럽게 역전되어 자신들이 부리던 신하들의 대열에 서서 왕년의 노예들에게 절을 하는 것도 보지 않았습니까?

4. 음식과 음료라고 만든 혼합물을 우리가 끊임없이 탐닉한다고 하더라도, 그리고 변덕스럽고 절제할 줄 모르는 식욕을 만족시키기 위해 오만한 재산이 제공해 주는 음식물을 우리가 아무리 계속해서 탐닉한다고 하더라도, 그런 것들이 정말로 우리의 것이 될 수 있습니까? 무심코 맛을 볼 때 미각에 약간의 즐거움을 주는 음식이라고 할지라도, 지나치게 많이 먹으면 불쾌감을 느낍니다. 우리는 음식물이 위장에 오래 남아 있으면, 생명에 심각한 위험이 될 것처럼 열심히 배출해 냅니다. 어쨌든, 과식은 많은 사람에게 죽음의 원인이 되었고 그 어떤 즐거움도 느끼지 못하는 이유가 되었습니다.

다시 말하지만, 방탕한 성행위, 불순한 포옹 그리고 미친 듯이 광란하는 마음의 그런 모든 행동은 모든 면에서 명백하게 본성에 해롭고 악명 높은 피해를 끼치지 않습니까? 그런 행위들은 아주 실제적이고 개인적인 의미에서 볼 때, 개인의 고유한 힘을 없애 버리거나 약화시켜

세상사에 초연함(설교 21)

버리지 않습니까? 그 결과 몸은 쇠약해지고 몸의 지체들을 지탱해 주는 질 좋은 영양분은 고갈됩니다. 그래서 그런 무자비한 식탐을 한 사람은 콕콕 찌르는 육체의 고통이 멈추면, 마음속으로 그런 멍청한 행동을 한 자신을 혐오합니다. 이는 그런 방탕한 짓을 한 모든 사람이 겪는 것입니다. 마치 술에 취하거나 그런 격렬한 행위를 하고 나면, 스스로 그 상태를 되돌아보는 데 시간이 걸리는 것과 같습니다. 자신의 부적절한 행동에 대한 진한 후회가 소용돌이처럼 휩쓸고 지나갑니다. 내가 말한 그런 현상은 일반적으로 절제하지 못하는 사람한테 일어납니다. 그는 자신의 몸이 매우 쇠약해졌다는 것과 자신이 해야 할 일을 할 수 있는 힘도 없고 몸도 무거워졌다는 것을 깨닫습니다. 체조 선생님들도 이런 사실을 알고 있습니다. 그런 쾌락의 위험으로부터 젊은이들을 보호하기 위해 옛 그리스와 로마의 체육 학교에는 금욕의 규칙이라는 것이 있었습니다. 실제로, 경기 참가자가 승리의 화관을 차지하려면, 상대 선수의 눈부신 멋진 몸매를 쳐다보는 것조차도 자신에게 허용해서는 안 됩니다. 레슬링 경기에서의 그런 무절제는 관중들의 웃음을 자아내기는 하겠지만, 승리의 화관을 얻게 해 주지는 않기 때문입니다.

5. 이 모든 쾌락은 눈을 감고 그냥 지나치는 것이 좋습니다. 그런 것들은 우리의 본성에 완전히 이질적이고 불필요하며, 그 누구도 그런 것들을 참으로 소유할 수 없기 때문입니다. 반면에, 우리는 참으로 우리의 것이 될 수 있는 소유물을 얻기 위해서는 큰 수고를 해야 합니다. 그런데 과연 무엇이 참으로 우리의 것일까요? 우리의 영혼은 무거운 것이 필요 없는 가벼운 영적 존재입니다. 육체는 생명을 유지하기 위한 수단으로 창조주께서 우리의 영혼을 위해 마련해 주신 것입니다. 이것이 바

로 인간입니다. 정신은 마음에 적절하게 봉사할 수 있는 육체와 결합되어 있습니다. 전지전능하신 우주의 조물주께서 인간의 존재 방식을 우리 어머니의 태 속에 마련해 두셨습니다. 인간이라는 존재는 사고의 시간이 그들 혼인방의 어둠에서 빛으로 가져 나온 것입니다. 인간은 땅을 다스리도록 임명되었습니다. 인간에게 있어서, 창조계는 미덕을 실천하기 위한 연습장입니다. 그 연습장은 널리 펼쳐져 있습니다. 인간을 위해 율법이 만들어졌고, 율법은 인간에게 자신의 권능에 따라 창조주를 본받고 하늘의 선한 질서를 어설프게나마 땅에서 비슷하게 그리라고 명령합니다.

인간은 하느님의 소환을 받으면 이 세상을 떠나는 존재입니다. 인간은 자신을 보내신 하느님의 법정 앞에 서게 될 것이며, 자신의 행동에 대한 셈을 해 바쳐야 합니다. 인간은 현세에서 행한 일에 대한 응보를 받게 될 것입니다. 더욱이, 덕이 우리의 실천을 통해서 우리 본성 안에 수놓아질 때, 그 덕은 우리의 소유물이 된다는 것은 분명합니다. 우리가 이 땅에서 일하는 동안 악덕에 빠져 자발적으로든 강제적으로든 덕을 쫓아내지 않는 한, 덕은 우리를 저버리지 않습니다. 덕은, 우리가 다음 세상을 향해 떠날 때, 우리보다 앞서 열심히 달려갑니다. 덕은 자신들의 소유자를 천사의 대열에 올려놓고 창조주의 시선 아래에서 영원토록 빛납니다. 부와 권력, 명성과 쾌락 그리고 우리의 어리석음 때문에 날마다 늘어나는 모든 어리석음은 여기에 포함되지 않습니다. 그런 것들은 우리와 함께 살지 않고, 우리가 이 세상을 떠날 때 그런 것들은 그 누구와도 동행하지 않습니다. 모든 사람에게 있어서, 옛 의인이 했던 이 말은 변함없이 그리고 참으로 진실입니다. "알몸으로 어머니 배에서 나온 이 몸 알몸으로 그리 돌아가리라"(욥 1,21).

6. 그러므로 마음속으로 자신의 최선의 유익을 위해 힘쓰는 사람은 특히 자신의 영혼에 관심을 가질 것이며, 영혼을 깨끗하고 진실하게 유지하기 위해 모든 수고를 아끼지 않을 것입니다. 만일 그의 육체가 굶주림이나 더위와 추위와의 싸움으로 인해 쇠약해지거나 병에 걸리거나 누군가로부터 폭행을 당한다면, 그는 그런 것을 하찮게 여기고 바오로의 말을 되새기며, 역경을 겪을 때마다 이렇게 말할 것입니다. "우리의 외적 인간은 쇠퇴해 가더라도 우리의 내적 인간은 나날이 새로워집니다"(2코린 4,16). 죽음의 위험이 다가오는 것을 보면, 그는 두려움에 떨지 않고 속으로 담대하게 말할 것입니다. "우리의 이 지상 천막집이 허물어지면 하느님께서 마련하신 건물, 곧 사람 손으로 짓지 않은 영원한 집을 하늘에서 얻는다는 사실을 우리는 압니다"(2코린 5,1). 그러나 만일 사람이 영혼과 지상에서 생명을 영위하는 데 필요한 소유물이며 협력자인 육체에 자비를 베풀고자 한다면, 육체를 보존하고 유지하는 데 필요한 만큼만 육체가 필요로 하는 것을 채워 주어야 하며, 육체가 영혼을 잘 섬길 수 있도록 적절히 보살펴 활기를 유지하게 해야 합니다. 육체가 포만감으로 인해 감당할 수 없는 상태가 될 정도로 만들어서는 안 됩니다. 만일 육체가 선으로 불타오르지 않고 욕망으로 더 불타오르게 된다면, 바오로 사도의 교훈을 육체한테 말해 주어야 합니다. "우리는 이 세상에 아무것도 가지고 오지 않았으며, 확실히 아무것도 가지고 갈 수 없습니다. 먹을 것과 입을 것이 있으면, 우리는 그것으로 만족합니다"(1티모 6,7-8 참조). 계속해서 육체에 이 말을 들려준다면, 우리는 천국으로 가는 여행에서 육체를 다루기 쉽고 민첩하게 만들 것이며 앞으로 있을 일에 더 강한 조력자를 갖게 될 것입니다. 그러나 육체의 교만을 허락하여 날마다 온갖 음식으로 배부르도록 놔둔다면, 육체는 마침내

야수처럼 우리를 자신과 함께 땅으로 강제로 끌고 갈 것이고, 거기서 우리는 신음하면서 아무것도 하지 못하는 채 그냥 누워 있을 것입니다. 그리고 주님 앞에 인도되어 자신에게 부여된 지상 여행의 결실을 요구 받을 때, 우리는 선물할 것이 없어서 오랫동안 탄식하며, 사치와 그 속 임수에 대해 크게 비난하면서 영원한 어둠 속에 살 것입니다. 그 속임 수에 의해 우리는 구원의 시간을 빼앗겨 버렸습니다. 그러나 아무리 탄 식해도 이제는 아무것도 얻지 못할 것입니다. 그래서 다윗은 이렇게 말 합니다. "저승에서 누가 당신께 고백할 수 있겠습니까?"(시편 6,6 참조).

7. 그러니 자발적인 죽음의 가능성을 최대한 빨리 피합시다. 그리고 어 떤 사람이 과거에 속임수에 넘어가 부정한 행위로 자신을 위해 재물을 축적하고, 이 재물을 지키는 데 마음을 옭아맸거나, 씻을 수 없는 음행 을 저지르거나, 다른 죄악에 탐닉했다면, 아직 시간이 있을 때, 마지막 파멸에 이르기 전에, 자신의 무거운 짐의 상당 부분을 내려놓으십시오. 배가 침몰하기 전에 선원들이 하는 것처럼, 자신의 부당한 물건을 치워 버리십시오. 바다에 거센 파도가 몰아쳐 짐을 가득 실은 배를 집어삼키 려고 할 때, 선원들은 재빨리 짐을 대폭 줄입니다. 비록 배에 생필품을 싣고 있다 하더라도, 선원들이 무차별적으로 화물을 바다에 던지는 이 유는 배를 파도 위로 끌어올리고, 그리하여 가능하면 자신들의 육체와 영혼만이라도 위험에서 구해 내기 위해서입니다. 이런 식으로 생각하 고 행동하는 것이 확실히 선원들보다 우리에게 훨씬 더 필요합니다. 배 밖으로 던지는 것이 무엇이든지 선원들은 그 자리에서 그것을 잃게 되 고, 어쩔 수 없이 나중에 가난에 시달립니다. 그러나 우리는 죄악의 짐 을 벗어 던지는 것에 비례하여 우리의 영혼을 위해 더 크고 더 귀중한

세상사에 초연함(설교 21)

재물을 쌓을 것입니다. 음행과 이런 종류의 악덕들은 거부당할 때 완전히 파괴되고, 회개하는 눈물로 깨끗이 사라져 버립니다. 그런 다음 거룩함과 정의가 그 자리를 차지하고 뜨는 힘이 있는 물체처럼 파도에 가라앉지 않습니다. 게다가, 돈을 좋은 목적으로 버리면, 돈을 버린 사람들은 돈을 잃는 것이 아니라 다른 안전한 배에 싣는 것입니다. 곧, 그 돈은 가난한 사람들의 위장에 보관됩니다. 말하자면, 항구에 미리 도착하여, 위험 때문이 아니라 영광 때문에 돈을 버린 사람들을 위해 보관되는 것입니다.

8. 그렇다면 지극히 사랑하는 여러분, 만일 우리가 실제로 우리의 재물을 소유하고자 한다면, 우리 자신을 위해 훨씬 더 자비로운 길을 선택해서 우리의 많은 재물을 많은 사람에게 나누어 주도록 합시다. 궁핍한 이들은 그것을 기쁘게 짊어지고, 우리의 재물을 안전한 금고처럼 주님의 품에 넣어 둘 것입니다. "거기에서는 좀도 녹도 망가뜨리지 못하고, 도둑들이 뚫고 들어오지도 못하며 훔쳐 가지도 못한다"(마태 6,20). 이런 목적을 위해서 우리의 재산을 가난한 사람들에게 줍시다. 오늘날까지도 우리 눈앞에 누워 있는 라자로들을 지나치지 맙시다. 그들의 굶주림을 충분히 달래 줄 수 있는, 우리의 식탁에서 나온 부스러기를 아까워하지 맙시다. 그 잔인한 부자를 본받지 맙시다. 그 부자와 함께 지옥의 불에 들어가지 않도록 합시다(루카 16,19-31 참조). 그렇지 않으면 우리가 아브라함에게뿐만 아니라 의로운 삶을 살았던 사람들에게 아무리 간절하게 외치며 간청해도, 우리의 부르짖음은 아무 소용이 없을 것입니다. "형제가 구원해 줄 수 없기 때문입니다. 누가 구원한다는 말입니까?"(시편 49,8 참조). 그들이 하나같이 우리에게 이렇게 외칠 것입니다.

"그대 자신이 다른 사람들에게 보여 주지 않은 자비를 바라지 마십시오. 그대가 작은 사람들에게 베푸는 데 너무 인색했는데, 어떻게 그렇게 큰 은혜를 받기를 바란다는 말입니까? 그대가 평생 모은 재물을 즐기십시오. 그리고 이제 우십시오. 그대는 형제들의 눈물을 보면서도 단 한 번도 자비를 베풀지 않았기 때문입니다." 그들이 우리에게 이렇게 말할 것이고, 이는 맞는 말입니다. 나는 그들이 이보다 더 날카로운 말로 우리를 고발할까 두렵습니다. 여러분도 알다시피, 복음에 나오는 부자의 악보다 우리의 악이 더 크기 때문입니다. 우리는 절약하기 위해서, 땅에 엎드려 있는 형제들을 무시한 것이 아닙니다. 아이들이나 다른 친척을 위해 또는 우리의 재산을 비축하기 위해 궁핍한 사람들에게 귀를 닫은 것이 아닙니다. 우리는 천박한 목표를 추구하기 위해 돈을 쓰고 있으며, 이 사치스러운 지출에 영합하는 자들을 위해 우리의 사치를 빌미로 악을 짓고 있습니다. 얼마나 많은 남자와 여자와 부자들이 그들의 식탁에 노상 앉아 있습니까! 그들 가운데 더러는 천박한 농담으로 그들의 주인을 현혹합니다. 더러는 음란한 시선과 움직임으로 음란의 불꽃을 불태우고, 더러는 자기네 주인을 즐겁게 하려고 추잡한 재간을 부리고, 더러는 거짓 아첨으로 주인을 그릇된 길로 인도합니다. 이들은 호화스러운 저녁 식사로 보상을 받을 뿐만 아니라 값비싼 선물을 손에 들고 떠나기 때문에, 그런 환락에 참여하고 그런 행동을 하는 것이 덕을 실천하는 것보다 얻는 게 훨씬 많다는 것을 배웁니다.

그러나 만일 배고파서 말도 할 수 없는 가난한 사람이 우리 앞에 나타나면, 우리는 동료 인간인 그 가난한 사람한테서 등을 돌립니다. 우리가 천천히 걸어가면 그의 불행에 휘말릴까 두렵기라도 한 듯, 불쾌해하며 서둘러 달아납니다. 그가 자신의 불행한 처지가 부끄러워서 땅을 쳐다보고 있으면, 우리는 그가 위선을 떨고 있다고 말합니다. 굶주림의 마지막 단계에 시달리는 그가 우리의 얼굴을 대담하게 바라보면, 우리는 그를 뻔뻔스러운 불량배라고 말합니다. 그가 누군가가 준 찢어지지 않은 옷을 입고 있으면, 우리는 그를 탐욕스러운 사람이라고 내쫓고 그가 가난한 척한다고 떠들어 댑니다. 그가 다 해진 누더기를 걸치고 있으면, 우리는 다시 그를 악취가 나는 사람이라며 몰아냅니다. 똑같은 불행이 우리에게 닥치지 않도록 그가 창조주의 이름을 부르며 우리를 위해 간절히 기도해도, 그는 우리의 몰인정한 마음을 바꿀 수 없습니다. 그래서 나는 지옥의 불이 복음서에 나오는 부자보다 우리에게 더 뜨겁게 탈 거라고 생각하곤 합니다.

시간이 허락하고 내가 그럴 능력이 있다면, 나는 이 점에 관한 성경의 모든 증거를 자세히 설명함으로써 설교의 의무를 다해야 할 것입니다. 그러나 지금은 헤어져야 할 시간이며, 여러분은 지쳐 있습니다. 만일 내가 마음의 나약함과 혀의 허약함 때문에 무언가를 빠뜨렸다면, 여러분은 스스로 그것을 정리해서 여러분 영혼의 상처에 바르는 연고로 사용하십시오. 성경은 말합니다. "지혜로운 이에게 주어라. 그가 더 지혜로워지리라"(잠언 9,9). "하느님께서는 여러분에게 모든 은총을 넘치게 주실 수 있습니다. 그리하여 여러분은 언제나 모든 면에서 모든 것을 넉넉히 가져 온갖 선행을 넘치도록 할 수 있게 됩니다"(2코린 9,8).

9. 보시다시피, 오늘의 강화講話는 이미 항구에 도착했습니다. 그러나 어떤 형제들은 충고와 권고의 길로 다시 돌아가라고 나를 재촉하고 있습니다. 그들은 나에게 어제 주님께서 행하신 놀라운 기적을 건너뛰지 말고 구원자께서 마귀의 분노에 맞서 승리하신 기념비에 대해 침묵하

지 말라고 명령합니다. 그래야 내가 여러분에게 기쁨의 찬미가를 노래할 기회를 줄 수 있다는 것입니다.

여러분도 알다시피, 마귀는 또다시 우리에게 잔인한 적대감을 드러냈습니다. 타오르는 불을 무기로 하여 마귀는 교회의 신성한 울타리를 포위했습니다. 그러나 다시 한 번, '우리의 공동의 어머니'[1]는 적의 전투 무기로 적을 공격하여 승리를 거두었습니다. 마귀는 자신의 증오를 공개적으로 표명하는 것 외에는 아무것도 이루지 못했습니다. 은총은 반대편에서 불어오는 돌풍처럼, 우리를 향해 쏟아지는 화살을 막아 주었습니다. 교회는 무사했습니다. 우리의 적수가 일으킨 폭풍우는, 그리스도께서 당신의 양들을 위해 지으신 바위를 흔들 힘이 없었습니다(마태 16,18 참조). 옛적에 바빌론의 불가마를 식히셨던 그리스도께서는 지금도 우리 가운데서 같은 일을 하고 계십니다(다니 3,49 참조). 마귀는 자신의 작전에서 얻으려고 계획했던 즐거움을 얻지 못했기 때문에 오늘도 신음하고 있을 것입니다. 마귀는 우리의 선행을 망치기 위해 교회 주변에서 장작더미에 불을 붙였습니다. 사방에서 격렬하게 폭발하면서 활활 타오르는 불은 길에 있는 모든 것을 태워 버리며 주변 공기를 삼키고 있었습니다. 불은 잔혹하게 교회에 접근하여 우리를 그 참사로 끌어당깁니다. 하지만 우리의 구원자께서는 이 재앙을, 그 불을 지피고 광기를 부린 자에게 다시 돌려보내셨습니다. 원수는 반역의 화살을 날릴 참이었지만, 화살을 날리는 것이 금지되었습니다. 아니, 그가 화살을 날렸지만, 그 화살이 다시 그의 머리로 되돌아갔습니다. 우리에게 흘리게 하려고 했던 그 쓰라린 눈물이 결국 마귀의 몫이 되었습니다.

---

1 교회를 가리킨다.

그러니 형제 여러분, 이제 우리의 사악한 적이 자신의 상처를 더 견딜 수 없게 만듭시다. 그의 고통을 더 크게 만듭시다. 어떻게 하면 그렇게 될 수 있는지 여러분에게 말해 줄 테니, 여러분은 여러분의 역할을 해내십시오. 창조주께서 어떤 사람들을 불의 권세에서 건져 내셨지만, 목숨만 겨우 유지하고 생계를 꾸릴 재원이 하나도 없는 이들이 있습니다. 그러니 이런 역경을 겪지 않은 우리는 우리의 재물을 그들을 위해 사용해야 합니다. 간신히 목숨을 건진 이들을 우리의 형제로 맞아들입시다. 우리가 그들 각자에게 이렇게 말합시다. "그는 죽었다가 다시 살아났고 내가 잃었다가 도로 찾았다"(루카 15,24 참조). 그리고 우리 자신과 같은 몸인 그들의 몸에 옷을 입힙시다. 우리의 동정심으로 사악한 자의 오만한 행동을 맞받읍시다. 그러면 비록 그가 우리에게 상처를 입히더라도, 그 상처는 크지 않을 것이며 그는 자신의 모든 전투에서 자랑할 전리품이 하나도 없을 것입니다. 그가 우리 형제들의 재물을 뺏어 갔지만, 그는 우리의 관대함 때문에 공공연히 패배할 것입니다.

10. 그리고 이 재앙을 간신히 피한 나의 형제 여러분, 여러분은 이미 일어난 재앙 때문에 지나치게 낙심하거나 불안해하지 마십시오. 슬픔의 안개를 걷어 내고 즐거운 마음으로 더 용감한 생각을 하며 영혼에 새로운 활력을 불어넣으십시오. 이것을 화관을 얻을 기회로 만드십시오. 만일 여러분이 평온을 유지하고, 불을 거치고 더욱 반짝이는 순금처럼(참조: 1베드 1,7; 잠언 17,3), 믿음에서 더욱 굳건해진다면, 여러분은 자신의 음모로 여러분한테서 눈물 한 방울도 끌어내지 못한 사탄을 더욱 부끄럽게 만들 것입니다.

욥의 인내심을 기억하십시오. 욥이 했던 말을 여러분도 여러분 자신에게 하십시오. "주님께서 주셨다가 주님께서 가져가셨습니다. 그것이 주님을 기쁘게 하는 것처럼, 또한 그렇게 이루어졌습니다"(욥 1,21 참조). 아무도 자신의 고통에 이끌려, 주님의 섭리가 우리의 인생사에 미치지 않는다고 생각하거나 말해서는 안 됩니다. 어떤 사람도 주님의 통치와 계명을 비난해서는 안 됩니다. 방금 언급한 '운동선수'[2]를 생각하고 그를 여러분의 현명한 조언자로 삼으십시오. 여러분은 욥이 겪은 모든 시련을 마음속으로 하나하나씩 되새기도록 하십시오. 마귀가 그를 노리고 많은 화살을 쏘았지만, 그는 아무런 치명상도 입지 않았다는 것을 묵상하십시오. 마귀는 욥에게서 그의 집안의 번영을 빼앗아 가고, 잇따르는 끔찍한 재앙들에 관한 보고로 그를 제압하려는 계획을 세웠습니다. 첫 번째 전령이 큰 불행을 알리고 있을 때, 또 다른 전령이 와서 더 심각한 재난의 소식을 전해 주었습니다. 재앙에 재앙이 이어졌고, 그것은 밀려오는 파도와 같았습니다. 첫 번째 통곡이 끝나기도 전에, 통곡할 또 다른 일이 눈앞에 와 있었습니다(욥 1,13-17 참조).

그러나 그 의로운 사람은 바위처럼 굳건히 서서 세찬 폭풍을 맞으며, 돌진하는 파도를 거품처럼 작아지게 했습니다. 그는 주님께 사랑스럽게 부르짖었습니다. "주님께서 주셨다가 주님께서 가져가셨습니다. 그것이 주님을 기쁘게 하는 것처럼, 또한 그렇게 이루어졌습니다"(욥 1,21 참조). 그는 자신에게 닥친 어떤 재앙도 눈물을 흘릴 가치가 없다고 여겼기 때문입니다. 그러나 아들들과 딸들이 잔치를 벌이고 있을 때 격렬한 바람이 불어와 잔치방을 날려 버렸다는 소식을 듣자, 그는 겉옷을 찢고, 절로 우러나는 슬픔으로 자신이 자녀를 사랑하는 아버지라는 것을

---

2 욥을 가리킨다.

보여 주었습니다(욥 1,18-20 참조). 그러나 그 순간에도 그는 자신의 슬픔에 한계와 척도를 정했고, 그 불행한 사건을 이런 신심 깊은 말로 정리했습니다. "주님께서 주셨다가 주님께서 가져가셨습니다. 그것이 주님을 기쁘게 하는 것처럼, 또한 그렇게 이루어졌습니다"(욥 1,21 참조). 그것은 이렇게 고백하는 것과 같았습니다. "나를 만드신 분께서 바라시는 만큼 오랫동안 나는 아버지라고 불렸습니다. 그분께서 이제 나에게서 자손이라는 화관을 빼앗고자 하셨습니다. 나는 그분께서 당신의 소유물을 두고 하시는 일에 저항하지 않습니다. 주님께서 좋게 보시는 일이 이루어지기를 바랍니다. 그분은 내 자식들의 창조주이시고, 나는 그분의 도구입니다. 종인 내가 어찌하여 피할 수 없는 법령에 대해 쓸데없이 애통해하며 쓰라린 불평을 늘어놓겠는가?" 이런 말로 이 의인은 마귀를 쏘아 맞췄습니다.

11. 그러나 악마는 욥이 이런 재앙에도 흔들리지 않고 승리를 거두는 것을 보자 또 다른 공성 기계, 곧 육체의 유혹을 불러일으켰습니다. 악마는 욥의 살갗을 벗겨 내 말할 수 없는 고통을 일으켰고 거기서 구더기가 불려 나오게 했습니다. 그는 욥을 왕좌에서 끌어내려 잿더미 위에 앉혔습니다(참조: 욥 2,7-8; 7,5). 그러나 욥은 내가 방금 언급했던 역경을 당하고서도 확고부동했습니다. 육체는 갈가리 찢겼지만, 욥은 영혼 깊은 곳에 있는 신심이라는 보물을 지켜 냈습니다.

이제 적수는 더 이상 어떻게 해 볼 수 없다는 것을 깨닫고, 옛날의 배신 장치를 생각해 냈습니다(창세 3,1-20 참조). 그는 불경스럽고 신성 모독적인 생각으로 욥의 아내를 유혹하여 그녀가 운동선수의 결심을 흔들어 놓기 바랐습니다. 그녀는 그 의로운 남자 옆에서 장황설을 늘어놓았습니다. 그녀는 자신이 본 일들에 넋이 나가 엎드려서 손바닥을 두드리며, 욥의 경건함이 가져다준 보상에 대해 욥에게 온갖 욕설을 퍼붓고, 그들 집안의 옛 번영에 관해 길게 이야기했습니다. 그녀는 현재의 불행과 이 초라한 상태와 많은 희생으로 당신이 주님에게서 받은 보상이 과연 어떤 것인지 잘 보라고 했습니다. 그것은 여자의 비겁한 마음에서 나올 만한 말이었고, 그 어떤 남자라도 속을 뒤집어놓고 고귀한 마음을 깡그리 없애 버릴 수 있을 정도로 감정 섞인 말이었습니다. 그녀는 이렇게 말했습니다. '나는 떠돌이와 품꾼처럼 떠돌아다닙니다. 여왕이었던 내가 종이 되었습니다. 이제 나는 내 종들의 손을 계속 주시해야 합니다(시편 123,2 참조). 한때 많은 사람을 부양했던 내가 이제 낯선 사람들 대신에 겨우 풀칠하는 것을 행운이라고 생각해야 합니까?' 그녀는 욥이 자신의 불행을 참을성 있게 인내함으로써 자신과 그녀를 위한 투쟁의 수고를 연장하는 것보다, 오히려 제 손으로 죽음으로써 신성을 모독하여 창조주의 진노 칼을 날카롭게 하는 것이 그에게 더 낫고 유익한 일이 될 거라고 덧붙였습니다(욥 2,9 참조).

지금까지 그에게 닥친 그 어떤 재앙보다도 그녀의 말에 더 비통해하면서 그는 격노한 표정으로 아내를 바라보았습니다. 그리고 그가 뭐라고 했나요? '어찌하여 당신은 미련한 여자들처럼 말하는 거요?'(욥 2,10 참조). 그의 말은 이런 뜻입니다. '닥치시오, 여자여.' 언제까지 당신의 말로 우리가 같이한 삶을 더럽히려는 것이오! 부디 하느님께서 악을 물리치시기를! 당신은 내 삶의 방식에 대해 그릇되게 말했고 내 생명을 거스르는 음모를 꾸몄소. 우리는 혼인으로 한 몸이 되었는데(참조: 마태 19,5-6; 마르 10,7-8; 에페 5,31) 당신이 신성모독을 저질렀으니, 나는 나의 반쪽이 불경을 저질렀다고 생각하오. "우리가 주님의 손에서 좋은 것을

받았다면, 우리는 나쁜 것도 받아야 하지 않겠소?"(욥 2,10 참조). 우리가
받은 과거의 축복을 기억하세요. 이런 역경과 과거에 누린 번영을 저
울에 달아 보세요. 인생이 처음부터 끝까지 행복한 사람은 아무도 없
기 때문입니다. 만사형통은 오직 하느님께만 해당합니다. 당신이 지금
우리의 상황으로 인해 마음이 아프다면, 과거를 회상하면서 마음을 위
로하세요. 당신이 지금은 울지만, 예전에는 웃었습니다. 당신은 지금은
가난하지만, 예전에는 부자였습니다. 전에 당신은 삶의 맑은 냇물을 단
숨에 들이켰습니다. 이 혼탁한 물은 인내심을 가지고 마시시오. 강물은
완벽하게 깨끗해 보이지 않습니다. 알다시피, 우리의 삶은 파도로 뒤덮
여 끊임없이 흐르는 강물입니다. 일부는 이미 흘러갔고, 일부는 여전히
흐르고 있습니다. 일부는 방금 샘에서 쏟아져 나왔고, 일부는 막 쏟아
져 나오려고 합니다. 우리 모두 죽음이라는 공통의 바다를 향해 서둘러
가고 있습니다. 우리가 주님의 손에서 좋은 것을 받았다면 나쁜 것도
받아야 하지 않겠습니까? 우리가 우리의 재판관에게 항상 같은 풍요를
달라고 강요하는 것입니까? 우리가 주님께서 우리의 삶을 어떻게 조율
하셔야 하는지를 주님께 가르치는 것입니까? 그분의 법령에 대한 권한
은 그분께서 가지고 계십니다. 그분은 당신의 뜻대로 우리의 일들을 방
향 잡으십니다. 그러나 그분은 지혜로우시며, 당신의 종들에게 유익한
것을 주십니다.

12. '주님의 법령을 쓸데없이 시험하지 마십시오. 주님의 지혜가 베푸
시는 것을 오직 사랑하기만 하십시오. 그분이 당신에게 무엇을 주시더
라도 기쁘게 받아들이십시오. 역경을 당하면, 당신이 이전에 누렸던 기
쁨을 누릴 합당한 자격이 있다는 것을 증명하십시오.'

그리하여 욥은 마귀의 공격을 물리치고 그에게 완전한 패배의 치욕을 안겨 주었습니다. 그리고 무슨 일이 일어났습니까? 욥의 병은, 마치 그를 찾아왔지만 아무 소용도 없었고 아무런 이득도 얻지 못했다는 것처럼 그를 떠났습니다. 그의 육체는 다시 젊음의 건강을 되찾았습니다. 그의 삶은 온갖 좋은 일들로 다시 번영을 누렸고 그의 집에는 사방에서 재물이 갑절로 흘러들어 왔습니다(욥 42,10-13 참조). 재산의 절반은 잃은 적이 없는 것처럼 이전의 재산으로 채워졌고, 나머지 절반의 재산은 의로운 사람에게 주어지는 인내의 상급이었습니다. 그런데 왜 그는 집과 노새, 낙타와 양과 모든 재물을 두 배로 받았는데, 그에게서 태어난 새로운 자녀들의 수는 죽은 자녀들의 수와 같았습니까? 그것은 사나운 짐승과 온갖 재물은 떠나면 완전히 사라지지만, 자녀는 죽더라도, 본성의 가장 좋은 부분 안에서 계속 살아 있기 때문입니다.[3] 그러므로 그가 창조주로부터 새로운 아들딸들로 총애를 받았을 때, 그는 자식이라는 재산도 두 배로 소유하게 되었던 것입니다. 살아 있는 자녀들은 부모에게 기쁨을 주도록 그와 함께 있고, 죽은 자녀들은 자신들의 아버지를 기다리기 위해 먼저 떠났습니다.

인간 생명의 심판자께서 보편 교회를 모아들이실 때, 왕의 오심을 알리는 나팔이 큰 소리로 무덤들에 울려 퍼지며 거기에 맡겨진 육체들을 요구할 때, 죽은 이들이 모두 욥의 주변에 서 있을 것입니다(욥 19,25-26 참조). 그러면 이제 죽은 것으로 보이는 사람들이 살아 있는 사람들보다 더 빨리 우주의 조물주 앞에 자리를 차지할 것입니다. 내 생각에는 이런 이유로, 주님께서는 욥에게 재산은 이전의 두 배로 주셨지만, 그가

---

3   곧, 그들의 영혼은 영원하다는 뜻.

세상사에 초연함(설교 21)

자녀는 이전과 같은 수로 만족하리라고 판단하신 것 같습니다. 의로운 욥이 자신의 인내심으로 얼마나 많이 축복을 받았는지 보셨습니까? 그러니 그대도 마귀의 계략으로 일어난 어제의 불로 인해 그대에게 닥쳤을지도 모를 모든 피해를 참을성 있게 견디고, 성경 말씀에 따라 더욱 담대하게 그 불행으로 인한 괴로운 마음을 줄여 나가야 합니다. "네 근심을 주님께 맡겨라. 그분께서 너를 붙들어 주시리라"(시편 55,23). 그분께 영광이 영원무궁토록 있나이다. 아멘(1베드 4,11 참조).

청년들에게(설교 22)

이교인 문학에서 유익을 얻는 방법에 관해 청년들에게

1. 나의 자녀들아, 여러 가지 상황을 고려해 볼 때, 내가 최선이라고 확신하는 것들에 대해 너희에게 반드시 조언해야 할 것 같다. 너희가 그것을 받아들인다면, 내가 확신하는 것들이 너희에게 큰 도움이 될 것이다. 나는 이 나이 될 때까지 많은 경험을 통해 훈련받았을 뿐만 아니라 선과 악의 가르침에 대한 모든 변천사[1]를 잘 알고 있다. 그래서 그 누구보다도 인간사에 대해 자신 있게 말해 줄 수 있다. 이제 막 인생에 들어서는 너희에게 '가장 안전한 길'[2]을 알려 주겠다. 게다가 나는 너희와 혈연관계인 너희 부모님과 연배가 거의 같으므로, 너희 아버지 못지않게 너희를 즐겁게 해 줄 수 있다. 내가 너희를 잘못 판단하지 않았다면, 너희가 나를 바라보면서 부모님을 그리워하지는 않을 것이다. 만일 너희가 내 말을 진심으로 받아들인다면, 너희는 헤시오도스가 칭찬하는 두 번째 부류에 속하게 될 것이다.[3] 그러나 너희가 그렇게 하지 않는다면, 나는 정말로 듣기 거북한 말을 너희에게 하고 싶지 않지만, 너희 중에 혹시 누가 헤시오도스가 말한 다음과 같은 구절을 기억하고 있느냐?

---

1   바실리우스의 시련과 수고에 관해서는 존 헨리 뉴먼『역사 스케치』2,1-2 참조.

2   참조: 플라톤『국가』3,416b;『향연』209.

3   헤시오도스『일과 날』293-97 참조: "모든 것을 스스로 생각하고 나중과 마지막에 더 좋을 것에 유념하는 사람이 가장 훌륭한 사람이다. 그리고 그는 좋은 조언자의 말을 잘 듣는 사람이다. 그러나 누구든지 스스로 생각하지도 않고 다른 사람이 그에게 말하는 것을 귀담아듣지도 않는 사람은 무익한 사람이다." 헤시오도스는 기원전 7세기에 활동한 고대 그리스의 서사 시인이며 작가다. 그는 호메로스와 함께 그리스 신화, 그리스 문학에서 중요한 역할을 했다. 헤로도토스는 헤시오도스와 호메로스가 그리스인들에게 신을 만들어 주었다고 한다. 헤로도토스는 고대 그리스의 역사가이며, "역사학의 아버지"다. 그는 체계적으로 사료를 수집하고 사료의 정확성을 검증했으며 생생한 줄거리에 따라 사료를 배치한 최초의 역사가로 알려져 있다.

"가장 좋은 사람은 해야 할 일을 한 번에 알아보는 사람이다. 훌륭한 사람은 다른 사람들이 옳게 지적한 것을 받아들이는 사람이다. 그러나 모든 면에서 쓸모없는 사람은 이 두 부류 어느 쪽에도 해당하지 않는 사람이다."

너희는 날마다 선생님들의 지도로, 고대의 유명한 사람들이 남긴 말을 통해 그들과 대화를 나눈다. 그러므로 그런 너희한테서 내가 특별히 좋은 것을 발견했다고 말한다고 해도, 이상하게 생각하지 마라. 내가 너희에게 조언하려고 하는 것은 바로 이것이다. 너희 인생은 바다를 항해하는 배와 같다. 너희가 너희 마음의 모든 방향타를 책에서 만나는 사람들에게 단번에 넘겨주고서 그들이 이끄는 대로 따라가서는 안 된다.[4] 오히려 그들한테서 유익한 것만을 받아들이고, 그렇지 않은 것은 무시해야 한다. 너희는 그것을 구분할 줄 알아야 한다. 그러므로 지금부터 내가 그런 것들을 어떻게 구별할 수 있는지 가르쳐 주겠다.

2. 나의 자녀들아, 우리는 인간의 삶이 모든 면에서 가치가 있다고 생각하지는 않는다. 자신의 유익만을 위한 삶은 좋은 것이 아니다. 그래서 우리는 조상들의 명성이 높았다는 것도, 육체의 힘도, 아름다움도, 키도, 모든 사람이 부여해 준 명예도, 왕권 그 자체도, 그 밖에 언급할 만한 인간의 다른 속성들도 위대하다고 생각하지 않는다. 아니, 우리는 그런 것들을 위해 기도할 가치가 있다고 생각하지도 않고, 그런 것들을 소유한 사람들을 존경스러운 마음으로 바라보지도 않는다. 우리의 희망은 우리를 더 먼 시간으로 인도한다. 우리가 하는 모든 일은 '그 다른

4　플라톤 『클리토폰』 408b2 참조.

삶[5]을 준비하기 위한 것이다.[6]

그러므로 그 다른 삶에 도움이 되는 것은 무엇이든 온 힘을 다해 사랑하고 추구해야 한다. 그러나 그 삶에 도움이 되지 않는 것은 무엇이든지 아무렇지 않게 그냥 넘어가야 한다. 이 세상의 삶이 무엇인지, 그리고 우리가 어떻게 그리고 어떤 방식으로 이 세상을 살아가야 하는지에 대해, 우리가 직면한 현재의 목적에 비추어 논의하기에는 너무 많은 시간이 걸릴 것이다. 그리고 그러한 이야기는 너희 또래보다 더 성숙한 사람들이 들어야 한다. 내가 이 정도만 말해도, 사람들은 이 세상 처음부터 있었던 재화들을 모두 합쳐 놓은 것이 '그 다른 삶'의 재화 중에서 가장 작은 재화보다 가치가 훨씬 떨어진다는 것을 알 수 있단다. 이 세상의 재화는 하나의 그림자와 같다. 그림자와 꿈은 현실을 따라잡을 수 없다. 아니, 더 적절한 비유를 들자면, 영혼이 모든 면에서 육체보다 소중한 것처럼, 이 세상의 삶과 '그 다른 삶'의 차이는 그만큼 더 크다.[7]

성경은 신비를 통해서 '그 다른 삶'으로 가는 길을 우리에게 가르쳐 주면서 우리를 인도해 준다. 그러나 너희는 어리기 때문에, 성경에 담긴 의미의 깊이를 이해하는 것은 불가능하다(1코린 2,10 참조). 하지만 비슷한 다른 비유를 들어 설명하겠다. 그림자를 실체라고 믿는 오류에서 벗어나기 위해서,[8] 우리는 군사훈련을 하는 군인들처럼 영혼의 눈을 훈

---

5   천국의 삶을 말한다.

6   플라톤 『국가』 6,491c 참조.

7   플라톤 『국가』 10,614 참조.

8   플라톤 『국가』 7,533d 참조. 플라톤이 동굴의 비유를 들어 실체와 그림자에 관해 설명한다. 동굴 속에 갇혀 있는 죄수는 팔과 다리, 목이 묶여 있어 좌우로 움직일 수가 없다. 죄수는 횃불에 비친 자신의 그림자만 보고 산다. 그는 자신의 그림자를 실체라고 믿고 있다. 그 죄수가 바로 우리, 인간이다.

런시켜야 한다. 군인들은 팔의 근육을 기르기 위해 체조를 하고, 발의 근육을 기르기 위해 춤 스텝 훈련을 한다. 이러한 훈련을 통해서 쌓은 경험과 스포츠를 통해서 얻은 이익을 전투에서 즐긴다. 우리 앞에는 경기,[9] 곧 모든 경기 중에서 가장 위대한 경기가 놓여 있다. 그러므로 우리는 이것을 위해 모든 것을 다해야 하고, 이를 대비해서 최선의 노력을 해야 한다. 우리는 시인들과 역사가들[10]과 웅변가들의 도움을 받아야 한다. 우리는 우리 영혼을 보살피는 것과 관련하여 도움을 받을 수 있는 모든 사람과 연합해야 한다.

염색업자는 염색해야 할 재료가 무엇이든지 간에[11] 먼저 특정한 처리를 통해 염색할 준비를 한 다음, 자주색이든 다른 색이든 색상에 맞게 염색한다. 마찬가지로 우리도, 선의 영광이 영원히 우리와 함께 있게 하려면, 이 같은 외부적인 수단을 활용해야 한다. 그렇게 한다면, 우리는 신성하고 신비로운 가르침을 이해하게 될 것이다. 그러면 우리도, 물에 비치는 태양의 반사를 보는 것에 익숙한 사람들처럼, 빛 자체를 향해 우리의 눈을 돌릴 수 있을 것이다.[12]

3. 이제 두 가르침[13] 사이에 어떤 유사성이 있다면, 두 가르침에 대한 지식은 우리에게 도움이 될 것이다. 그러나 두 가르침 사이에 유사성이 없다면, 적어도 두 가르침을 나란히 놓고서 그 차이점을 발견하도록 하

---

9   참조: 플라톤 『국가』 10,608b; 히브 12,1; 1코린 9,25.

10   일부 번역가들은 "산문 작가들"이라고 번역했다.

11   플라톤 『국가』 4,429d-e 참조.

12   참조: 플라톤 『국가』 7,515e-516b; 플루타르코스 『도덕론』 36e "젊은이가 시를 공부해야 하는 이유."

13   그리스·로마 문화의 가르침과 성경의 가르침.

여라. 그렇게 한다면, 너희의 기반을 튼튼하게 하는 데 큰 도움이 될 것이다. 너희가 두 교육 시스템을 비교해서 발견할 수 있는 참된 유사성은 과연 어떤 것일까? 나무가 그 가지에 물결치는 고운 의상인 나뭇잎을 입고 있는 것이 나무에 어울리는 덕목인 것처럼 보이지만, 나무에 가장 어울리는 덕목은 나무가 아름다운 열매를 맺는 것이다. 또한 우리는 과일을 보호해 주고 나무에 아름다움을 더해 주는 잎사귀를 진리에 비유할 수 있다. 이처럼 눈에 보이는 이 세상의 지혜조차도 사랑스러운 옷을 입고 있다.[14] 그렇다면 영혼에 가장 어울리는 덕목은 무엇일까? 그것은 바로 진리다. 영혼의 열매, 곧 진리는 일차적으로 영혼의 열매다. 이제 모든 인류 가운데 지혜의 이름이 가장 크고 위대한 모세(사도 7,22 참조)조차도 처음에는 이집트인의 학문으로 마음을 훈련한 다음 하느님(탈출 3,14 참조)에 대해 묵상을 했다. 그리고 그와 마찬가지로 후대에 이르러서는 바빌론으로 유배당한 지혜로운 다니엘(다니 1,4 참조)이 칼데아인들의 지혜를 먼저 배우고 나서 하느님의 가르침을 배웠다고 사람들은 말한다.

4. 자, 이교인들의 가르침도 영혼에 유익하다는 것이 충분히 확인되었다. 그렇다면 이제 너희가 그것을 어떻게 이용해야 하느냐에 관해 논의할 차례가 되었다.

첫째, 시인들은 모든 종류의 주제를 다루기 때문에, 너희는 그들의 모든 글에 무조건 관심을 기울여서는 안 된다. 그러나 그들이 선한 사람들의 행동이나 말을 너희에게 전할 때는 언제나, 너희는 그 내용을

---

14   곧, 그리스 이교인 문학에서 나온 것이다.

소중히 여기고 받아들여야 한다. 그리고 가능한 한 그들처럼 되려고 노력해야 한다. 하지만 시인들이 악한 사람들에 관해 말할 때는, 오디세우스가 사이렌의 노래를 피했을 때 그랬다고[15] 그 시인들이 말하는 것처럼, 너희도 오디세우스처럼 귀를 막고 그러한 모방[16]을 피해야 한다. 왜냐하면 사악한 말에 익숙해지는 것은 악행으로 이어지는 길이기 때문이다. 그러므로 너희 영혼은 모든 경계심을 갖고 주의를 기울여야 한다(잠언 4,24 참조). 왜냐하면 시인들의 말이 주는 즐거움을 통해 우리는 자신도 모르게 꿀과 함께 독약을 먹는 사람들처럼, 더 사악한 종류의 악을 무의식적으로 받아들일지도 모르기 때문이다.

그러므로 시인들이 욕을 하거나 조롱을 할 때, 불륜을 저지른 사람이나 술에 취한 사람을 묘사할 때, 또는 풍족한 식탁이나 방탕한 노래로 행복을 정의할 때, 우리는 시인들을 찬양하지 않을 것이다. 하지만 무엇보다도 그들이 신들에 대해 어떤 이야기를 할 때, 특히 신들이 많다고 말할 때, 그리고 신들도 역시 서로 일치하지 않는다고 말할 때, 우리는 그들의 말에 주의를 기울일 것이다. 왜냐하면 시인들이 시를 통해서, 형제가 형제와 다투고, 아버지가 자식과 싸우며, 이제 자식들이 부모와 무자비한 전쟁을 벌이고 있다고 말하기 때문이다. 그러나 신들의 간통과 불륜과 공공연한 그들의 성행위, 특히 시인들 스스로 만인의 최고이자 가장 높은 신이라 일컫는 제우스의 간통 행위들, 이런 것들은 야만적인 짐승들에 관해서 조차도 언급하기 부끄러운 행동이다. 이런 모든 것은 광적으로 열광하는 무대 관객들에게 어울리는 것이다.[17] 나

15　호메로스『오디세이아』12,39 이하 참조.

16　'모방'에 관해서는 플라톤『국가』10.595a 이하와 아리스토텔레스『시학』을 참조하라.

17　플라톤『국가』2,377e 이하 참조.

는 역사가들에 대해서도, 특히 그들이 청중들의 즐거움을 위해 이야기를 조작할 때도 똑같이 조심해야 한다고 말하겠다. 그리고 우리는 웅변가들의 거짓말 기술을 절대 모방해서는 안 된다.[18] 옳고 참된 생활 방식을 선택하고 소송을 삼가라는 하느님의 계명을 받은 우리에게는 법정에서나 다른 일에서나 거짓말을 하는 것이 합당하지 않기 때문이다(1코린 6,7 참조).

인간이 아닌 다른 존재들이 꽃을 즐기는 것은 단지 꽃의 향기와 꽃의 색깔 때문이다. 자연 세계에서 볼 수 있는 것처럼, 꿀벌에게는 꽃에서 꿀을 가져가는 능력이 있다. 실제로 꿀벌들은 아무 꽃에나 다 접근하지 않으며, 날아다니다가 내려앉은 꽃에서도 모든 꿀을 가져가는 것이 아니라 자기들의 작업에 필요한 만큼만 가져가고 나머지는 그대로 놔둔다. 그러므로 우리도 역사가들의 글에서 오직 달콤하고 즐거운 것만을 추구해서는 안 된다. 달콤하고 즐거운 것만 추구하는 사람은 자신의 영혼에 유익이 될 수 있는 것을 스스로 자신으로부터 멀리 치워 버리는 사람과 같다. 그러므로 우리가 이교인의 문학에 참여해야 하는 것은 '꿀벌의 비유성'에 따른 것이다. 만일 우리 자신이 현명하다면, 우리는 이교인의 작품에서 우리에게 적합하고 진리와 유사한 것을 취하고 나머지는 그냥 지나칠 것이다. 그리고 우리가 장미꽃밭에서 장미꽃을 꺾을 때 가시를 조심하는 것처럼, 이교인의 작품에서 유익한 것을 얻을 때도 해로운 것을 조심해야 한다.[19] 그러므로 우리는 처음 시작할 때는 이교인 작품에 담겨 있는 지식을 분야별로 조사한 뒤, "돌을 직선으로

---

18   플라톤 『파이드로스』 260-261 참조. 여기에서 소크라테스는 수사학을 "말을 통해 영혼을 인도하는 예술"이라고 정의한다.

19   참조: 플라톤 『법률』 2,3,7; 『국가』 3.

가지고 오다"[20]라는 도리아인들의 속담에 따라, 그 지식을 우리의 목적
에 맞게 조정해야 한다.

5. 그리고 우리는 덕을 통해 우리의 삶으로 들어가야 하고, 시인들, 역
사가들 그리고 훨씬 더 많은 철학자들이 덕을 찬양하였으므로, 우리는
특히 그러한 문학 작품을 공부해야 한다. 젊은이들의 영혼에 덕에 대한
친밀감과 친숙함이 어느 정도 생겨난다는 것은[21] 젊은이들에게 결코
작은 장점이 아니기 때문에, 그들이 배운 교훈은 본질상 지워지지 않을
것이다. 젊은이들은 영혼의 감수성이 뛰어나 깊은 감명을 받았을 가능
성이 크다.[22] 헤시오도스가 모든 사람의 입에 오르내리는 이 구절들을
쓸 때 젊은이들에게 덕을 '권고'한 것이 아니라면, 우리는 그가 달리 무
엇을 염두에 두었다고 생각할 수 있겠는가? 헤시오도스는 이렇게 노래
했다. "처음에는 여행하기 험난하고 힘들며, 많은 땀과 노력이 가득 차
있는 길이 덕으로 가는 가파른 길이다."[23]

　　그러므로 이 길은 너무나 가팔라서 오를 수 있는 것이 아니며, 오르
려고 애를 써도 쉽게 정상에 도달할 수 있는 길이 아니다. 하지만 정상

20　　호메로스『오디세이아』5,244: "그런 다음 그는 교묘하게 그것을 모두 부드럽게 하여 직선
으로 만들었다." 참조: 나지안주스의 그레고리우스『편지』139; 요한 크리소스토무스『코린토 1
서 강해』33.

21　　플루타르코스『도덕론』3e-f "어린이 교육" 참조.

22　　참조: 플라톤『법률』7;『국가』2.

23　　헤시오도스『일과 날』287-92. "나쁜 것은 쉽게 얻을 수 있고 떼를 지어 올 수 있다. 그리로
가는 길은 평탄하고 그것은 우리 가까이에 살고 있다. 그러나 우리와 선 사이에 신들이 우리 이
마의 땀을 뿌려 놓았다. 선에 이르는 길은 길고 가파르고 처음에는 험난하다. 그러나 사람이 정
상에 도달하면, 그때는 정말로 선을 얻기 쉽다. 그렇지 않은 경우엔 도달하기 어렵다." 참조: 플라
톤『국가』2,364d; 마태 7,13-14.

에 오르면, 바로 이 시인이 말한 것처럼, 이 길이 악으로 이어지는 다른 길보다도 얼마나 매끄럽고 아름다운 길인지, 얼마나 쉽고 즐거운 길인지, 그리고 더 유쾌한 길인지 알 수 있다. 내가 보기에, 헤시오도스는 우리에게 덕을 추구하라고 촉구하고 모든 사람에게 선하게 살라고 권고하며, 목적지에 도착하기 전에 수고와 좌절 앞에서 우리가 약해지고 비겁해지는 것을 막기 위해 이런 것들을 이야기한 것 같다. 그리고 확실히, 만일 다른 누군가도 헤시오도스처럼 덕을 찬양하는 노래를 불렀다면, 그가 인도하는 목적지와 우리의 목적지가 같으니, 그의 말을 기꺼이 받아들이자.

게다가, 시인의 마음을 잘 이해하는 사람[24]에게서 내가 들었듯이 '호메로스의 시는 모두 덕에 관한 찬사'[25]이며 그가 쓴 것들은 부수적인 것들 말고는 모두 이 목적을 위한 것이다.[26] 특히 케팔로니아인[27]들의 지

---

24 콘스탄티노플에서 바실리우스를 가르친 이교인 수사학자 리바니오스를 가리킨다.

25 디온 크리소스토모스 『연설』 53,11. "호메로스가 덕과 악에 관해 작곡한 모든 것을 자세히 말하면 크나큰 일이 될 것이다." 호메로스 『서간』 1,2,1-4 참조. 디온 크리소스토모스(40?~115?)는 기원후 1세기 로마 제국의 그리스인 연설가이자 저술가이며, 철학자이자 역사가다.

26 호메로스 『오디세이아』 6,135 이하. 호메로스는 여기에서 오디세우스와 나우시카아에 관해 이야기하는데, 그리스 신화에 나오는 나우시카아는 스케리아섬의 왕 알키노오스의 딸이다. 어느 날 꿈에 아테나 여신이 나타나 빨래를 하러 가라고 한다. 여신의 말대로 공주는 바로 오디세우스가 잠을 자고 있던 해변에 이르러 빨래를 마친 후 시녀들과 공놀이를 한다. 처녀들의 떠들썩한 놀이 때문에 잠에서 깬 오디세우스가 주변을 돌아보러 숲에서 나오자, 처녀들은 낯선 사내의 모습에 기절초풍하여 달아난다. 그러나 나우시카아 공주는 망측한 꼴을 한 낯선 남자를 홀로 초연히 대면한다. 오디세우스는 자신의 딱한 상황을 공주에게 솔직히 설명하고 도움을 청한다. 공주는 오디세우스가 보통 남자가 아님을 직감하고 그에게 먹을 것과 입을 옷을 건네준 후 그를 자기 아버지의 성으로 데려간다. 오디세우스는 알키노오스의 환대를 받고 그의 도움으로 고향 이타카로 돌아갈 수 있게 된다.

27 이타카섬 주변의 섬들에서 사는 공동체. 케팔레니아섬은 그리스 서부의 이오니아제도 가운데 가장 큰 섬이다. 이 섬의 이름은 신화 속에 등장하는 인물인 케팔로스에서 나온 것이다.

청년들에게(설교 22)

도자인 케팔로스를 묘사한 구절에서 더욱 그렇다. 시인 호메로스는 공주가 난파선에서 알몸으로 살아난 오디세우스를 보고 첫눈에 반해 그를 존경한 것으로 묘사했다. 오디세우스는 알몸이었지만 그것은 수치스러운 일이 아니었는데, 호메로스가 오디세우스를 의복 대신에 '덕'의 옷을 입은 사람으로 묘사했기 때문이다. 그래서 오디세우스는 파이아케스부족의 사람들로부터 큰 존경을 받았다.[28] 그들은 모두 자신들의 사치를 경멸하며, 영웅 오디세우스를 존경하고 부러워했다. 당시 파이아케스인들은 모두, 난파선에서 구조된 오디세우스처럼 되고 싶어 했다. 그들은 이 소망말고는 그 어떤 것도 바라지 않았을 것이다.

이런 구절들에서 시인 호메로스의 마음을 이해하는 사람은 호메로스가 거의 고함을 지르는 목소리로 이렇게 말한다고 주장할 것이다. "사람들이여, 너희는 난파를 당한 사람과 함께 헤엄치는 덕에 주의를 기울여라. 그가 벌거벗은 채 뭍으로 올라오면, 행복한 파이아케스인들보다 그에게 더 높은 영예를 부여하라." 이는 정말로 맞는 말이다. 사실, 다른 소유물들은 주사위 게임에서처럼 이랬다 저랬다 바뀌는 것이어서 지금 그것을 가진 사람의 것이 아니다.[29] 그러나 사람이 소유한 덕은 빼앗길 수 없으며, 사람이 살아 있든지 죽었든지 그 덕은 남아 있다. 내가 보기에, 솔론이 부자들에 대해 이렇게 말한 것은 바로 이런 이유 때문이었다. "그러나 우리는 부자들의 재산과 우리의 덕을 교환하지 않을 것이다. 부는 날마다 주인이 바뀌지만 덕은 늘 곁에 있기 때문이다."[30]

---

28   호메로스 『오디세이아』 8,248-249 참조.

29   플라톤 『국가』 10,604c 참조.

테오그니스도 비슷한 말을 했다. 그가 '신'을 어떻게 이해하였든지 간에, 그는 '신은 사람을 저울로 달면서 한때는 이리 기울였다가 다른 때에는 저리 기울이곤 한다. 그래서 사람은 부자였다가 가난뱅이였다가 한다'[31]라고 말했다.

게다가, 케오스 출신의 소피스트인 프로디코스[32]도 그의 작품 어딘가에서 덕과 악에 관해 다른 사람들에게 비슷한 말을 했다. 우리는 그의 말에도 마음을 기울여야 하는데, 그는 거부해도 좋은 사람이 아니기 때문이다. 그의 이야기는 이런 식으로 전개되는데, 내가 정확한 단어를 기억할 수는 없지만, 운율 없이 옮기면 그는 대체로 다음과 같은 취지로 말했다. 헤라클레스가 꽤 젊었을 때, 그러니까 지금 여러분의 나이와 비슷했을 때, 그가 두 갈래 길 가운데 어느 길을 택해야 할지, 곧 수고를 통해 덕에 이르는 길을 택해야 할지, 아니면 가장 쉽게 가는 길을 택해야 할지 고민하고 있을 때, 두 여자가 그에게 다가왔다. 두 여자는 덕과 악이었다. 그들은 아무 말도 하지 않았지만 외모에서 차이가 뚜렷이 드러났다. 한 여자는 화장술로 아름답게 치장해서 관능미가 넘쳤고, 온갖 쾌락을 뒤에 이끌고 있었다. 그녀는 이런 것들을 보여 주면서 더

---

30   플루타르코스 『솔론의 생애』 3,2; 플루타르코스 『도덕론』 78c "덕에서 진보" 92e; "원수로 인해 이익을 얻는 방법" 472d; "마음의 평온"에서도 인용된다. 솔론(기원전 630?~기원전 560)은 아테네의 위대한 정치가이자 입법가, 시인이었다. 그는 고대 아테네의 정치적, 경제적, 도덕적 쇠퇴에 반대하는 입법 활동을 전개했다. 그가 단기간에 시행한 개혁은 실패했지만, 그는 종종 아테네 민주주의의 토대를 마련했다는 평가를 받는다.

31   테오그니스 『애가』 157-58. 테오그니스는 기원 6세기 말에서 5세기 초에 활동한 고대 그리스의 시인으로 교훈시를 많이 썼다.

32   기원전 5세기에 활동한 유명한 소피스트다. 그는 그리스 전역을 여행하며 돈을 받고 강의하곤 했다. 그는 단어를 정확히 사용하는 데 각별하게 주의를 기울였다. 다른 소피스트들은 그를 혹평했지만, 크세노폰과 플라톤은 그를 존경했다.

청년들에게(설교 22)

많은 것을 주겠다고 약속하면서, 헤라클레스를 꾀려 했다. 그러나 다른 여자는 기운 없고 초라해 보였지만 강렬한 눈빛을 하고 있었다. 그녀는 전혀 다른 말을 했다. 그녀는 방탕하거나 즐거운 것은 아무것도 약속하지 않고, 모든 육지와 바다를 통해 땀 흘리는 무수한 수고와 노동과 위험을 약속했다. 그러나 이것들을 통해서 얻을 수 있는 상은, 프로디코스의 이야기에 나와 있는 신이 되는 것이었다. 마침내 헤라클레스가 따라간 이는 두 번째 여자였다.[33]

6. 그리고 어느 정도 지혜로 정평이 나 있는 작가들은 거의 모두 최선을 다해 자신의 작품에서 덕을 찬양한다. 우리는 이 사람들의 말에 귀를 기울여야 하며 우리의 삶에서 그들의 말을 보여 주려고 노력해야 한다. 지혜에 대한 헌신을 행동으로 보여 주는 사람에게만 적용되는 말이 있다. "오직 그 사람만 이해력을 지니고 있다. 다른 사람들은 그림자처럼 이리저리 날아다닌다."[34]

직업과 삶이 조화를 이루는 사람은 마치 화가가 아주 경이로운 미모를 지닌 사람을 그려 놓은 것과 같다. 그런 사람은 화가의 그림처럼 실제로 현실에서도 그런 사람이 되어야 한다. 공적인 자리에서는 훌륭하게 덕을 찬양하고 덕에 대해 장황하게 연설하면서도, 사적인 자리에서는 절제보다 쾌락을, 정의보다 사리사욕을 우선시하는 사람은 실제로 왕이나 권력자가 아닌데도, 연극 무대에서 종종 왕이나 권력자로 등장하는 배우들과 같다고 나는 말하겠다. 다시 말하지만, 음악가는 자신

---

33   참조: 크세노폰 『소크라테스 회상』 2,1,21-34; 키케로 『의무론』 1,118.

34   호메로스 『오디세이아』 10,495.

의 수금이 음정이 맞지 않아야 한다는 말에 절대로 동의하지 않을 것이다. 합창단의 지도자도 자신의 합창이 가능한 가장 엄격한 화음으로 노래해서는 안 된다는 말에 절대로 동의하지 않을 것이다.[35] 그런데도 어떻게 우리는 자신의 삶이 자신과 모순되고, 자신의 말과 전혀 일치하지 않는 삶을 살아도 된다는 말인가? 그러나 어떤 사람은 에우리피데스의 말을 인용하면서 "혀가 맹세했지, 마음이 맹세하지 않았다"[36]라고 하면서, 자신의 목표는 선한 사람이 되는 것이 아니라 선한 외모를 갖는 것이라고 말할 것이다. 그러나 우리가 "정의로운 사람이 되지 않고 정의롭게 보이는 것"[37]이라는 플라톤의 말에 주목한다면, 그런 사람의 말은 더없는 불의의 극단이다.

7. 그렇다면 훌륭한 훈계가 담겨 있는 작품 구절들에 대해서는 이 절차를 받아들이도록 하자. 그리고 마찬가지로, 옛사람들의 고결한 덕행에 관한 기록들이 우리를 위해 보존되어 있으니, 우리는 구전 전승이나 시인들과 역사가들의 말을 통해, 이 원천들로부터도 이익을 얻어 내도록 하자.

예를 들어 이런 사례가 있다. 시장을 어슬렁거리는 어떤 사람이 페리클레스를 계속 모욕했지만, 그는 거기에 아무런 관심도 기울이지 않았다. 그는 온종일 페리클레스에게 심하게 욕을 해 댔는데 페리클레스는 들은 척도 하지 않았다. 날이 기울어 어두워졌는데도 그 남자는 포기하

---

35 바실리우스가 플라톤 『고르기아스』 482b를 염두에 두고 한 말 같다.

36 에우리피데스 『히폴리투스』 612; 키케로 『의무론』 3,108.

37 플라톤 『국가』 2,361a: "불의의 마지막 극단은 정의로운 사람이 되지 않고 정의로운 사람처럼 보이는 것이기 때문이다." 플라톤 『고르기아스』 527b 참조.

지 않고 계속해서 페리클레스를 모욕했지만, 페리클레스는 자신이 철
학으로 배운 것이 물거품이 되지 않도록 등불을 들고 그를 집으로 데려
다 주었다.[38]

다른 사례도 들겠다. 메가라의 에우클레이데스[39]에 대해 분노한 어
떤 남자가 그를 죽이겠다고 위협하고 맹세했다. 그러자 에우클레이데
스는 그 사람을 진정시키고, 그에게 자신에 대한 분노를 거둬들이겠다
는 정반대의 맹세를 하게 만들었다. 이런 사례가 격정에 사로잡히려는
사람의 기억에 떠오를 수 있다는 것은 참으로 가치 있는 일이 아닌가!

"적에 맞서 분노의 손을 들어라"라고 말하는 비극 구절을 무조건 따
라서는 안 된다.[40] 하지만 우리는 결국 분노에 휩싸여서는 안 된다. 그
러나 이것이 쉽지 않다면, 적어도 우리는 분노에 대한 일종의 억제책으
로 이성을 사용하여, 분노가 선을 넘지 않도록 해야 한다.

자, 이제 다시 덕행의 예로 돌아가 보도록 하자. 어떤 남자가 소프로
니스코스[41]의 아들인 소크라테스의 얼굴을 계속 때리면서 무자비하게
폭행했다. 그러나 소크라테스는 맞서 싸우지 않고, 술로 미친 그 사람
이 자신의 분노를 폭발시키도록 두었다. 그래서 소크라테스의 얼굴이
부풀어 오르고 멍이 들었다. 그러다 그 남자가 때리기를 그쳤을 때, 소
크라테스는 마치 조각가가 조각상에 자신의 이름을 새겨 넣는 것처럼,

---

38 플루타르코스 『페리클레스의 생애』 5장 참조.

39 그는 소크라테스의 주요 추종자들 가운데 한 사람이었다. 플루타르코스 『도덕론』 462c에
있는 "분노의 제어에 관한 것"과 489d "형제애에 관한 것"을 참조하라. 메가라의 에우클레이데
스는 기원전 400년 무렵의 그리스의 소크라테스학파의 철학자이자, 메가라학파의 창시자였다.

40 저자 불명의 단편이나 에우리피데스의 『레수스』 84에 비슷한 구절이 있다. "적에 대해서는
한마디면 충분할 것이다: '무장하라.'"

41 소프로니스코스는 아름다운 작품으로 이름 높았던 조각가였다.

자신의 이마에 "아무개(그 남자의 이름)가 이것을 만들었다"라고 쓴 것 말고는 아무 짓도 하지 않았다. 소크라테스는 그 사람에게 그 정도까지만 복수한 것이다.[42]

이러한 사례들은 우리의 가르침과 거의 목적이 같으므로, 나는 너희 또래의 청년들이 그런 예를 본받는 것이 매우 중요하다고 생각한다. 소크라테스가 보여 준 예는 누가 우리의 뺨을 때리면 그에게 되갚지 말고 다른 쪽 뺨도 내밀어야 한다는 우리의 교훈과 비슷하다(마태 5,39 참조). 그리고 페리클레스[43]나 에우클레이데스의 예는 우리를 박해하는 자들에게 복종하고 그들의 화를 온유하게 참으라는 계명과 비슷하다(마태 5,40-44 참조). 또 다른 예는 우리가 원수를 저주하지 말고 그들을 위해 축복의 기도를 해야 한다는 것이다. 이런 예들을 통해서 미리 가르침을 받은 사람은 누구나 그 뒤로는 그런 교훈들에 순종하는 것이 불가능하다고 여기지 않을 것이다.

알렉산더 대왕[44]의 예도 이야기하지 않을 수 없다. 알렉산더 대왕은

42　이 이야기의 가장 가까운 출처는 테베의 크라테스에 관한 디오게네스 라에르티오스의 『유명한 철학자들의 생애와 사상』 6,89와 시노페의 디오게네스에 관한 6,33이다. 플루타르코스는 『도덕론』 10c "어린이 교육"에서 소크라테스와 다소 관련된 이야기를 다루고 있다. 디오게네스 라에르티오스는 기원후 3세기에 활동한 고대 그리스의 전기 작가다.

43　페리클레스(기원전 495~기원전 429)는 고대 그리스 아테네의 정치가이자, 웅변가, 장군으로 고대 그리스 시대의 역사에서 가장 유명하고 영향력 있는 인물 가운데 한 사람이다.

44　플루타르코스 『알렉산더의 생애』 21-22; 『도덕론』 338e "알렉산더의 행운에 대해"; 97d "기회"; 522a "바쁜 몸이 되는 것에 대해"; 아리아노스 『알렉산더의 원정기』 4,19(『키루스의 교육』 5,1에서 크세노폰은 키루스에 대해 비슷한 이야기를 한다). 이 자료들은 각각 다리우스의 딸들이 아닌 다리우스의 아내와 관련되어 있다. 니코메디아의 아리아노스 또는 루키우스 플라비우스 아리아노스 '크세노폰'(86~160)은 2세기 로마의 그리스인 정치가이자 역사가이며, 알렉산더 대왕의 동방 원정을 연구한 『알렉산더의 원정기』의 저자다. 『알렉산더의 원정기』는 알렉산더 대왕이 기원전 336년에서 323년 사이에 페르시아 제국을 정복한 일을 다룬다.

다리우스 임금의 딸들을 포로로 잡았을 때, 그들이 경이로울 정도로 아름다운 미모를 지녔다는 말을 들었지만, 그들을 보는 것조차 적절치 않다고 생각했다. 남자들을 정복한 사람이 여자들에 의해 정복당한다는 것은 부끄러운 일이라 여겼기 때문이다. 사실, 알렉산더 대왕의 예에는 우리의 잘 알려진 교훈(마태 5,28 참조)과 같은 취지가 들어 있다. 여자를 바라보며 즐거워하는 사람은 비록 행동으로 간통죄를 짓지는 않았지만, 진실로, 자신의 영혼에 욕망을 받아들였기 때문에, 간통죄에서 벗어날 수가 없다. 그러나 피타고라스의 제자들 가운데 한 사람인 클레이니아스[45]의 행동에 관해서는 쉽게 단정하기 어렵다. 그의 행동이 우리의 원칙과 일치하는 것이 그가 의도적으로 그것을 따른 것인지, 우연히 일치하게 된 것인지 확인하기 어렵다. 그런데 클레이니아스가 어떤 행동을 했는가? 맹세를 하면 세 달란트의 벌금을 면할 수 있었는데도 불구하고, 그는 맹세하지 않고 벌금을 냈다. 하지만 그것이 참된 맹세였을지라도 그는 그렇게 했을 것이다. 내가 보기엔, 맹세를 금하는 우리의 계명을 그가 들어서 알고 있었음이 틀림없다(마태 5,34-37 참조).

8. 그러나 우리가 처음에 말했던 주제로 다시 돌아가자. 우리는 모든 것을 예외 없이 받아들여서는 안 되고, 유용한 것만을 받아들여야 한다. 몸에 해로운 음식은 거부하면서도, 영혼의 양식이 되는 가르침에 대해서는 아무런 관심도 두지 않고 마치 산골짜기 계곡의 급류처럼 닥치는 대로 모든 것을 휩쓸고 지나가는 것은 수치스러운 일이다. 또 다른 예를 든다면, 항해사는 경솔하게 배를 바람에 맡기지 않고 배를 완

45　클레이니아스는 타렌툼 출신으로 기원전 44년에 죽은 고대 그리스의 역사가이며 플라톤의 친구였다. 디오게네스 라에르티오스 『유명한 철학자들의 생애와 사상』 8,22 참조.

전하게 항구로 운항하고,[46] 궁수는 표적을 쏘고, 청동 세공인이나 목수는 자신의 기술에 적합한 목적을 위해 최선을 다한다. 우리가 적어도 우리 자신의 이익을 인식하는 능력에 있어서 그러한 장인들보다 뒤처져서야 되겠는가? 수공업자가 자기 일에 대해서는 뚜렷한 목표를 가지고 있으면서도, 그리고 적어도 야수처럼 되지 않으려고 하면서도, 어떻게 인생의 목표가 없이 무슨 행동이나 말을 할 수 있다는 말인가? 만일 우리가 지성이 없이 영혼의 조정석에 앉아, 평생 목적 없이 위아래로 뒤척인다면, 참으로 우리는 배의 균형을 잡아 주는 바닥짐이 없는 배와 같을 것이다.[47]

오히려 인생은 운동 경기와 같다. 아니, 만일 너희가 원한다면, 음악 경연대회와 같다고 말하겠다. 상으로 화관을 주는 대회를 준비하려면 연습을 해야 하는데, 레슬링이나 격투기 경기를 위해 수금이나 피리를 연습하는 사람은 아무도 없다. 폴리다마스[48]는 확실히 그렇게 하지 않았다. 올림픽 경기 전에 그는 빠른 속도로 달리는 병거를 멈추게 하는 연습을 하며 근력을 키웠다. 밀로[49]는 기름칠한 방패에서 절대로 밀려 나지 않고 버텼다. 그는 바닥에 납으로 고정된 조각상들처럼 꼼짝하지 않고, 상대방들을 강하게 밀쳐 낼 수 있었다. 한마디로 말해, 그들의 운

---

46   플라톤 『국가』 6,488d 참조.

47   플라톤 『테아이테토스』 144b 참조.

48   파우사니아스 6,5 참조. 그리스 테살리아 지방 스코투사 출신인 폴리다마스는 니키아스의 아들로, 기원전 408년에 열린 올림픽 경기 격투기에서 우승했다. 그의 몸집은 어마어마했고, 그의 힘에 관한 아주 놀라운 이야기들이 전해진다.

49   참조: 파우사니아스 6,14; 플리니우스 『박물지』 7,20. 바실리우스는 편지 339에서도 이 두 가지 예를 든다. 파우사니아스에 따르면, 밀로는 방패가 아닌 기름칠한 고리 위에 서서 자신을 향해 돌격하여 자신을 끌어내리려고 하는 사람들을 조롱하곤 했다. 그는 올림픽 대회 레슬링 경기에서 여섯 번 우승했으며 피티안 제전에서도 여러 번 우승했다.

동은 경기를 위한 준비였다. 그러나 만일 그들이 운동장에서의 연습과 먼지를 멀리하고 프리기아인 마르시아스나 올림포스[50]처럼 뽐내며 시간을 낭비했다면, 그들이 그렇게 빨리 화관이나 영광을 받을 수 있었을까? 군중의 조롱을 피할 수 있었을까?

그런가 하면 티모테우스[51]도 레슬링 학교에서 시간을 보내며 합창곡 작곡을 게을리하지 않았다. 그가 그렇게 했다면 격렬하고 엄정한 하모니를 통해 열정을 불러일으키는 한편 느긋하고 감각적인 선율을 통해, 그가 원할 때면 언제나 사람들을 달래 줌으로써 음악에 있어서 지금까지 모든 사람을 능가하는 일은 있을 수 없었을 것이다. 한번은 그가 알렉산더 왕자를 위해 피리로 프리기아 선법을 연주하고 있을 때, 왕자가 갑자기 잔치 중간에 벌떡 일어서더니 티모테우스를 향해 달려들었다. 그러자 그는 나른한 선율을 연주하여 왕자를 다시 그의 술친구들에게 돌려보냈다고 한다.[52] 이처럼 음악에서나 운동 경기에서나 목적 달성을 위한 연습이 만들어 내는 힘은 아주 크다.

운동선수들은 가장 맛있는 음식물을 선택하지 않고, 체조 교사가 처방한 음식물을 선택한다. 그리고 온갖 방법을 (내가 그런 것들을 나열하면서 시간을 낭비할 필요는 없다) 동원하여 경기 전에 그들의 삶이 준비되도록 최선을 다한다. 그리고 결전의 순간이 오면, 그들은 경기를 위해 옷을 벗고, 야생 올리브나 파슬리 같은 것으로 된 화관을 받기 위해, 모든 난관과 위험을 무릅쓴다. 그리고 그들은 승리를 거두고 승리

---

50   올림포스는 마르시아스의 제자였다. 플루타르코스『도덕론』1133d-e "음악에 대하여" 참조. 프리기아인인 마르시아스와 올림포스는 플라톤의 『향연』215b-c에 언급되어 있다.

51   테베의 유명한 피리 연주자다.

52   디온 크리소스토모스는 『연설』1,1-8 서문에서 이 이야기를 효과적으로 활용한다.

자로 전령이 그들의 이름을 선포하게 하려는 것이다(1코린 9,24-27 참조).

이제 우리 자신에 대해 말해 보자. 우리의 삶 앞에는 말로 표현할 수 없을 정도로 너무나도 경이롭고 위대한 상이 무수히 놓여 있는데 만일 우리가 원하는 대로 잠 자고 방탕한 생활을 한다면, 어떻게 손을 뻗어 그런 상들을 붙잡을 수 있겠는가? 만약 그럴 수 있는 것이라면, 게으름이 우리 삶에서 큰 가치가 있을 것이고, 사르다나팔루스[53]가 행복에 관한 모든 상 가운데 가장 큰 상을 받을 것이다. 심지어 마르기테스[54]도 상을 받을 것이다. 호메로스[55]의 — 만일 이 작품이 정말로 호메로스의 작품이라면 말이다 — 말대로 마르기테스는 쟁기꾼도 아니었고, 광부도 아니었으며, 삶에서 유용한 일이라곤 한 적이 없었다. 솔직히, "좋은 사람이 되기 어렵다"[56]는 피타쿠스[57]의 발언이 오히려 진실이 아닐까? 우리는 실제로 많은 수고를 하지만, 앞에서 말했듯이, 인간의 어떤 재화도 본보기가 될 수 없는 그 재화를 얻기는 지극히 힘들기 때문이다.

그러므로 잠시 지속되고 마는 안락을 위해서 영광스러운 희망을 포해서는 안 된다. 시간을 헛되이 보내지 말아야 한다. 그래야 우리가 책

---

53 디온 크리소스토모스『연설』3,72 참조. 사르다나팔루스는 아시리아의 마지막 왕이었다. 적군이 궁전에 난입하기 전에 사랑하던 모든 애첩과 애마 등을 죽이고, 재산을 불태우고 자신도 불에 타 죽었다.

54 많은 것을 안다고 하는데 모든 것을 잘못 알고 있던 사람을 조롱하는 시, 지금은 전해지지 않는『마르기테스』를 고대인들은 호메로스의 작품으로 여겼지만, 그 이후 시대의 작품이다.

55 『마르기테스』3. 아리스토텔레스『니코마코스 윤리학』6,7,1141에 인용: "신들은 그에게 땅을 파는 것도, 쟁기질도, 그 어떤 기술도 가르치지 않았다. 그래서 그는 모든 기술에서 실패했다." (『니코마코스 윤리학』은 도덕에 관한 아리스토텔레스의 철학이 담긴 책이다.)

56 플라톤『프로타고라스』340c.

57 그리스의 일곱 현자 중 한 명으로, 기원전 652년 그리스 레스보스 섬의 미틸레네에서 태어났다. 기원전 589년 피타쿠스는 절대 권력을 가진 통치자로 선출되어 10년간 재임했다. 통치자로서의 그의 행적에 대해서는 알려진 바가 없고, 그가 지은 애가哀歌풍의 시 몇 행이 전해진다.

청년들에게(설교 22)

망과 응징을 당하지 않는다. 내가 여기에서 말하는 것은 사람들 사이에
가해지는 처벌이 아니다. 물론 사람들 사이에 가해지는 처벌이 분별력
있는 사람에게는 결코 사소한 문제가 아니다. 그런데 내가 말하는 그
처벌은, 땅 아래인지 우주 어디에 있는지 모르지만, 처벌을 받는 장소
에서 이루어진다. 고의가 아닌 실수로 의무를 이행하지 않은 사람의 경
우에는, 어느 정도 하느님의 용서를 받을 수 있을지 모른다. 그러나 의
도적으로 인생에서 더 나쁜 길을 선택한 사람의 경우에는 반드시 몇 곱
의 벌을 받을 수밖에 없다. 그 어떤 변명도 통하지 않는다.

9. "그럼 우리가 무엇을 해야 하나요?"라고 누군가는 물을지도 모른다.
우리의 모든 여가를 다른 것에 쏟아붓지 말고, 정말로 우리의 영혼을
보살피는 데 헌신하는 것 아니고 무엇이겠는가? 그러므로 우리는 꼭
필요한 경우를 제외하고는 육체의 노예가 되어서는 안 된다. 우리는 우
리의 영혼에 철학을 통해 가장 좋은 것을 제공해 주어야 한다. 감옥[58]으
로부터 해방시키듯 철학을 통해 우리의 영혼을 육체의 정욕과 결별시
키고, 육체에게도 없으면 살 수 없는 것을 주어 육체가 정욕을 다스리
는 주인이 되게 해야 한다. 그러나 호사스러운 음식은 안 된다. 사람들
은 사방에서 식탁 담당자와 요리사를 찾고 육지와 바다를 샅샅이 뒤지
며, 혹독한 주인에게 공물을 바치듯 끊임없이 육체에 먹을 것을 바치는
데, 그들은 저승에서 양털을 불에 태우고,[59] 체에 물을 담아 오거나,[60] 구

---

58 플라톤 『파이돈』 62b, 67a-d, 82d 참조.

59 플라톤 『법률』 6,780c 참조: "입법자로 하여금 (속담에 있듯이) 양털을 불에 태우고 끝없는
헛수고만 하게 한다."

60 헛수고를 뜻하는 또 다른 속담 표현.

멍 난 독에 물을 채우는[61] 것 같은 끝없이 노동을 강요당하는 이들보다 더한 징벌을 받는다.

그리고 머리나 옷을 꾸미는 데 필요 이상으로 많은 시간을 낭비하는 것은, 디오게네스[62]에 따르면, 불행한 사람들의 표시이거나 잘못된 행동을 하는 사람들의 표시다. 그러므로 멋쟁이가 되려고 하거나 멋쟁이라는 이름을 얻으려고 그렇게 하는 것은, 창녀들에게나 어울리는 행동이며 다른 남자의 아내를 유혹하는 것과 같은 수치스러운 행동이라고 나는 말하겠다. 적어도 분별력 있는 사람에게는 값비싼 옷을 입든지 값싼 노동자의 외투를 입든지 그것이 겨울의 추위와 여름의 더위를 충분히 막아 줄 수만 있다면, 무슨 차이가 있겠느냐? 그리고 다른 모든 문제도 마찬가지로, 필요 이상으로 공들여서는 안 되며, 영혼의 유익을 위해 신경을 쓰는 것보다 몸에 더 신경을 써서는 안 된다. 왜냐하면 진정으로 칭송받을 만한 사람이 되고자 하는 이가 멋쟁이가 되려고 하고 몸을 애지중지하는 것은 그 어떤 악에 못지않게 비난받아 마땅하기 때문이다. 자신의 몸이 최대한 아름다워질 수 있도록 모든 고통을 감내하는

---

61 이것은 하데스(저승)에 있는 '다나이드'들에게 주어진 처벌이었다. 다나이드는 다나오스의 50명의 딸들이다. 50명의 다나이드들은 아버지의 쌍둥이 형제인 이집트의 왕 아이깁토스의 50명의 아들들과 혼인하기로 되어 있었다. 그런데 휘페름네스트라 한 명만 빼고 모두가 혼인식 날 밤에 자기들 남편을 죽여 버렸다. 이것은 다나오스의 지시에 의한 것이었다. 다나오스는 명령을 따르지 않은 휘페름네스트라에게 분노하여 아르고스의 법정에 회부했다. 그러자 휘페름네스트라의 남편 링케우스가 형제들에 대한 복수로 다나오스를 죽였다. 남편을 죽인 49명의 다나이드들은 죄값으로 밑 빠진 독에 영원히 물을 채워 넣는 형벌을 받았다. 루키아노스『죽은 자의 대화』11,4: "구멍 난 항아리에 물을 붓는 다나오스의 딸들과 같은 벌을 받는 것." 루키아노스(125~180년 이후)는 로마 시대의 그리스 문학의 대표적 단편 작가다.

62 디오게네스 라에르티오스『유명한 철학자들의 생애와 사상』6,54: "어떤 젊은이가 치장하는 것을 보고, 그는 말했다. '남자를 위한 것이라면 너는 불행하지만, 여자를 위한 것이라면, 너는 잘못하는 것이다.'"

청년들에게(설교 22)

것은 자신을 아는 사람의 표지도 아니고[63] 다음과 같은 지혜로운 계율을 이해하는 사람의 표지도 아니기 때문이다. "눈에 보이는 것이 그 사람이 아니다. 그 사람이 누구든지, 우리에게는 자신을 알아볼 수 있게 해 줄 어떤 더 높은 지혜가 필요하다."[64] 그러나 우리가 우리의 마음을 정화하지 않는다면, 지혜를 갖는다는 것은 눈먼 사람이 태양을 보는 것보다 더 불가능한 일이다.

이제 내가 일반적으로 그리고 너희가 충분히 이해할 수 있는 방식으로 '영혼의 정화'[65]에 대해 말하겠다. 영혼의 정화는 감각을 통해 발생하는 쾌락을 경멸하고, 광대의 어리석은 제주나 관능적 쾌락을 부추기는 것을 눈으로 즐기지 않고, 음탕한 노래가 귀로 들어와 너희의 영혼을 더럽히지 못하도록 하는 것이다. 왜냐하면 무례함과 천박함에서 비롯하는 정욕은 이러한 음악에 의해 자연스럽게 생겨나기 때문이다.[66]

그런 것들 대신 우리는, 신성한 노래의 시인, 다윗이 음악으로 왕을 광기에서 해방시켰다고 하듯이, 더 좋고 더 나은 것으로 인도하는 다른 종류의 음악을 연마해야 한다. 피타고라스도 술 취한 사람들을 우연히 만나자, 피리 연주자에게 화음을 바꾸어 도리아 양식[67] 연주를 그들에

---

63 "너 자신을 알라"는 델포이에 있는 아폴로 신전에 쓰여 있는 격언이다. 참조: 크세노폰『소크라테스 회상』4,2,24; 플라톤『필레보스』48c;『알키비아데스』124a, 129a, 132c;『카르미데스』164d-e;『파이드로스』229e;『프로타고라스』343b;『법률』923a.

64 참조: 플라톤『파이돈』75,115; 키케로『국가론』8 "스키피오의 꿈".

65 영혼의 정화에 관해서는 플라톤『파이돈』82b 참조.

66 음악의 도덕적 중요성에 관해서는 플라톤『국가』3,398; 아리스토텔레스『정치학』8,7 참조.

67 도리아 양식의 비슷한 효과와 피타고라스에 대한 비슷한 암시에 관해서는 퀸틸리아누스『변론 가정 교육』10,32 참조, 도리아 양식에 관해서는 아리스토텔레스『정치학』8.5 참조. 이오니아 양식에 관해서는 플라톤『국가』3,399a 참조. 피타고라스인들 사이에서는 정열을 통제하는 데 있어서 음악의 영향력이 가장 중요했다. 포르피리오스『피타고라스의 삶』30 참조. 플라톤은

게 들려주라고 명령했다. 그러자 술 취한 사람들이 그 선율을 듣고 정신을 차리고는, 부끄러워하며 화환을 찢어 버리고 집으로 돌아갔다고 한다. 그러나 어떤 사람들은 (부끄러워 집으로 돌아가기는커녕) 피리 소리[68]에 코리반테스[69]처럼 춤추고 바쿠스의 제전을 벌리듯 광란에 빠진다.[70] 건전한 음악에 귀를 기울이는 것과 음탕한 음악에 귀를 기울이는 것의 차이가 바로 이것이다. 음탕한 음악이 유행하고 있으므로, 너희는 가장 천박한 것들보다 이것을 더 멀리해야 할 것이다. 또, 후각을 유혹하는 온갖 종류의 냄새나 향수로 몸을 더럽혀서도 안 된다. 그런 것은 부끄러운 짓이다. 촉각과 미각과 관련된 쾌락을 멀리하는 것이 중요하다. 동물처럼 신체 부위에서 배와 그 아래 부위에 모든 관심을 집중하며 살아서는 안 된다(필리 3,19 참조).

한마디로, 쾌락 속에 빠지고 싶지 않은 사람은 신체의 모든 부분을 경멸해야 한다. 쾌락 속에 빠지는 것은 진흙 속에 파묻히는 것과 같다. 플라톤이 충고하는 것처럼,[71] 몸은 지혜의 추구에 도움이 되는 경우에

『국가』 제3권에서, 도리아 양식은 남성적, 프리기아 양식은 열정적, 리디아 양식은 여성적, 믹소리디아 양식은 비애적이라는 식으로 각 선법旋法에 따른 윤리적 특성을 구별한다. 참고로, 그리스 건축 양식은 크게 세 가지로 나눌 수 있다. 도리아식은 장중하고, 이오니아식은 우아하고 아름다우며, 코린트식은 화려하다.

68   플라톤 『국가』 3,399에서, 소크라테스는 자신의 이상 사회에서 피리 연주자들을 내쫓는다.

69   코리반테스는 키벨레 여신을 따라다니며 열광적인 군무群舞를 추는 대지의 정령들이다.

70   플라톤 『크리톤』 54d 참조: "나의 사랑하는 친구 크리톤이여, 안심해라. 키벨레의 광란스러운 데르비시들이 피리 소리를 들은 것으로 보이는 것처럼 이 말들의 소리가 내 안에서 울려 퍼져 다른 말들은 전혀 들리지 않는다네." 바쿠스Bacchus는 로마 신화에 나오는 포도주의 신이다. 그리스 신화에 나오는 술의 신, 디오니소스와 같다.

71   플라톤 『국가』 6,498b-c 참조: "어린 시절과 청소년기에 그들의 공부와 그들이 배우는 철학은 그 나이에 맞아야 한다. 이 시기는 그들이 성인이 되어 가는 때이니, 철학을 위해 사용할 수 있도록 그들의 몸에 특별한 주의를 기울여야 한다. 나이가 들면서 지성이 성숙해지기 시작하면, 영혼의 체조를 늘리도록 해야 한다." 『국가』 3,403-8 참조.

만 관심을 주어야 한다. 이 말은 육체에 욕망을 일깨우는 기회를 주지 말라는 바오로 사도의 권고와도 비슷하다(로마 13,14 참조).

어떻게 하면 건강한 몸으로 잘 살 수 있을까 염려하면서도, 몸을 지배하는 영혼에 대해서는 전혀 신경을 쓰지 않는 사람들은, 장비에 대해서는 무척 많은 신경을 쓰면서도 그 장비를 잘 사용하는 방법에 대해서는 신경을 쓰지 않는 사람들과 무엇이 다른가? 그러므로 우리는 그런 사람들과 정반대로 행동해야 한다. 우리가 야생동물을 격렬하게 채찍질하는 것처럼, 이성이라는 채찍으로 몸을 채찍질함으로써 몸이 영혼에 만들어 놓은 혼란을 진정시켜야 한다. 쾌락에 대한 모든 재갈을 절대로 풀지 말아야 한다. 그래야 통제할 수 없는 말들이 난동을 부리는 전차처럼[72] 곤두박질하는 마음의 고통을 바로잡을 수 있다.

그리고 우리는 피타고라스[73]를 기억해야 한다. 피타고라스는 자신의 추종자 가운데 한 사람이 운동과 과식으로 과도하게 살을 찌우고 있는 것을 보고 그에게 말했다. "당신이 살아야 할 당신의 감옥 집을 더 끔찍하게 만들지 마시오!"[74] 사실 플라톤도, 우리가 들은 바와 같이, 육체의 해로운 영향을 차단하려고 일부러 전염병이 창궐한 아티카 지역에 아카데메이아[75]를 설립했다. 사람이 과도하게 성장한 포도나무 가지를 잘라 버리는 것처럼, 플라톤은 몸의 건강을 지나치게 염려하는 경향을

---

72 플라톤 『파이드로스』 246a-254e 참조. 영혼의 힘에 관한 플라톤의 유명한 전차 우화다.

73 피타고라스학파의 삶은 포르피리오스 『피타고라스주의자의 삶』 32. 34, 그리고 이암블리코스 『피타고라스주의자의 삶』 96. 98에 잘 설명되어 있다. 티로스의 포르피리오스는 3세기의 신플라톤주의 철학자로, 티로스섬 출신이다. 그는 초대교회 그리스도인들과 많은 논쟁을 벌였으며 『그리스도교에 대한 반론』을 썼다. 이암블리코스는 시리아 출신의 신플라톤주의 철학자다.

74 바실리우스가 피타고라스의 일처럼 전한 이 사건을 스토바이오스(『설교』 77)는 플라톤의 일이라고 전한다.

잘라 버리고자 한 것이다. 그리고 나도, 지나치게 건강이 좋으면 오히려 건강에 위험하다는 의사들의 격언을 들은 바 있다. 이처럼 몸에 대한 지나친 관심은 몸 자체에 무익할 뿐만 아니라 영혼에도 방해가 된다. 그러므로 영혼이 육체에 복종해야 한다거나 육체의 종이 되어야 한다는 말은 미친 소리가 아닐 수 없다. 그러니 우리는 몸을 경멸하는 습관을 들여야 한다. 인간이 소유할 수 있는 것들에 대해서는 감탄이 더 덜었으면 좋겠다. '만일 우리가 육체를 통해 생기는 쾌락을 경멸한다면, 우리는 재물을 어디에 사용할 것인가?' 내 생각에 재물이 우리에게 줄 수 있는 것은, 신화에 나오는 용들처럼, 묻어 놓은 보물을 지키면서 밤새 깨어 있는 즐거움이나 혹시 줄지 모르지!

분명한 것은, 재물에서 자유롭도록 훈련받은 사람은 말이나 행동에서 천박하고 수치스러운 것을 선택하는 일이 없을 것이다. 리디아[76]의

---

75 아엘리아누스 『다양한 역사』 9,10 참조. 의사들이 플라톤에게 아카데메이아(아카데미아)를 그만두고 리케움 근처로 가 살라고 권하자 플라톤이 다음과 같이 말했다. "아니오, 내 삶을 연장하기 위해 아토스산으로 옮겨 가라 해도 나는 생각 없소."

76 헤로도투스 『역사』 1,93 참조. 그리스 신화에 나오는 '리디아'라는 도시에 있는 작은 강 팍톨로스의 황금 모래는 유명하다. 이 강은 리디아의 부의 원천 중 하나였다. 미다스는 만지는 모든 것이 황금으로 변하는 것으로 널리 알려진, 그리스 신화에 나오는 임금이다. 미다스는 기원전 8세기 무렵 소아시아 지역 프리기아 지방의 왕이다. 그리스 신화에 따르면, 매우 탐욕스러웠던 미다스는 엄청난 재산을 갖고 있었는데도 더 많은 재산을 원했다. 어느 날 술의 신 디오니소스의 개인 교사인 반인반수의 실레노스가 샘물에 타 놓은 포도주를 마시고 취해 미다스에게 붙잡혔다. 미다스는 실레노스를 풀어 주는 대가로 디오니소스에게 자신의 손이 닿는 모든 것을 황금으로 변하게 해 달라고 요구했다. 술에 취한 상태에서 디오니소스는 소원을 들어주었다. 그러자 미다스는 정원수, 조각물, 가구 할 것 없이 닥치는 대로 황금으로 만들었다. 그러나 예기치 않은 문제가 발생했다. 만지기만 하면 모두 황금이 되어 버려 음식을 먹을 수 없었다. 상심한 그는 무심코 자기 딸을 안았다가 기겁을 했다. 사랑하는 딸이 금 조각상이 되었기 때문이다. 미다스는 디오니소스에게 원래대로 되돌려 달라고 간청했다. 그러자 디오니소스가 미다스에게 팍톨로스 강물에 목욕하면 돌아갈 수 있다고 했다. 금 조각상으로 변한 딸을 팍톨로스 강물에 담갔더니, 딸이 인간으로 돌아왔다고 한다. 오늘날 '미다스'는 '탐욕, 과욕'을, '미다스의 손'은 '돈 버는 재주'라는 뜻으로 통한다.

금가루나 금을 모으는 개미의 재산[77]이라 할지라도 그것이 필요 이상이면, 그는 그것을 경멸할 것이고 필요로 하는 것이 적으면 적을수록 그는 더 많이 그것을 경멸할 것이다. 그리고 물론 재물에서 자유로운 사람은 '재물에 대한 필요'를 쾌락의 관점이 아니라 살아가는 데 꼭 필요한 최소한의 요구 조건이라는 관점에서 바라볼 것이다. 최소한의 필요성이라는 한계를 넘어서는 사람은, 어떤 확고한 목표도 없이 그냥 비탈길을 곤두박질치는 사람들과 같다. 엑세케스티데스의 아들, 솔론[78]에 따르면, 재물을 모으면 모을수록 욕망을 채우기 위해 그만큼 더 많이, 아니 더 많은 양의 재물을 필요로 한다. 그래서 솔론은 "인간에게 부富란 한계가 없다"라고 했다. 그리고 우리는 이 문제에 있어서, 다음과 같은 말을 한 테오그니스[79]를 선생으로 삼아야 한다. "나는 부자가 되고 싶지도 않고, 부자가 되기 위해 기도하지도 않는다. 나는 악을 겪지 않고 작은 것으로 만족하는 것이 나의 삶이 되기를 바란다"(잠언 30,8 참조).

그리고 나는 또한 디오게네스[80]가 예외 없이 모든 재물을 경멸한 것

77　헤로도투스 『역사』 3,102 참조.

78　참조: 플루타르코스 『도덕론』 524e "부의 사랑에 대하여"; 아리스토텔레스 『정치학』 1256b33; 테오그니스 227. 솔론에 관해서는 이 장 각주 30.

79　테오그니스 1155-1156. 테오그니스에 관해서는 이 장 각주 31 참조.

80　시노페의 디오게네스. 디오게네스에 관해서는 아엘리아누스 『다양한 역사』 10,16. 플루타르코스 『도덕론』 499 b-d, "악이 불행을 초래할 수 있을까?"; 604c-d "유배에 관해"를 참조하라. 시노페의 디오게네스(기원전 412?~기원전 323?)는 고대 그리스의 철학자다. 그는 문명을 반대하고, 자연적인 생활을 실천한 철학자로 유명하다. 그의 실생활 표어는 아스케시스(ἄσκησις, 가능한 한 작은 욕망을 가지는 것), 아나이데이아(ἀναίδεια, 수치심을 느끼지 않는 것), 아우타르케이아(αὐτάρκεια, 스스로 만족하는 것)다. 그는 아무런 부족함도 없고, 아무것도 필요로 하지 않는 것이 자연신의 특징이며, 필요한 것이 적을수록 그만큼 자연에 가까워지는 것이라고 말했다. 그래서 그는 평생 옷 한 벌과 지팡이 한 개만 소유했으며 통 속에서 살았다고 한다. 알렉산드로스(알렉산더) 대왕이 그를 찾아와 "원하는 것이 무엇인가?"라고 물었을 때, 그가 "아무것도 필요 없으니 햇빛을 가리지 말고 비켜 서 주십시오"라고 대답했다는 일화는 유명하다.

을 존경한다. 그는 자신이 필요로 하는 것이 왕이 필요로 하는 것보다도 더 적다는 이유로, 자신이 대왕보다 더 부자라고 선언했다.[81] 하지만 오늘날 사람들에게는, 미시아인 피테아스[82]의 모든 재능과 헤아릴 수 없이 넓은 땅, 그리고 셀 수 없이 많은 가축 떼가 아니면 그 무엇도 충분하지 않을 것이다. 그러나 내 의견으로는, 재산이 부족하다고 해서 부를 갈망해서는 안 된다. 만일 우리에게 재산이 있다면, 우리가 그 재산을 좋은 용도로 사용하고 있다는 지식을 자랑해야지 재산을 가지고 있다는 것을 자랑해서는 안 된다. 왜냐하면 소크라테스의 말[83]이 맞는 말이기 때문이다. 소크라테스는 어떤 부자가 자신의 재물에 대해 큰 자부심을 나타냈을 때, 그가 재산을 사용할 줄 안다는 것을 시험을 통해 알기 전에는 그를 존경하지 않겠다고 말했다. 페이디아스[84]와 폴리클레이토스[85]의 예를 들겠다. 이 가운데 한 사람은 엘리아인을 위해서 제우스 동상을 만들었고, 한 사람은 아르기베인을 위해서 헤라 동상을 만들었다. 만일 그들이 자신들이 만든 동상에 박혀 있는 금과 상아를 크게 자랑했다면, 만일 그들이 금의 가치를 더 높일 수 있는 기술을 자랑했다면, 그들은 자신들의 예술 작품이 아닌 재물을 영광으로 삼은 것에 대해 조롱의 대상이 되었을 것이다. 그러나 만일 우리가 인간의 미덕 자체가 인생의 장식품으로 충분하지 않다고 생각한다면, 지금 우리가

---

81   디온 크리소스토모스『연설』6,6 참조.

82   헤로도토스『역사』7,27-29 참조. 세상에서 가장 부유한 사람으로 알려진 피테아스는 크세르크세스 임금에게 자신이 은 2,000달란트, 금 393,000다릭(고대 페르시아의 통화 단위)을 소유하고 있으며 다른 재산은 말할 것도 없이 많다고 했다. 미시아는 소아시아 북서부 지역이다.

83   참조: 디온 크리소스토모스『연설』3,102; 키케로『투스쿨란의 대화』5,12.

84   페이디아스는 고대 아테네의 조각가다.

85   폴리클레이토스는 고대 그리스의 조각가다.

하는 일도 조롱의 대상이 되지 않겠는가?

자, 그런데 우리가 참으로 부를 경멸하고 오감의 쾌락을 경멸한다고 하면서도, 아첨과 찬사를 추구하며, 우리는 아르킬로코스[86]의 우화에 나오는 여우의 교활함과 부정직을 본받는다면 어떠한가?[87] 현명한 사람이 가장 조심하고 피해야 할 것은 이런 것이다. 현명한 사람은 대중의 인기를 얻으려고 하거나 대중에게 존경받기를 추구해서는 안 된다. 현명한 사람은 모든 사람과 논쟁을 해야 하고 명예가 훼손되고 위험에 처한다고 하더라도, 그는 자신이 옳다고 인정한 것을 절대로 포기하지 않을 것이다.

그러나 현명하지 않은 사람, 곧 불안정한 성품을 가진 사람은 자기가 원할 때마다 언제든지 풀이나 야수, 불이나 물 또는 그 밖의 어떤 것으로 변해 버린 이집트의 사기꾼[88]과 어떤 점이 다르다고 말할 수 있을까? 그런 사람은 정의를 존중하는 사람들 앞에서는 정의를 찬양하다가, 불의가 존중받는다고 보이면 아첨꾼처럼 태도를 바꿔 정반대의 입장을 취한다. 폴립[89]은 폴립이 놓여 있는 땅의 색깔에 따라 색을 바꾸는 것처럼, 그런 사람은 주변 사람들의 의견에 따라 마음이 바뀌는 자다.

---

86 파로스의 아르킬로코스(기원전 680~기원전 645)는 그리스 파로스 태생의 전사이며 시인으로 고대인들에게 호메로스에 버금가는 시인으로 평가받았다. 그는 송가와 비가, 우화의 대가였지만, 그의 위대하고 무시무시한 재능은 풍자에 있었다. 플라톤 『국가』 2, 365를 참고하라.

87 아르킬로코스의 우화에서 여우는 독수리와 동맹을 맺었지만, 독수리는 여우가 없을 때 여우의 새끼를 죽여 믿음을 깼다. 여우는 제단에서 불붙은 나무를 가져와 독수리 둥지에 불을 질러 복수했다.

88 프로테우스를 의미한다. 참조: 호메로스 『오디세이아』 4, 384-386: "바다의 영원한 노인이자 모든 바다의 깊이를 알고 포세이돈의 종인 이집트의 불멸의 프로테우스가 여기에 올 것이다." 플라톤 『에우티데모스』(288b)에서 소크라테스는 소피스트들의 속임수를 이집트 프로테우스의 속임수에 비유한다.

89 폴립은 산호처럼 덩어리 지어 사는 작은 생물이다.

10. 우리 그리스도인은 분명 이 모든 것을 '우리 자신의 문헌'[90]에서 더 철저하게 배울 수 있지만 적어도 현재로서는 이교인(비그리스도인)들의 가르침을 통해서 미덕이 무엇인지에 대해 일종의 대략적인 개요를 찾아보도록 하자. 각각의 원천에서 얻을 수 있는 이익을 모으는 것을 자신의 과업으로 삼는 사람들은, 거대한 강이 많은 퇴적물을 모으는 것처럼, 많은 측면에서 수많은 결과물을 모아들일 것이다. 사실 우리는 "작은 것에 작은 것을 더하는"[91] 이라는 시인의 말처럼, 어떤 종류의 지식이든 더 많이 늘리는 것이 돈을 늘리는 것보다 좋다는 것을 기억해야 한다. 이집트로 막 떠나려고 하는 비아스[92]에게 아들이 여행을 통해 얻을 수 있는 가장 좋은 것이 무엇이냐고 묻자, 비아스는 "노년을 위한 여행 용품을 획득하는 것"이라고 대답했다. 그가 말하는 "여행 용품"이 미덕을 의미한다는 것은 의심할 여지가 없다. 그가 덕에서 파생하는 이익을 인간의 삶에 한정시켰다는 점에서 "여행 용품"이라고 정의한 의미가 너무 협소하긴 하다.

그러나 나로서는, 만일 누군가가 티토누스[93]나 아르간토니우스[94]▶ 또

90　그리스도교 문헌.

91　헤시오도스『일과 날』361, 362: "만일 당신이 작은 것에 작은 것을 더하는 일을 자주한다면, 그 작은 것이 금방 커질 것이다."

92　기원전 560년경에 살았던 그리스의 일곱 현인 중 한 명이다. 그는 지혜뿐만 아니라 유능함으로도 유명했다. 비아스가 한 말에 관해서는 디오게네스 라에르티오스『유명한 철학자들의 생애와 사상』1,88을 참조하라: "젊음에서 노년으로 가는 여정을 위해서 지혜를 준비하라." 고대 그리스의 일곱 현인은 밀레토스의 탈레스, 아테네의 솔론, 프리에네의 비아스, 미틸레네의 피타코스, 스파르타의 킬론, 린도스의 클레오불로스, 코린토스의 페리안드로스를 꼽는다. 프리에네의 비아스는 탁월한 연설가로 명성이 높았다.

93　그는 제우스한테 영원한 생명을 받았지만, 영원한 젊음은 받지 못했기에 쪼그라든 노인이 되었다. 참조: 헤시오도스『호메로스 찬가』5,218 이하; 호라티우스『찬가집』1,28,7; 2,16,30. 퀸투스 호라티우스 플라쿠스(기원전 65~기원전 8)는 고대 로마 공화정 말기의 시인이다.

는 므투셀라(창세 5,25-27 참조)가 얼마나 오랫동안 살았는지를 계산하고 있다면, 또는 만일 누군가가 인간이 존재한 이래로 지나가 버린 모든 시간을 계산하고 있다면, 나는 그런 계산을 하는 사람들에 대해 유치한 생각이 들어 웃음이 나올 것이다. 왜냐하면 인간 영혼의 한계는 인간의 이성으로는 결코 파악할 수 없을 만큼 길고도 늙지 않는 영원이기 때문이다. 참고로, 므투셀라는 그 누구보다도 기나긴 인생을 살았다(그는 삼십 년이 부족한 천 년을 살았다고 한다). 이 영원을 위해 나는 너희에게 여행 용품을 구입하라고 권하고 싶다. 백방으로 손을 쓰라는 말도 있듯이, 그러한 목적을 위해 이익을 얻을 수 있는 곳이라면 어디든지 그냥 지나치지 마라.

이것은 아주 힘들고 수고스러운 일이니, 그렇다고 해서 물러서지 말고, 모든 사람이 그 자체로 가장 좋은 삶을 선택해야 하며 습관이 되면 그것이 옳은 것임이 드러나리라는 피타고라스의 말[95]을 기억하고 우리는 최선의 것을 추구해야 한다. 현재의 기회를 내팽개친 우리가 나중에 다시 과거를 되돌리려 하는 것은 수치스러운 일이기 때문이다. 그때에는 아무리 애를 써도 모두 헛일이다.

이런 이유로 나는 내가 가장 좋다고 생각한 것 중에서 일부는 지금 너희에게 말했고, 나머지는 평생에 걸쳐 너희에게 권고할 것이다. 그리고 너희는 세 가지 유형의 환자 가운데 불치병을 앓고 있는 사람들과 닮지 않도록 노력하여라. 영혼의 병이 육체의 병과 비슷할 거라고 착각

◀94　히스파니아에 있는 타르테소스의 왕. 헤로도토스에 따르면 그는 120세까지 살았고, 40세에 왕위에 올랐으며, 80년 동안 통치했다(헤로도토스『역사』1,163).

95　이것은 피타고라스가 한 말이다. 참조: 플루타르코스『도덕론』602c "유배에 관해"; 123c "건강 유지를 위한 조언" 및 472d "마음의 평온에 대하여". "피타고라스의 훌륭한 교훈이 있다. 최고의 삶을 선택하라. 그것이 습관이 되면 삶이 달콤해질 것이다."

하지 마라. 가벼운 병을 앓는 사람들은 자기 스스로 의사를 찾아간다. 그러나 더 심각한 병을 앓는 사람들은 의사를 집으로 부른다. 하지만 완전히 불치병에 걸린 사람들은 의사가 찾아와도 들어오지도 못하게 한다.[96] 너희는 너희에게 가장 지혜로운 충고를 하러 오는 자들을 거절하면서, 지금 너희에게 이런 일이 일어나지 않도록 조심하여라.

[96] 이 구절에 관한 생각은 플루타르코스의 글에서 암시를 얻은 것으로 보인다. 플루타르코스 『도덕론』 81 이하 "덕의 진보" 참조.

청년들에게(설교 22)

감사 28 89-102 127 133 162 164
거짓말 66 98 112 203
격분 28 105-6 120
겸손 18 30-1 48 111 114 118 153
    157-69
고통 17 19 22 28-9 41 58-9 76 85
    89 91 93 97 101 108 110 114
    123-4 134 142 144 146 149
    153 180 188-90 217 220
관대함 92 125 188
교만 18 31 51 72 80 119 123
    157-8 162-8 182
기도 15 20 27 42-5 54 61 66 77
    89-90 110 133 153 163 186
    198 211 222
기쁨 21 28-9 47 60 67 81 83 89-
    95 100-2 123 174 187 192-3

눈물 76 94-7 124 140 142 153
    184-5 187-9

단식 20-7 37-67 76 139 153 164
덕 24 28 30 32 52 72 75-6 83
    93 98 127-8 131 134 141 162
    168 181 185 204-10 225
디오게네스 33 211-2 217 222 225

마르기테스 215
마르시아스 214
모욕 28 90-1 101 106 109-14 119
    175 209-10
므투셀라 226
믿음 59 77 84 134 161 163-5 188
    224

방종 37 40-1 43-4 47-8 50-1 59
    62-63 140 144-5
방탕 26 44 51-2 83 140 146 150
    152 179-80 202 208 215
변명 40 61 97 111-2 133 216
분노 26 28-9 33 52 83 105-20
    143 186 210
분별력 33 158-60 163 216-7
불만 118 143
불행 33 91 93-4 97-9 101 108
    119 124-6 185-6 189-91 194
    217 222
비아스 225

사르다나팔루스 215
선행 30 38 114-7 134 139 164-5
    186-7
성실 98
소크라테스 32-3 203 208 210-1
    219 223-4